JN441031

# 사례 중심 슈퍼비전 가이드북

최원희 최연선 안정선 공저

# 머리말

 이 책의 탄생 과정은

한국사회복지슈퍼비전센터가 사회복지실천현장을 위해 준비한 세 번째 총서는 바로 '사례중심 슈퍼비전 가이드북'이다. 한국사회복지슈퍼비전센터는 2013년 개설 이후 슈퍼비전 교육을 진행해 오면서 슈퍼비전을 '제대로' 실천하고자 하는 많은 슈퍼바이저와 슈퍼바이지들을 만날 수 있었다. 슈퍼비전의 필요성을 깊이 인식하지만 실제로 어떻게 적용해야 할지 막막하다는 그들의 호소를 마주하면서, 현장의 욕구를 반영한 실용서의 필요성을 절감하고 총서시리즈를 계획하게 되었다. 그리하여 2014년에 첫 번째 총서 '슈퍼바이저를 위한 사회복지 슈퍼비전의 적용'이라는 편역서를 선보였고, 2016년에는 슈퍼비전 단계를 서식 중심으로 설명한 '사회복지 슈퍼비전 핵심 가이드북'을 출판하였으며, 세 번째 총서로 '사례중심 슈퍼비전 가이드북'을 발간하기에 이르렀다. 앞으로도 한국사회복지슈퍼비전센터의 총서시리즈는 슈퍼비전의 실용서로서 꾸준히 발간될 계획이다.

실천현장의 목소리를 담은 슈퍼비전 실용서가 필요하겠다는 의욕만으로 시작한 집필과정은 생각보다 쉽지 않았음을 고백한다. 먼저 사례를 찾아내고 이를 분류하는 초기 작업에 꽤나 오랜 시간이 투자되었다. 저자들이 가장 신경을 쓴 부분은 현장의 소리를 실감나고 현실감 있게 담아내는 것이었고, 이를 위해 가장 먼저 시작한 것이 다양한 사례를 수집하는 것이었다. 슈퍼비전을 실행하면서 겪게 되는 현장의 고민과 갈등을 찾아내는 과정은 한국사회복지슈퍼비전센터 위원들의 노고와 실천현장의 슈퍼바이저 및 슈퍼바이지분들의 도움으로 가능했다. 이렇게 모아진 사례들은, 각 사례별로 슈퍼비전의 어떠한 단계에서 주로 발생되는지를 논의하고 여러 이슈가 얽혀있는 복합적인 사례는 분리하거나 유사한 사례는 통합하는 과정을 거쳤다. 또한 슈퍼비전의 기본 원리와 원칙에 대한 실천현장의 명확한 이해를 돕고자 실제 수집된 사례에서 상당부분을 변형하고 수정한 끝에 이 책에 실린 사례들이 탄생하게 되었다.

이러한 사례 선정과정을 거치고 나니 논의 답변에서 또 다른 어려움이 기다리고 있었다. 슈퍼비전 상황에서의 이슈라는 것이 매우 다양한 맥락과 배경 안에서 출현한다는 것을 간과할 수 없었다. 즉, 슈퍼바이저와 슈퍼바이지의 경력과 경험, 그들의 성향과 성격 특성, 조직이나 팀 내에서의 위치와 입장, 조직의 리더십과 조직문화 등의 조직적 배경에 따라 다른 관점으로 이해되고 접근되어야만 한다. 그러나 수집된 사례 이슈의 대부분은 갈등 상황 자체만 묘사되어 있을 뿐 이슈의 배경과 맥락이 포함되어 있지 않았고, 또한 동일 상황에서 슈퍼바이저 또는 슈퍼바이지의 입장에서만 사례가 제시되었기 때문에 저자들 간에도 이에 대한 합의과정이 필요했다. 저자들은 한 사례에서 슈퍼바이저와 슈퍼바이지 둘 다의 입장을 다룰 것을 원칙으로 하였다. 다만, 이에 한계가 있을 경우에는 해당 이슈 상황에서 누가 더 어려움을 겪게 될 것인지와 누가 그 상황을 변화시킬 수 있을 것인지를 판단의 기준으로 삼기로 하였다. 따라서 독자들께 부탁드린다. 이 책의 사례를 접하면서, 슈퍼바이저로서 또는 슈퍼바이지로서 사례 이슈에 대한 답변 논의가 다소 불편하더라도 이러한 한계가 있었음을 너그러운 마음으로 이해해 주시기를.

### 이 책의 활용은 이렇게

이 책은 총 3부 12장으로 구성되며 38개의 사례와 16개의 서식 및 도구를 제공하고 있다. 제1부는 슈퍼비전 준비 및 시작, 제2부는 슈퍼비전 실행 및 평가, 제3부는 슈퍼비전 관계로 구분되고, 각 부는 각각 4개의 장을 포함하고 있다. 각 부에서 앞 2개의 장은 슈퍼비전의 기본 원칙들을 설명하고, '사례로 이해하기'라는 세 번째 장을 통해 현장에서 수집된 다양한 사례 이슈를 소개한 후 이에 대한 답변 형식으로 논의하며, 마지막 장은 활용할만한 도구와 서식들을 제공한다.

그러나 반드시 순서대로 이 책을 숙독해야 한다는 부담감은 갖지 않아도 된다. 어디서부터든 상관없이 관심 있는 사례를 위주로 시작해도 무리가 없도록 구성하였다. 관심 있는 사례 이슈들을 읽어보고 답변과 논의에서 언급하는 해당 원칙들을 찾아 읽으며 관련 서식을 활용해보면 된다. 그러니 책상 가까이에 무심히 두었다가 슈퍼비전 상황에서 이슈가 발생하였을 때 가볍게 한번 들춰볼 수 있기를 바란다.

## 이 책은 이분들의 도움으로

막상 출간이 다가오니 이 책의 간절함은 사라지고 염려만 앞선다. 부디 이 책이 실천현장에서 슈퍼비전에 대한 새로운 논의의 장이 마련되는 계기가 되고, 보다 체계적이고 효과적인 슈퍼비전 실행에 작게나마 도움이 될 수 있기를 소망해본다. 이 책이 독자들의 참여로 더 완성도 높은 실용서로 거듭나기를 기대하면서 실천현장의 실제적인 피드백과 제언을 기다리고자 한다.

특별히 이 책의 집필에 도움을 주신 김명성 원장님, 배영미 센터장님, 윤연주 관장님, 윤주희 사무총장님, 최미경 관장님께 깊은 감사를 표하며, 귀한 사례를 제공해 주신 현장의 슈퍼바이저와 슈퍼바이지분들께도 감사드린다. 또한 이 책이 세상에 빛을 볼 수 있도록 출판에 도움을 주신 최용구 대표님과 편집부 직원들께도 감사를 전한다.

2019년 7월

저자 일동

# 차례

## CHAPTER 03 사례로 이해하기



## CHAPTER 04 서식 및 도구 활용하기

PART

# 슈퍼비전 실행 및 평가

## CHAPTER 05 실행하기



## CHAPTER 06 종결 및 평가하기

## CHAPTER 07 사례로 이해하기



## CHAPTER 08 서식 및 도구 활용하기

PART

# 슈퍼비전 관계 성찰

PART

# 01

# 슈퍼비전 준비 및 시작

# 준비하기

생각해보기

1. 기관차원에서 슈퍼비전을 준비하고자 할 때 고려 사항은 무엇일까요?
2. 슈퍼바이저로서 슈퍼비전을 위한 어떤 준비가 필요할까요?
3. 슈퍼비전을 준비할 때의 핵심 과업들에는 무엇이 있을까요?

일단 슈퍼비전을 시작하려고 하면, 막연하다고 생각할 수 있다. 슈퍼비전의 경험이 없는 조직이나 슈퍼바이저일 경우라면 더욱 그럴 것이다. 슈퍼비전은 기관의 방침만 정했다고 해서 즉시 시행할 수 있는 것은 아니다. 실행 전에 반드시 준비되어야 할 것이 있다. 보통의 실천현장에서 슈퍼비전에 대한 준비는 슈퍼바이저의 몫으로 돌아가는 경우가 많은데, 실제로 슈퍼비전을 효과적으로 실행하기 위해서는 조직차원의 준비가 절실하다. 준비단계는 슈퍼비전 실행의 두려움이나 저항감 등을 가진 조직 혹은 직원에게 구체적인 방향 제시에 필요한 지침의 제정부터, 슈퍼바이저와 슈퍼바이지의 관계의 준비 등을 다루게 된다. 슈퍼비전 체계구축을 위한 조직차원의 준비과정은 슈퍼비전의 실행주체인 직원들의 슈퍼비전에 대한 이해를 돕고, 슈퍼비전의 필요성을 인식하고, 동기화하도록 돕는다. 준비단계를 거치는 동안 '슈퍼비전은 아마도 우리 조직에, 혹은 직원에게 긍정적 영향을 미칠 것이다.'라는 공감대가 형성될 수 있다면, 슈퍼비전을 기대하는 마음으로 시작할 수 있을 것이다.

## 1. 조직 차원의 슈퍼비전 준비

### 슈퍼비전 실행을 위한 조직적 고려요소를 확인하자

슈퍼비전 실행을 위한 조직적 고려요소는 크게 기관목적과의 일치성, 책무성 이행, 다양한 이해관계자 요구 수렴, 서비스 질과 성과평가 수행의 4가지 요소로 정리된다고 할 수 있다.

① 기관목적과의 일치성

기관의 목적은 기관의 사명에 일치하는 성과와 방향으로 조직의 모든 정책과 사업 그리고 직원의 업무수행의 기본 토대가 된다. 대부분의 직원은 조직 내에서 피고용자로 일한다. 따라서 그들의 업무는 기관의 목적을 달성하는 것이다. 슈퍼비전은 기관의 목적과의 일치성 영역에서 이루어진다.

② 책무성 이행

일반적으로 휴먼서비스조직은 정부와 같은 자금원을 통해 지원을 받는 경우가 많고 클라이언트에게 간접적으로 책임을 진다. 자금을 받은 기관은 다양한 방침과 절차가 요구하는 대로 일을 완수해야 한다. 책무성이란 '프로그램 혹은 조직이 주어진 자원을 가지고 어떤 구체적인 목적을 얼마나 효과적으로 또는 효율적으로 달성했는가' 하는 것을 객관적으로 증명할 것을 요구하는 것이라고 정의하고 있다. 이러한 조직 내에서 책무성을 추구하는 과정은 슈퍼비전의 전반적인 철학이자 가치가 된다.

③ 이해관계자의 요구 수렴

슈퍼비전과정에는 슈퍼바이저와 슈퍼바이지만 포함되는 것이 아니다. 직무수행과 관련된 관계자들, 즉 클라이언트, 슈퍼바이저, 슈퍼바이지, 기관과 다른 직원들이라는 여러 이해당사자들이 참여하는 것이다. 슈퍼비전의 과정에서 이러한 이해관계자들의 요구를 다각적으로 분석할 수 있어야 한다.

④ 서비스 질과 직무성과 달성 및 평가

슈퍼비전의 기본 과정은 서비스 방향에 맞게 제공된 서비스 질과 과업이 잘 완성되었는지를 확인하는 것이다. 슈퍼비전은 서비스 방향에 따른 서비스의 질과 결과를 확인하는 방법이다. 또한 외부적 자원에 의존하는 휴먼서비스조직은 책무성 이행의 의무를 수행해야 하고 이를 위해서는 성과평가의 도입과 실행이 필요하게 되었다. 조직구성원의 책무성 평가는 직접서비스를 담당하고 있는 슈퍼바이지들의 직무성과 평가를 통해 이루어질 수 있다.

슈퍼비전 정책 수립을 계획하고 있는 조직은 구체적인 정책안을 서둘러 마련하기보다 장기적이며 큰 틀에서 슈퍼비전 방향을 모색해야 한다. 슈퍼비전은 조직 책무성 기반에서 어떤 목적으로 수행되어야 하며 이해관계자들의 욕구를 수렴할 계획을 가지고 있는가? 슈퍼비전의 기본 과정 안에는 서비스 질의 향상과 직무성과 달성 및 평가를 체계적으로 확인할 방안을 준비하고 있는가? 여기에 대한 답을 준비할 수 있어야 할 것이다.

##  슈퍼비전 체계 구축과 실행을 위해 조직을 사정하자

슈퍼비전 체계 구축을 위한 조직 사정을 위해 어떠한 틀을 토대로 분석할 것인지가 필요하다. 본 서에서는 조직과 직원의 슈퍼비전 준비에 초점을 두고 크게 과업추진팀 구성 및 학습단계, 조직요인 분석단계, 현황 조사단계, 분석 및 논의단계의 4단계로 정리(안정선, 2018)하였다.

### ① 과업추진팀 구성단계

슈퍼비전 체계 구축을 위한 과업추진팀을 구성하고 팀 구성원의 슈퍼비전 학습을 강화하는 단계이다. 슈퍼비전 체계 구축을 기획하고 완성해 나가는 과업추진팀은 조직의 상황에 따라서 위원을 구성할 수 있으나 구성된 위원들이 슈퍼비전의 이론적 토대와 전문직에서의 슈퍼비전의 의미, 슈퍼비전 동향 등을 충분히 학습할 필요가 있다. 기본적으로 슈퍼비전 기본 구성요소, 윤리강령에서의 슈퍼비전 내용, 슈퍼비전 표준(Standards)과 모델, 관련 분야 전반과 특히 동종 분야의 슈퍼비전 논의와 연구동향, 사회복지교육계와 지자체의 관련 정책 변화 등에 대해서 탐색하고 조직 특성에 따라 정리할 필요가 있다. 슈퍼비전을 성공적으로 수행하고 있는 타 기관의 우수사례 분석은 물론 직접 방문하여 노하우를 학습하는 것도 팀 위원의 동기를 촉진할 수 있는 방법이다.

### ② 조직요인 분석단계

슈퍼비전의 다양한 연구결과들 중에서 특히, 조직적 요소와 조직 성공요인에 대한 학습이 우선되어야 한다. 실질적으로 조직에서 슈퍼비전이 성공적으로 운영되기 위해서는 어떠한 요소와 절차를 기본으로 구축되어야 하는지와 조직적 사정을 위한 종합 분석틀을 확인할 수 있어야 한다.

### ③ 조직의 슈퍼비전 현황 조사단계

학습 및 정리결과를 토대로 슈퍼비전 종합 구성요소에 따른 현황 조사를 한다. 직종별, 직급별 그룹인터뷰나 토론을 실시하거나 구체적인 설문 문항으로 양적 설문조사[1]와 개방형 설문 등을 함께 병행하는 것이 적절하다. 다각적 조사를 통해 조직원들의 슈퍼비전에 관한 인식 수준과 역량, 체계 구축 상황 등을 확인한다. 조사 자체의 과정이 어렵다고 느껴지는 경우에는 외부 전문가나 자문가를 활용하여 조사를 시행하는 것도 방법이 될 수 있다.

### ④ 분석 및 슈퍼비전 방향성 논의단계

현황조사 결과가 '조사만을 위한 조사'로 머물지 않도록 충분한 분석과 논의가 이루어져야 한다. 우리 조직의 슈퍼비전 역량을 확인하고 개선안이 마련되어야 한다. 우리 조직과 각 조직구성원들이 무엇을 해야 하는지와 어떤 과정과 단계에 따라 체계를 구축할지에 관한 방향성이 논의되어야 한다. 분석 및 논의단계 이후에 그 결과물을 통해 규정과 지침 마련, 서식 준비, 교육체계 마련 등 슈퍼비전의 제도화가 진행된다.

1) 안정선 · 최원희(2016). pp. 428-438 참고.

## 실질적으로 슈퍼비전을 제도화하자

슈퍼비전을 위한 조직 사정을 마쳤다면 다음 단계는 슈퍼비전 기본 체계를 마련하고 피드백을 받는 정책화 과정이다. 슈퍼비전과 관련한 조직적 차원의 검토사항에서 가장 우선적인 것이 바로 슈퍼비전 정책 수립인데, 안정선(2007)은 명문화된 슈퍼비전 규정 수립, 슈퍼비전 기록과 점검, 슈퍼비전 평가체계 구축과 실행, 슈퍼비전 교육체계 구축 및 실행, 슈퍼비전 지침개발 및 활용, 슈퍼비전 공식 업무 배정 및 평가 등이 필요함을 분석한 바 있다. 사실상 무수히 많은 슈퍼비전 체계 구축 단계의 과업들이 존재하고 조직적 차원에서 슈퍼비전에 영향을 미치며 시너지 효과를 창출할 수 있는 인적자원개발 정책들이 존재한다. 그러나 본 서에서는 슈퍼비전 체계에 주로 초점을 두고 실질적 슈퍼비전 제도화를 이루는 4가지 기본 과업을 제시하고자 한다. 준비단계에서 기본적으로 필요한 조직차원의 준비 과업은 슈퍼비전 규정 및 지침 마련, 슈퍼비전 교육의 체계화 및 공식화, 슈퍼비전 담당부서 선정 및 연간 슈퍼비전 계획 수립, 물리적 환경의 조성이다.

### ① 슈퍼비전 규정 및 지침 마련

슈퍼비전을 체계화하고 공식화하기 위해 기관의 구성원들이 합의한 규정과 지침을 마련하는 것이 필요하다. 슈퍼비전 지침의 내용 안에는 목적, 정의, 대상, 슈퍼바이저의 자격, 유형 및 방법, 단계별 과정 등의 내용을 포함한다. 지침을 마련하는 과정은 기존에 실시하고 있는 기관의 사례들을 참조하여 구성원과의 논의를 실시하고 기관의 상황에 맞게 제정하면 된다. 특정 부서나 관리자에 의한 일방적인 지침의 제정보다는 부서별, 팀별 논의 혹은 슈퍼바이저와 슈퍼바이지를 구별하여 논의하는 방법 등을 활용하는 것이 적절하다. 지침 마련의 논의 과정을 통해 슈퍼비전에 대한 두려움이나 저항감 등을 다루되, 슈퍼비전의 유익에 대해 초점을 맞추어 논의를 병행하는 것이 좋다.

그러나 이러한 논의과정도 사전에 직원들의 슈퍼비전에 대한 이해나, 필요성에 대한 인식, 책임자의 의지가 있을 경우에 효과적이다. 실제로 지침은 마련해 두었지만, 슈퍼비전을 전혀 실행하지 못하는 기관들도 많다. 가동되는 지침이 되려면, 합의과정을 거친 지침의 제정이 필요하다. 슈퍼비전은 일회성 자문이나 컨설팅과는 다르며, 정기적이며 일관적인 아젠다를 토대로 진행되기 때문에 슈퍼비전을 구조화할 수 있도록 합의된 지침의 제정이 필요한 것이다.

### ② 슈퍼비전 교육의 체계화 및 공식화

슈퍼비전 실행주체인 직원들의 슈퍼비전에 대한 이해를 돕기 위해서, 그리고 슈퍼비전에 대한 필요성에 대해 함께 인식하고 동기부여하기 위해서도 교육은 필수적이다. 기관의 연간 교육계획 안에 필수교육으로 체계화시키고, 보수교육, 단계별 심화교육, 직급별 교육, 소그룹 스터디 등 추가적으로 필요한 교육을 매년 개설하여 공식화하는 것이 필요하다. 내부적으로 계획한 교육 외에도 신뢰할 만한 외부교육을 기관에서 지정하여 활용하는 것도 좋은 방법이다. 슈퍼바이저의 역량 체크리스트나 성공요인, 슈퍼바이저 교육내용 개발 등의 연구 결과(안정선, 2007; 최원희, 2009; 최원희, 2013) 등을 토대로 슈퍼바이저의 역량 보유수준과 필요역량을 확인한 후, 슈퍼바이저들이 스스로 학습할 영역과 기관내부 교육 및 외부연수 등으로 분류하여 교육을 시행하는 것이 적절하다.

특히 슈퍼바이저 교육의 강화가 필요한데, 슈퍼바이저로서의 여정이 그저 고단하고 답답하고 어쩔 수 없이 감내해야 하는 과정이 아니라 현장과 후배 양성을 위해 기꺼이 해내는, 성장의 축복된 과정이 될 수 있도록 조직차원의 효과적인 준비가 필요하다. 우선적으로는 슈퍼바이저 역량모형에 따라 슈퍼바이저의 자신감과 역할 안정성을 강화하기 위한 훈련과 교육프로그램을 제공하는 것도 중요하겠다. 더불어 슈퍼바이저로서의 혼란과 불안을 살펴보고 적절한 대처기술을 개발할 수 있도록 지원하는 슈퍼비전과 숙련된 슈퍼바이저가 신규 슈퍼바이저의 멘토로 연결되어 피드백을 제공하는 구조가 마련되어야 한다. 새로운 슈퍼바이저가 되기 위한 축복된 여정의 출발을 위해서 슈퍼비전에 대한 슈퍼비전이나 멘토링이 가장 적절한 방법이라고 보고되고 있기도 하다. 또한 슈퍼비전이 협력적 파트너십을 기반으로 진행되는 것임을 감안하여 슈퍼바이지들의 슈퍼비전 인식화를 촉진할 수 있는 오리엔테이션 차원의 교육을 필수적으로 실시하는 것이 적절하다.

슈퍼비전 교육과정에 대한 예시는 다음의 〈표 1-1〉과 같다[2].

**〈표 1-1〉 슈퍼비전 직무교육과정 예시(내부)**

<table>
<tr><th>구분</th><th>교육내용</th><th>적정시기</th><th>필요성</th></tr>
<tr><td rowspan="5">기본 교육</td><td>- 사회복지 슈퍼비전 개요(필요성, 개념, 역사, 윤리강령, 구성요소, 성공요인 등)<br>- 슈퍼비전 권리와 의무 / 자기개발계획</td><td>- 체계구축 단계<br>- 신입직원 교육 시 연 1회 보수교육<br>- 슈퍼바이지교육</td><td rowspan="5">- 슈퍼비전 이해 증진<br>- 슈퍼비전 필요성<br>- 인식, 동기화<br>- 슈퍼비전 기본 역량 강화</td></tr>
<tr><td>슈퍼비전 관계</td><td rowspan="4">- 체계구축 단계 연 1회 보수교육</td></tr>
<tr><td>슈퍼비전 가치와 윤리</td></tr>
<tr><td>슈퍼비전 역량(슈퍼바이저 / 슈퍼바이지)과 역할(기능)</td></tr>
<tr><td>슈퍼비전 과정과 방법</td></tr>
<tr><td rowspan="6">심화 교육</td><td>사회복지 슈퍼비전의 개요와 모델 활용</td><td rowspan="6">- 슈퍼바이저 대상 연 1회 보수교육<br>- 직급별, 직종별 교육 연 1회 택일</td><td rowspan="3">- 슈퍼비전 효과 점검<br>- 모델 활용<br>- 슈퍼바이저 역량 강화</td></tr>
<tr><td>슈퍼비전 기법 개발 / 공유</td></tr>
<tr><td>슈퍼비전과 조직체계</td></tr>
<tr><td>슈퍼비전 딜레마</td><td rowspan="3">- 욕구에 따른 지속적 교육<br>- 만족도 증진</td></tr>
<tr><td>슈퍼비전 적용 사례 분석</td></tr>
<tr><td>슈퍼비전 연구 분석, 동향</td></tr>
</table>

지속적인 교육이 제공되지 않으면, 슈퍼비전의 효과 및 만족도가 떨어지고 결국 직원들 사이에서 '다른 업무도 많은데 슈퍼비전을 꼭 해야 할까' 하는 의문을 갖다가 중도에 포기할 수 있다. 시행과정에서 오는 어려움들을 나누고, 슈퍼비전 전문역량을 갖추기 위해서 지속적인 교육을 제공하여야 한다.

### ③ 담당 부서(직원)의 선정 및 기관의 연간 슈퍼비전 계획 수립

기관의 연간 슈퍼비전 계획 수립을 위해 업무총괄 담당직원을 배치하는 것은 슈퍼비전 실행을 효과적으로 할 수 있는 좋은 방법이다. 슈퍼비전을 각각의 슈

2) 태화기독교사회복지관(2016). 직무교육과정을 토대로 보완.

퍼바이저에게 자율적으로 시행하도록 하는 것은 '시행하지 않아도 좋다'라는 이중적인 메시지처럼 들릴 수 있다. 물론, 자율적인 시행 후에 사업평가나 개인평가 시스템에 의해 슈퍼비전에 대한 모니터링이 가능하긴 하나, 슈퍼비전 체계가 원활히 작동되도록 총괄 담당직원을 배치하여 지원하는 것이 매우 효과적이다. 제한된 인력 내에서 담당업무를 맡을 직원을 배치하는 일이 현장에서 쉽지는 않겠지만, 담당직원의 배치는 슈퍼비전의 실행에서 생각보다 큰 효과를 가져온다. 휴먼서비스 조직은 기획, 행정 및 지원 역할을 담당하는 총무나 기획팀에서 맡아서 진행하는 경우가 일반적이며, 각 시설의 환경에 따라 담당자를 지정하여 실시하는 것을 권한다. 슈퍼비전 담당자는 연간 슈퍼비전 계획을 수립하여 책임자의 결재를 득한 후, 전 직원에게 협조전 등을 통해 공지하며, 개별슈퍼비전 계획서를 작성하도록 안내한다.

### ④ 물리적 환경의 조성

슈퍼비전을 공식화시키기 위해서는 슈퍼비전을 위한 안정감 있고 집중할 수 있는 물리적 환경을 조성하는 것이 중요하다. 특히 일대일 개별슈퍼비전의 경우 슈퍼바이지가 존중받고 있다고 느끼며 비밀보장을 할 수 있는 공간을 준비한다. 업무수행과 구별되지 않는 자리에서 다른 사람들에게 노출되는 상태로 하는 것은 슈퍼비전의 실행을 어렵게 한다. 분리된 별도의 장소에서 비밀보장을 받고 있음을 느끼며, 집중하여 나눌 수 있는 별도의 공간을 마련할 필요가 있다. 기관차원에서 공식적인 슈퍼비전 장소를 지정하는 것이 적절하다. 물론 각 회기별로 목적에 따라 장소를 변경하여 실시할 수 있으나, 초기에는 기관 내 정해진 장소를 활용하여 구조화할 것을 권한다. 기관 내에 상담실 혹은 일정한 장소를 슈퍼비전 장소로 지정하여 우선순위를 두어 사용하도록 배려하는 것이 좋다. 특히 슈퍼비전실을 지정했다면 명패를 부착하여 전체 구성원이 슈퍼비전을 공식적으로 진행하는 장소임을 명확히 하는 것이 적절하다. 장소를 지정하고 명패를 부착하는 것 또한 조직의 정책을 시행해 나가는 중요한 과업 중 하나이다. 조직원들이 해당 장소의 명패를 볼 때마다 슈퍼비전을 생각하도록 하는 동인이 되며 외부인들에게도 휴먼서비스 조직의 슈퍼비전이라는 제도가 인적자원개발의 고유한 특성임을 설명할 수 있는 공간이 되기도 한다. 정기적인 슈퍼비전을 위한 공간이 별도로 있는 것이 가장 이상적인 것은 분명하지만 집단 활동 공간이나 외부에서의 만남, 온라인 공간 등 상황과 목적에 따라 장소를 다르게 선정할 수 있다.

## 2. 슈퍼바이저와 슈퍼바이지의 준비

### 슈퍼바이저와 슈퍼바이지의 공통 준비 과업을 확인하자

슈퍼비전 실행을 위해 슈퍼바이저와 슈퍼바이지 모두에게 요구되는 공통 준비과업은 슈퍼비전 필수교육 이수, 기관 슈퍼비전 지침의 명확한 이해, 슈퍼비전 욕구와 내용의 탐색, 효과적인 슈퍼비전 관계성 수립을 위한 준비이다.

#### ① 슈퍼비전 필수교육 이수

슈퍼바이저와 슈퍼바이지는 슈퍼비전을 시작하기 전에 슈퍼비전 필수교육과정을 이수하도록 계획하는 것이 좋다. 내부적으로 계획된 경우는 그 체계를 따르면 되지만, 내부 교육체계로 부족하다면, 외부의 교육과정을 통해서라도 기본교육 정도는 이수한 후 시작할 수 있도록 준비한다.

앞에서 언급한 것처럼 기본교육에 속한 슈퍼비전의 개요, 슈퍼비전 관계, 슈퍼비전 가치와 윤리, 슈퍼바이저와 슈퍼바이지의 역량 등의 교육내용 이수를 권한다. 슈퍼비전의 경험이 전혀 없을 경우, 슈퍼비전을 업무지도, 실습슈퍼비전 등과 구별하기 어려울 수 있다. 그러므로 기본 교육내용 중에서도 특히, 전문적 관계에서의 슈퍼비전에 대한 개요 등은 필수적으로 이수한다.

#### ② 슈퍼비전 지침의 명확한 이해

합의하여 제정한 기관의 슈퍼비전 지침에 대해 명확하게 이해하고, 특히 슈퍼비전 실행 시 사용되는 서식의 활용 방법, 작성 요령 등을 슈퍼바이저와 슈퍼바이지 모두 동일하게 이해하고 있어야 한다. 슈퍼바이저와 슈퍼바이지가 함께 지침에 대해 한 번 더 확인하고, 숙지하는 과정을 거치는 것이 좋다. 슈퍼바이지로서 처음 역할을 부여받았을 때, 지침과 관련한 오리엔테이션을 별도로 실시하여 명확하게 이해하도록 돕는 것이 필요하다.

### ③ 슈퍼비전 욕구 확인 및 내용 탐색

슈퍼바이지는 본인이 슈퍼비전을 통해 얻고자 기대하는 바를 명확히 파악하여 슈퍼비전 욕구로 정리해 낼 수 있어야 한다. 시작하기 단계에서 도구들을 통한 욕구수렴의 방법에 대해서 제시하겠지만, 준비하기 단계에서는 휴먼서비스 조직 전문가로서 본인 자신을 성찰하여 자신의 욕구에 대해 기록하는 것이 좋다. 슈퍼비전을 처음 경험한 사람과, 수년간 슈퍼비전을 받아 온 경험이 있는 사람과는 슈퍼바이지로서의 욕구도 큰 차이가 있을 수 있다. 본인의 발달단계에 맞추어 지금 그리고 현재의 욕구에 대해 집중하여 파악하려는 노력을 한다.

슈퍼바이저는 시간이나 빈도, 기법 등의 기본 실행 틀을 갖추는 것도 중요하지만, 무엇보다 슈퍼비전 시에 다루어야 할 내용을 개발해야 한다. 특히, 휴먼서비스 실천 영역에서 슈퍼바이지들에게 어떠한 내용으로 슈퍼비전을 주어야 할 것인지를 고민하면서, 슈퍼비전 내용을 구성하는 것이 요구된다. 또한 슈퍼바이저 개인이 슈퍼바이지와 함께 나눌 내용들에 대해 미리 고민해 보는 과정이 필요하다. 슈퍼바이지도 수동적으로 슈퍼비전에 참여할 것이 아니라 스스로 본인의 슈퍼비전 욕구와 슈퍼비전을 받고 싶은 내용을 탐색하여야 한다.

다음은 일반적으로 다루는 슈퍼비전의 주요 내용이다. 다음의 내용을 참조하여 슈퍼비전 아젠다를 정할 때 활용하도록 한다(안정선, 2007 수정보완).

- ■ 필수내용: 슈퍼바이지의 현 담당 직무(직무기술서, 직무명세서 / 업무지침 확인 / 직무성과지표 등)
- ■ 해당 표준 직무 및 역량 검토
- ■ 일반주의실천(Generalist) 기반 핵심지식과 기술
  - 클라이언트 체계 개입을 위한 내용 : 프로그램계획, 실행, 평가, 면접, 사정, 평가 및 종결, 집단개입, 의뢰 및 사례관리 등
  - 전문적 발달을 위한 내용 : 자신의 실천 활동에 대한 평가, 전문적 성장에 대한 책임감, 자기인식, 전문직 가치와 윤리의 내면화 등
  - 기본적 대인관계 기술 내용 : 의사소통기술, 대인관계기술 등
  - 행정적 측면의 기술 내용 : 조직 내에서 기능하는 능력, 기록 유지와 기록 활동, 기관의 특성, 미션과 비전, 가치에 대한 이해 등
  - 지역사회 · 정책적 측면의 기술 내용 : 지역사회 이해, 관련 정책 및 서비스 전달체계, 지역사회 네트워크 이해, 자원개발 및 관리 등
- ■ 직무수행 제반 영역
  - 전문가로서의 태도 및 시간 · 건강관리 등 자기관리
  - 재정관리, 인력관리, 문서관리 등 기관행정
  - 직무관련 영역 동향과 변화추세
  - 지역사회 문제해결을 위한 실천 제반지식과 기술
  - 직무관련 신규 이론과 지식
- ■ 전문직 가치와 철학 측면
  - 전문직 가치와 윤리를 점검하기 위한 내용 : 전문직 윤리강령 점검, 사회문제를 바라보는 관점 점검
  - 기관의 미션과 비전의 확인 및 개인과의 연결점 찾기: 기관의 존재이유와 개인의 존재이유 사이의 상관관계 점검
  - 개인의 성찰적 자기인식을 위한 내용 : 실천과정을 통한 성찰적 자기인식을 다룸

### ④ 슈퍼비전 관계성을 위한 준비

준비하기는 슈퍼바이저와 슈퍼바이지의 관계에 대한 기초를 세우는 단계이다. 슈퍼바이저는 슈퍼바이지의 가치, 문화, 경험, 습관 심지어 취미와 같은 배경에 친숙하도록 노력할 필요가 있다. 슈퍼바이저는 슈퍼바이지가 있어야만 하는 곳이 아니라 '슈퍼바이지가 있는 그곳'에서 출발해야 한다. 슈퍼바이저는 슈퍼바이지에 대해 비합리적인 기대를 갖지 않고 목표에 도달하기 위한 이슈들에

대해 직접적으로 소통하고 자유롭게 대화할 수 있어야 한다.

지침을 통해 누구에게 슈퍼바이저의 자격을 부여하고, 누가 누구에게 슈퍼비전을 주는가를 정했다면, 이제 둘 간의 관계성을 위한 준비가 필요하다. 슈퍼바이저는 팀장급 이상의 직책을 가진 직원으로서 슈퍼바이저 관련 내부교육 또는 기관에서 인정한 외부교육을 이수한 자로 정한다. 필요할 경우 선임이나 주임 중에서 기관의 재가를 득하여 슈퍼바이저 교육을 이수한 자로 할 수 있다. 슈퍼바이저와 슈퍼바이지 관계는 기관의 조직도를 중심으로 상급자가 하급자에게 주는 체계를 따른다. 조직의 위계와 슈퍼비전의 체계를 분리할 수 없다. 예를 들어, 관장은 부장에게 슈퍼비전을 주고, 부장은 팀장에게, 팀장은 팀원에게 슈퍼비전을 주는 체계를 따른다. 임의로 판단하여 조정하는 것은 부적절하다.

슈퍼비전 관계가 설정이 되면, 슈퍼바이저와 슈퍼바이지 간의 관계성을 위한 준비를 해야 한다. 슈퍼비전 체계가 공식화되면 슈퍼비전 관계로서 처음 마주하는 관계일 수도 있지만, 기존에 동료관계에서 슈퍼비전 관계로 변경된 경우도 있을 수 있고, 오랫동안 업무지도 관계를 유지해 온 관계 중에 슈퍼비전 관계로 관계 설정을 다시 해야 하는 경우도 있을 것이다. 어떠한 경우라도, 슈퍼비전 관계로서는 다시 시작하는 마음으로 관계를 재정립하는 것이 좋다. 공식적으로 시작하기 단계에 가기 전 슈퍼바이저가 슈퍼바이지의 취미를 확인하고, 함께 영화보기, 미술관 관람, 사진 찍기, 등산 동행 등과 같은 취미활동을 통해 관계성을 준비하면 훨씬 더 시작하기가 수월할 것이다. 슈퍼비전 관계의 요소와 이슈에 관한 내용은 3부 전반에서 구체적으로 다룬다.

## 슈퍼바이저로서의 슈퍼비전 역량을 강화하자[3)]

슈퍼바이저의 역량이란 슈퍼바이저로서의 직무수행에 있어서 충분하고 성공적인 성과를 달성하기 위한 필요기술이나 특성, 능력이라고 할 수 있다. 전통적으

3) 공유복지플랫폼(http://wish.welfare.seoul.kr)/지식공유활동가/슈퍼비전by최쌤안쌤(2017.7.28) 참조.

로 슈퍼바이저는 슈퍼비전 실행에 있어서 슈퍼비전을 구성하는 핵심요소로서 슈퍼바이지를 통해 클라이언트에게 제공되는 서비스의 수준과 질에 간접적인 영향을 주는 중요한 존재로 거론되어 왔다. 이미 여러 선행연구들에서 슈퍼바이저는 슈퍼비전의 효과에 영향을 미치는 중요한 요소로 강조되어 왔다. 당연히 슈퍼비전은 충분한 훈련과 경험을 쌓은 역량 있는 슈퍼바이저에 의해 진행될 때 효과적이다. 훈련 없이 경험만으로 슈퍼비전이 제공될 경우 슈퍼비전의 효과성은 현저히 감소될 것이다. 따라서 슈퍼바이저 교육은 필수적으로 진행되어야 한다.

그렇다면 선행연구들에서의 대표적인 슈퍼바이저 역량은 무엇일까? 선행연구들을 통해 슈퍼바이저의 공통적인 역량을 요약하면, 전문적 지식과 실천기술, 리더십과 대인관계기술, 조직관련 지식과 인적자원 및 직무관리 능력, 슈퍼비전 지식과 헌신적 태도 등을 필요로 한다고 볼 수 있다. 보다 구체적으로 김은혜 외(2014)가 제시한 슈퍼바이저의 지식 및 기술, 가치 및 태도, 일반적 특성과 자격 등의 내용을 확인하면서 슈퍼바이저의 역량 사정을 해보도록 하자.

| ※ 슈퍼바이저의 역량 목록 | |
|---|---|
| ▸ 슈퍼바이저의 지식 및 기술<br>① 지식<br>• 자기인식과 성찰능력<br>• 프로그램 개발 및 관리능력<br>• 사회복지 윤리 및 가치<br>• 클라이언트 특성 이해 및 개입방법<br>• 담당 슈퍼바이지의 직무<br>• 슈퍼비전 관련 지식<br>• 조직관리 및 리더십 지식<br>• 지역사회 및 전달체계<br>• 사회복지 관련 정책 및 동향 | ② 기술<br>• 사회복지 전문적 실천기술<br>• 의사소통 기술<br>• 지지 / 격려<br>• 관계 형성<br>• 갈등중재<br>• 팀워크 및 집단 활용기술<br>• 직무분석 및 조정<br>• 교육적 사정 및 학습 촉진<br>• 모니터링과 평가<br>• 자원분석 및 활용<br>• 정보수집과 기록 |
| ▸ 슈퍼바이저의 가치 및 태도<br>① 가치<br>• 전문가로서의 가치와 신념<br>• 지속적 성장과 학습 노력<br>• 전문적 성장에 대한 신념과 헌신 | ② 태도<br>• 일관성<br>• 사회복지 윤리의 내재화 및 준수<br>• 다양한 의견 수용과 관점 공유<br>• 업무수행 책임감 |

<table>
<tr><td></td><td>• 공정성<br>• 공감적 이해<br>• 수용과 인내<br>• 협력과 자율성 인정</td></tr>
<tr><td colspan="2">▶ 슈퍼바이저의 일반적 특성과 경험<br>• 관련 학위이수 후 5년 이상의 현장경험<br>• 관련 교육 이수, 전문적 경험</td></tr>
</table>

앞에서 제시한 역량 문항들을 살펴보고 본인의 역량 보유수준에 대해 확인하거나(현재수준, 5점 척도), 슈퍼바이저 역할 수행에 중요하게 생각하는 중요도와 보유도를 동시에 확인하여 2가지 기준에 있어서 차이(중요도-보유도, 5점 척도)가 많은 영역부터 보완을 위한 노력을 해야 할 것이다. 다음의 질문에도 답해보면서 스스로를 성찰해 보자.

- 슈퍼바이저로서 더욱 노력하여 스스로 확보해야 할 영역은 무엇인가?
- 기관 차원에서 기본교육과 보수교육을 통해 역량강화 계획을 수립해야 할 영역은 무엇인가?
- 슈퍼바이저로 입문하여 슈퍼비전을 처음 실행하고 있는 초보 슈퍼바이저의 슈퍼비전에서 어떤 부분을 더욱 강조하여야 할까?
- 각 문항별, 영역별 중요도와 보유도의 차이를 확인하여 역량강화 계획을 수립한다면 어떤 과업들이 포함되어야 할까?

위와 같은 슈퍼비전 역량강화 과제와 함께 슈퍼바이저가 되기 위한 여정 속에서 스스로 성장하기 위해 무엇이 필요한가? 공통적으로 슈퍼바이저들은 스스로를 효과적인 슈퍼바이저로 유지하고 개발하기 위해 다음의 8가지 요소들에 관심을 갖고 노력해야 한다고 Wonnacott(2012)가 강조한 바 있다. 나의 슈퍼바이저를 최대한 활용하고, 나의 지식과 기능을 개발하고, 역할을 질을 높이고, 경험으로부터 배우고 뒤돌아보며, 나 자신에 대한 피드백을 두려워하지 않고 요청하며, 동료들의 지지를 받고 때로 동료들과 함께 학습하고, 외부의 네트워크 강화를 통해 정보, 자원을 활용하고, 나의 개인적 웰빙에 대해서도 관심을 갖고 슈퍼비전에 임하는 것이다.

##  슈퍼바이지로서의 슈퍼비전 역량을 강화하자

슈퍼바이지가 전문지식을 발전시키고 직무에 있어 전문성을 확보하도록 지원하기 위한 슈퍼바이저의 역할이 매우 중요하다는 것은 두말할 필요가 없다. 그러기에 슈퍼비전을 위한 슈퍼바이저들의 역량은 슈퍼비전에서 핵심 성공요인이며 슈퍼바이저들의 슈퍼비전을 위한 학습의 중요성과 조직적 차원에서의 교육 필요성 등도 중요요인으로 빈번하게 거론되어 왔다. 그러나 과연 슈퍼비전에 대한 학습은 슈퍼바이저들에게만 필요한 것일까? 슈퍼바이지들은 슈퍼비전을 제대로 모르는 채, 슈퍼비전에 참여해도 문제가 없는 것일까? 슈퍼바이지는 슈퍼바이저의 지시와 가이드에 따르기만 하면 되는 것일까? 아마도 위의 질문을 접한 독자들은 질문을 읽음과 동시에 당연히 NO!라는 답을 할 것으로 생각된다. 슈퍼바이지도 슈퍼비전을 알아야 한다. 그 이유를 정리[4]해 보자.

### ① 슈퍼비전 정의 측면

슈퍼비전은 상호작용적 과정이기 때문이다. 슈퍼비전은 일방적 작용 과정이 아니라 상호작용 과정이다. 상호작용의 의미는 생물체 부분들의 기능 사이나, 생물체의 한 부분의 기능과 개체의 기능 사이에서 이루어지는 일정한 작용을 의미한다. 현상을 일으키거나 영향을 상호에게 주어 힘이 생기고 능동적인 의미를 지향하게 되는 일련의 과정이 상호작용 과정의 의미에 포함되어 있다. 슈퍼비전이 상호작용 과정이 되기 위해서는 슈퍼바이저만이 슈퍼비전을 이해하고 슈퍼비전을 제공해서는 한계가 있다. 슈퍼비전의 중요성을 충분히 이해하고 있는 슈퍼바이지가 적극적으로 슈퍼비전에 참여할 때 상호작용의 힘은 위대해질 것이다.

---

4) 공유복지플랫폼(http://wish.welfare.seoul.kr)/지식공유활동가/슈퍼비전by최쌤안쌤(2018.3.31) 참조.

### ② 윤리강령 측면

슈퍼바이지도 슈퍼비전에서의 권리와 의무를 알아야 한다. 대표적으로 휴먼 서비스 영역 중, 사회복지사 윤리강령에는 슈퍼비전과 관련한 항목들이 있다. 과연 우리들은 본 내용을 잘 숙지하고 있는가?

> **Ⅲ. 사회복지사의 동료에 대한 윤리기준(수퍼비전 관련)**
> 1) 수퍼바이저는 개인적인 이익의 추구를 위해 자신의 지위를 이용해서는 안 된다.
> 2) 수퍼바이저는 전문적 기준에 의해 공정하게 책임을 수행하며, 사회복지사・수련생 및 실습생에 대한 평가는 저들과 공유해야 한다.
> 3) 사회복지사는 수퍼바이저의 전문적 지도와 조언을 존중해야 하며, 수퍼바이저는 사회복지사의 전문적 업무수행을 도와야 한다.
> 4) 수퍼바이저는 사회복지사・수련생 및 실습생에 대해 인격적・성적으로 수치심을 주는 행위를 해서는 안 된다.
>
> 출처: www.welfare.net/사회복지사윤리강령.

윤리강령에는 슈퍼바이저의 기본 역할과 슈퍼바이지의 태도, 어떻게 슈퍼비전을 받아야 하는 지의 윤리기준 등, 간략하지만 기본 내용이 제시되어 있다. 전문직인 우리가 채택하고 있는 윤리강령의 기본 방침을 충분히 이해하고 좋은 슈퍼비전이 무엇인지를 이해하며 슈퍼비전에 참여해야 할 것이다. 결론적으로 슈퍼바이지도 슈퍼비전에서의 권리와 의무를 알아야만 한다.

### ③ 성과측면

슈퍼비전 성공요인에 관한 이해 속에서 효과적인 슈퍼비전이 진행되어야 하기 때문이다. 바람직하며 효과적인 슈퍼비전은 단순히 슈퍼바이저들만의 몫은 아니다. 이는 슈퍼바이저, 슈퍼바이지, 조직 간의 공동투자와 같이 최선의 슈퍼비전을 위해 각자의 역할을 다해야 한다. 실질적으로 슈퍼비전의 성공요인으로 조직, 슈퍼바이저, 슈퍼비전 실행체계, 슈퍼비전 관계 등 여러 요인들이 검증되어 왔지만 슈퍼바이지 또한 슈퍼비전의 성공을 위한 중요한 요인으로 보고되어 왔다. 특히 최원희(2009)의 연구에서는 슈퍼바이지의 지식과 기술・태도・실무

경력·자아인식발달 요소가 성공요인인 것으로 밝혀진 바 있다. 또한 효과적인 슈퍼비전을 위한 슈퍼바이지의 역량(안정선, 2007)에 관한 논의 또한 진행되었는데, 슈퍼바이지는 책임감과 적극적 태도, 슈퍼비전에 대한 수용과 적용 및 실행능력, 자신에 대한 인식과 자기계발 계획수립 등의 역량이 필요한 것으로 조사된 바 있다. 결론적으로 슈퍼바이지들도 바람직한 슈퍼비전이 무엇인지를 이해하고 자신들이 속한 조직에 수준 높은 슈퍼비전의 제공을 요청할 수 있는 위치로 성장해야 할 것이다. 슈퍼비전의 공동 성과 창출을 위한 상생의 동반자로, 효과적 팔로워십의 실행자로 성장해야 할 것이다.

### ④ 슈퍼비전 관계측면

슈퍼비전의 전문적 관계의 속성 때문에 더욱 학습이 필요하다. 슈퍼비전 관계는 사회복지학·간호학·상담학·교육학 등에서 효과적인 슈퍼비전을 위해 가장 중요한 요인인 것으로 보고된 바 있다. 슈퍼바이저들은 슈퍼비전의 시작시기에 무엇보다도 슈퍼바이지와의 관계성 형성을 위해 집중하여 노력해야 한다. 슈퍼비전 관계는 슈퍼바이저와 슈퍼바이지가 클라이언트에게 양적·질적 서비스를 전달하기 위한 목적적 관계를 객관적으로 유지할 때에 성공적인 슈퍼비전이 가능하다. 즉, 전문적 관계성을 수립해야 한다. 슈퍼바이저와 슈퍼바이지는 클라이언트와 조직의 목적달성을 위해 '함께 일하는 동료'라는 동료의식을 갖춘 수평적 관계여야 한다. 상호 이해와 존중을 바탕으로 서로의 차이를 인정하며 신뢰를 구축하고 명확한 소통과 피드백을 통해 서로 간의 동의를 근간으로 하는 공유된 의미를 만들어 나가야 할 필요가 있다. 슈퍼바이저와 슈퍼바이지는 상호 성장하는 관계가 되도록 상호 헌신하며 슈퍼비전에 대한 책임을 공유하면서 협력적 파트너십을 발휘해야 한다.

이러한 파트너십과 동료의식을 기반으로 하는 전문적 관계 속에 상호존중하고 적극적으로 소통하는 슈퍼비전 관계의 속성을 볼 때에, 슈퍼바이지는 일방적으로 지시받고 일을 수행해 내는 로봇이 아니어야 함은 당연하다. 이러한 맥락에서 슈퍼바이지도 슈퍼비전을 알아야 한다. 슈퍼바이저와 슈퍼바이지는 클라이언트와 조직의 목적달성을 위해 힘을 합하여 서로를 돕는 진정한 협력자들이 되어야 한다. 두 사람이 가진 능력과 특성이 조화가 되어 서로를 성장시키며 새로운 콜라보를 탄생시킬 수 있어야 할 것이다.

### ⑤ 조직 인력관리 측면

슈퍼비전은 수년 후 먼 나라에서 맡게 될 과업이 아니라 '바로 내지 곧' 담당하게 될 업무이기 때문이다. 일반적으로 슈퍼바이저로서의 역할을 직원 슈퍼바이저의 역할로만 판단하여, 5년 후에나 필요한, 먼 나라 얘기로 생각하는 경우가 있다. 그러나 슈퍼바이저로서의 역할은 결코 그리 먼 것이 아니다. 3년의 경력이 있는 경우, 현장실습 슈퍼바이저의 역할을 담당할 수 있게 되고 또한 인턴이나 자원봉사자 관리의 경우, 현장 1년차부터 담당하게 되는 경우가 허다하다. 물론, 아직 현장에서 자원봉사자 직무기술서 조차 마련되어 있지 않은 경우가 많고 자원봉사자에 대한 슈퍼비전까지 필수적으로 제공해야 하는가에 대해서는 논란이 있을 것이다. 그러나 자원봉사자와 인턴, 실습생에 대한 관리를 소홀히 하는 기관이 직원들을 위한 조직 차원의 전문적 슈퍼비전을 효과성 있게 진행할지에 대해서는 의문의 여지가 많다. 영예롭게 준비된 실습지도자로서 입문하고 자원봉사자들의 활동을 의미 있게 원조하는 역할에 바로 주력하기 위해서라도 슈퍼바이지들은 슈퍼비전을 알아야만 한다.

이제까지 슈퍼바이지가 슈퍼비전을 알아야 하는 이유를 5가지 차원에서 살펴보았다. 직원들의 '슈퍼비전 인식화'를 더욱 향상하기 위해서는 조직 차원에서 어떤 노력들이 더욱 필요할까?

먼저, 조직차원에서 슈퍼바이지의 슈퍼비전 이해도 향상을 위한 교육이 필요하다. 물론 슈퍼바이저들을 위한 슈퍼비전 교육만큼의 비중이거나 같은 내용으로 직무교육을 실시하라는 의미는 아니다. 슈퍼바이지의 상황과 인식수준에 맞게 기본 이해와 팔로워십을 중심으로 한 교육이 설계되어야 할 것이다. 셋째, 슈퍼비전 과정에서 슈퍼바이지의 실무역량 외에 슈퍼비전 역량을 사정하고 성찰과정을 가지는 것이 좋겠다. 슈퍼비전을 위한 슈퍼바이지의 기본 역량 목록 등을 활용하여 함께 논의하거나 슈퍼바이지 스스로 본인의 역량을 평가해 보도록 하는 방법을 활용할 수 있다. 넷째, 전문직으로서의 자기주도적 자기계발을 위한 명확한 계획을 수립할 수 있도록 슈퍼비전이나 직원개발 기회를 제공하고, 슈퍼바이지는 전문직의 사명을 가지고 지속적으로 주도적 학습을 하여야 한다. 마지막으로 슈퍼비전 참여와 준비는 상시적 업무로서 명명되어야 할 것이다. 신입직원 슈퍼비전 규정이 명확하게 준수되고 슈퍼비전 참여와 준비를 중요 업무로 실행할 수 있어야 한다. 주로 슈퍼비전 실행에 관한 슈퍼바이저의 역할을 직무기술서와 근무평정 문항에 포함하여 평가하는 경우는 찾아볼 수 있었는데 슈퍼바이지의 일상적 업무로서도 명시되고 평가받아야 할 필요가 있다.

폭넓은 슈퍼비전에 대한 인식은 슈퍼비전의 효과적 수행을 넘어 직원의 전문성이나 전문직 정체성의 향상을 도모하고 현장 전반의 역량강화에 있어 제 몫을 다 할 수 있을 것이다. 슈퍼바이지들도 슈퍼비전을 지속적으로 학습해야 한다. 슈퍼비전을 알아야 한다.

보다 구체적으로 김은혜 외(2014)가 제시한 슈퍼바이지의 지식 및 기술, 가치 및 태도 등의 내용을 확인하면서 슈퍼바이지의 역량 사정을 해보도록 하자. 다음에 제시한 역량 문항들을 살펴보고 본인의 역량 보유수준에 대해 확인하거나(현재 수준, 5점 척도), 중요도와 보유도를 동시에 확인하여 2가지 기준에 있어서 차이(중요도-보유도, 5점 척도)가 많은 영역부터 보완을 위한 노력을 해야 할 것이다.

**※ 슈퍼바이지의 역량 목록**

▸ 슈퍼바이지의 지식 및 기술
- 자신의 담당 업무 관련 전문 지식과 기술

▸ 슈퍼바이지의 태도
- 직무에 대한 책임감
- 직무수행의 적극성
- 슈퍼비전 내용에 대한 자발적 적용 자세와 실행능력
- 직무수행에 대한 시기적절하고 명확한 업무보고
- 슈퍼비전에 대한 공동책임을 인식과 준비
- 슈퍼비전에 대한 수용적인 태도 및 욕구 표현

▸ 슈퍼바이지의 자아인식발달
- 전문자로서의 자신에 대한 이해와 자아인식 발달
- 자기계발에 관한 명확한 계획 수립

앞의 슈퍼바이지 역량 목록을 통해 자신의 위치를 확인하고 다음의 질문에도 답해 보면서 스스로를 성찰해 보자.

- 더욱 노력하여 스스로 확보해야 할 영역은 무엇인가?
- 기관차원에서 기본교육과 보수교육을 통해 역량강화 계획을 수립해야 할 영역은 무엇인가?
- 슈퍼비전에 처음 참여하는 슈퍼바이지에게는 어떤 부분을 더욱 인식화해야 할까?
- 위의 영역들의 중요도와 보유도의 차이를 확인하여 역량강화 계획을 수립한다면 어떤 과업들이 포함되어야 할까?

## 3. 준비단계의 과업 표준[5)]

### 슈퍼비전의 조직요소 표준

- 조직의 미션과 비전을 우선적으로 정립하며 조직운영의 방향성에 대한 합의를 도출하고 지속적으로 공유해야 한다.
- 기관대표자가 슈퍼비전에 대한 이해와 관심을 가지고 슈퍼비전의 적극적인 실행을 표명하여야 한다. 기관대표자와 운영진은 슈퍼비전의 실행에 대해 지속적으로 모니터링하며 피드백을 수렴한다.
- 조직은 공정하고 명문화된 규정과 절차를 확보하여야 한다. 또한 슈퍼비전 실행 정책을 수립하여야 한다.
- 슈퍼비전 체계를 포함하는 조직 전반의 인사관리 체계를 구축하고 실행하여야 한다.

5) Wannacott, J.(2014). pp. 245-250 참조.

- 조직 전반의 협력적인 분위기를 구축하고 슈퍼비전에 대해 조직성원들이 긍정적으로 인식할 수 있도록 지속적으로 노력하여야 한다. 슈퍼비전에 대한 인식화 작업은 슈퍼바이저들만이 아닌 슈퍼바이지들에게도 이루어져 슈퍼비전에 대한 책임공유와 슈퍼비전 받을 권리에 대해 강조하여야 한다.
- 슈퍼비전을 실행하는 조직은 슈퍼비전을 위한 물리적, 구조적 환경 조성을 위해 노력하여야 한다. 개별 및 집단슈퍼비전 등을 실행할 수 있는 준비된 공간을 마련해야 한다.
- 그 외 슈퍼비전을 실행하는 조직은 지속적 학습과 공유, 다각적인 학습 실행, 학습지원 체계 구축 등 조직의 학습조직화를 추구하여야 하며 지역사회 및 전문직 체계와의 연계와 교류를 위해 노력하여야 한다.

##  슈퍼비전 정책

### ① 슈퍼비전 규정과 절차

슈퍼바이저 자격, 책임, 구조, 내용, 교육이수 등을 포함하는 명문화된 슈퍼비전 규정을 수립한다. 또한 슈퍼비전의 원활한 수행을 위해 슈퍼비전 표준을 기반으로 하는 기관슈퍼비전 지침을 준비하여 적극 활용한다.

### ② 슈퍼비전 직무배정

슈퍼비전 업무를 슈퍼바이저의 고유 업무 중 하나로 공식적으로 배정하고 이를 직무기술서 또는 업무분장표에 명시하는 것은 슈퍼비전의 성공적 수행을 위해 중요하다. 슈퍼비전 직무수행에 대한 모니터링과 평가를 시행하며 그 결과를 근무평점에 반영한다.

▶ 슈퍼바이저의 핵심 직무

- 슈퍼바이저 자신의 자기개발 및 지식 습득
- 직무 검토 및 평가, 방향성 논의
- 사례 및 프로그램에 대한 피드백 제공
- 업무스트레스 관리 및 직무만족 증진을 위한 지지, 격려
- 슈퍼바이지 특성과 성향, 역량 등에 대한 정보수집 및 이해 노력

### ③ 슈퍼비전 교육체계

기관 내부에서 슈퍼바이저 역할을 수행하는 직원들에 대해 슈퍼바이저 교육체계를 마련하여 시행하여야 한다. 슈퍼바이저로 입문하는 직원들 및 기존 슈퍼바이저들에 대한 보수교육도 진행되어야 한다. 슈퍼바이저 교육의 주요 내용은 슈퍼바이저로서의 역량 및 슈퍼바이저 직무과업, 슈퍼비전의 내용욕구 그리고 기관의 특성에 관련한 고유의 내용을 기반으로 한다.

슈퍼비전 교육은 슈퍼비전에 대한 책임공유와 슈퍼비전 받을 권리 그리고 슈퍼바이지의 역량에 대한 내용을 주제로 슈퍼바이지에게도 실시되어야 한다. 특히, 슈퍼비전의 준비와 자신의 자기개발 계획에 대한 내용이 강화되어야 한다. 슈퍼바이지 교육 또한 해당기관의 슈퍼바이지가 보유한 슈퍼비전 관련 역량에 따라 차별화하여 진행될 필요가 있다.

### ④ 기관장의 의지

슈퍼비전을 조직 내의 제도로 채택하고 적극 실행하고자 하는 기관장의 의지와 리더십이 수반될 때 슈퍼비전이 효과적으로 이루어진다.

### ⑤ 슈퍼비전 점검 및 평가

슈퍼비전이 잘 이루어지고 있는지를 조직차원에서 점검하는 것이 필요하며, 슈퍼비전 평가는 조직의 규정과 절차에 의해 마련된 평가틀에 따라 이루어져야 한다. 주기적으로 시행되는 슈퍼비전에 대한 기록을 남기며 지속적으로 기록이 유지되고 조직에 의해 모니터링이 되어야 한다.

효과적인 슈퍼비전의 실행과 체계의 수정, 발전을 위해 슈퍼바이저 평가, 슈퍼비전 운영 평가, 슈퍼비전 만족도 평가, 슈퍼비전 구조에 대한 피드백 등 다양한 평가체계를 구축·실행하도록 한다.

# 시작하기

**생각해보기**

1. 슈퍼바이저가 본격적으로 슈퍼비전을 실행하고자 할 때 고려해야 할 사항은 무엇일까요?
2. 슈퍼비전을 시작할 때의 주요 과업들에는 무엇이 있을까요?
3. 슈퍼바이저와 슈퍼바이지가 라포를 형성하고 서로를 보다 이해할 수 있는 창의적 방법에는 무엇이 있을까요?

슈퍼비전을 시작하는 단계는 앞으로 진행될 슈퍼비전의 내용을 합의하고 방향을 결정하는 중요한 절차이다. 시작하기에서 중요한 이슈는 슈퍼바이저와 슈퍼바이지 간에 동의를 얻고, 상호 신뢰를 쌓는 것이다. 슈퍼비전이 연중으로 진행된다고 볼 때에 시작하기는 연초의 2~3회기 내에 진행되어야 할 사항들이다.

## 1. 상호이해 

새로운 슈퍼비전 관계 속에서 서로를 성장시키기 위한 상호작용을 시작하기 위해 슈퍼바이저와 슈퍼바이지는 무엇부터 해야 할까? 서로를 알아나가야 한다. 그것이 공식적 슈퍼비전 관계를 위한 출발이다. 슈퍼바이저와 슈퍼바이지의 만남은 명확한 목표를 성취하기 위한 의도된 만남이며 서로를 충분히 이해할 수 있도록 정보를 공유해야 한다. 이를 위해서 프로파일을 작성하고 서로를 소개하는 시간을 가져야 한다. 서로를 알게 되면, 일단 어느 정도의 긴장이 해소된다. 각자의 성격특성과 관심사, 경험, 인생의 비전 등을 이해하게 되면 조직의 사명을 위해 함께 나아가는 데에 보다 손쉽게 협력할 수 있다. 상대에 대한 예측력은 긴장과 불안, 때로는 분노감마저 덜어 내는 데에 도움이 될 수 있다. 프로파일을 작성하고 나눔의 시간을 갖는 것이 쑥스러울 수도 있지만 '서로를 아는 것'의 중요성을 인식한 만큼 이겨낼 필요가 있다.

## 슈퍼바이저 / 슈퍼바이지 프로파일을 작성하고 나누자[1)]

준비 및 시작단계에서 공통양식으로 제시한 프로파일 서식(〈서식 1-2〉, 〈서식 1-3〉 참고)을 활용해도 좋겠고 다음과 같은 기본내용을 토대로 구체적으로 작성한 뒤 서로를 소개하는 시간을 갖도록 한다.

### ① 슈퍼바이지 프로파일 작성 주요 내용 목록

- 인적사항: 학력(주요 전공 분야, 석사 학위자 이상은 연구 분야 등)과 소유 자격증 및 주요 이수증, 성격 및 학습 유형 등을 기록
- 실습 및 인턴십 등 훈련 경험: 어디에서, 어떠한 실습과 인턴십 경험이 있는지에 대해 기록(신규 임용 직원은 특히 정보수집이 필요)
- 기존 경력 및 개발 계획: 어떤 기관에서, 어떤 직무를 중심으로, 어느 정도 기간 동안 무슨 일을 했었는지를 기록, 앞으로의 개발 계획, 현재의 관심사 및 비전 등
- 슈퍼비전 경험: 이제까지 어떤 슈퍼바이저로부터, 어떤 슈퍼비전 경험이 있는지, 슈퍼비전 이력 파악에 초점 두기(〈서식 3-2〉 참고)

### ② 슈퍼바이저 프로파일 작성 주요 내용 목록

- 인적사항: 전공학력과 소유 자격증, 성격 및 학습 유형 등을 기록
- 슈퍼비전 관련 교육 경험: 교육명, 주관기관, 기간, 수료 / 자격 여부
- 슈퍼비전 경험: 실행기관, 기간, 대상, 슈퍼비전 내용
- 기존 경력 및 개발 계획: 어떤 기관에서, 어느 정도 기간 동안, 무슨 일을 했었는지를 기록, 앞으로의 개발 계획, 현재의 관심사 및 비전 등

위와 같은 프로파일을 상호 작성한 후, 먼저 공식적인 슈퍼비전 관계로 만나게 된 것을 축하하고 내용을 공유하는 시간을 갖는다. 슈퍼바이저와 슈퍼바이지

1) 공유복지플랫폼(http://wish.welfare.seoul.kr)/지식공유활동가/슈퍼비전by최쌤안쌤(2016.3.30) 참조.

각자에 대해 간단히 소개하고 적극적인 참여로 서로 성장하고 서비스의 질을 높이는 데 도움이 되는 슈퍼비전이 되도록 이야기를 나눈다. 존중하고 지지하는 모습 속에 서로에게 신뢰감을 가질 수 있도록 집중한다.

###  라포 형성을 위한 방법을 모색하자

새로 설정된 슈퍼비전 관계일 경우, 시작단계의 라포 형성은 매우 큰 의미를 갖는다. 시작 단계의 만남에 있어서 실행 자체에 초점을 두고서 급하게 과업지향적으로 들어가지 않도록 슈퍼바이저는 사전에 라포 형성을 위한 준비를 한다. 최근에는 길지 않은 동영상 자료를 쉽게 구할 수 있는데, 함께 나누고 싶은 짧은 동영상을 하나씩 선정하여 같이 보고, 관련된 이야기를 나누는 것은 초기 라포를 형성하는 데 도움이 된다. 슈퍼바이저는 슈퍼바이지의 관심사에 집중하여 이야기를 듣고, 반응해 줌으로써 긴장도 완화하고 좋은 관계 속에서 슈퍼비전을 시작할 수 있다. 첫 회기에는 함께 식사를 나누면서 자신의 삶에 대해 자연스럽게 나누는 것도 좋다. 다만, 슈퍼비전의 체계 안에서 슈퍼비전임을 서로 인식한 상태에서 초기 신뢰관계 구축을 위한 노력들을 하는 것이 좋다.

## 2. 슈퍼비전 계획 

###  슈퍼바이지를 교육적으로 사정하자

슈퍼바이지에 대한 교육적 사정이란 슈퍼바이지의 직무역량과 학습능력을 사정하고 그에 따라 슈퍼비전 계획을 수립하고 계약을 실시하는 과정을 의미한다. 조직의 핵심역량 체크리스트나 표준화된 척도를 활용하거나 직접 인터뷰 등 다각적 방법을 활용하여 슈퍼바이지 개인의 슈퍼비전에 대한 욕구와 필요한 훈련의 영역을 파악한다.

### ① 교육적 사정질문 목록의 확인

가장 기본적으로 교육적 사정질문지[2])를 활용할 수 있는 데 교육적 사정질문지에 포함되어야 하는 내용 목록[3])은 다음과 같다.

- **슈퍼바이지 소개:** 자신의 성격적 특성, 의사소통 특성, 학습 유형 등을 포함하여 자신에 대해 표현
- **윤리적 인식:** 윤리강령 검토 여부, 준수 정도
- **이론적 지식과 기술 숙련도:** 실천에서 기본 이론이 되는 생태체계적 관점과 강점관점, 위기개입, 사정 및 개입기술 등 현재 조직의 직무수행과 관련한 지식과 기술 목록에 대한 숙련도를 체크하도록 하되, 이 외 다루고 싶은 이론에 대해 추가적으로 기록
- **이전 슈퍼비전 경험:** 이전에 어떤 슈퍼바이저에게, 어떠한 내용과 형태의 슈퍼비전을 경험했는지와 해당 경험의 좋았던 점과 좋지 않았던 점을 기록
- **실천가로서의 강점과 한계점:** 실천에서 자신이 가진 강점은 무엇이고 어려움으로 작용하는 부분이 있다면 어떠한 것들인지 자신을 객관적으로 탐색
- **조직의 사명과 인재상 및 핵심역량 등에 대한 이해도:** 조직의 사명과 비전, 역량모델링을 통해 규명된 인재상과 핵심역량을 이해하고 있는지와 각 역량의 보유도를 확인
- **인생의 사명과 비전 및 자기개발계획:** 직원 개인의 인생 사명과 비전은 무엇인지와 앞으로 자신의 역량을 개발하기 위해 어떠한 계획이나 전략을 가지고 있는지 기록(기관자체 자기개발계획을 가진 경우에는 해당 양식을 활용)
- **슈퍼비전에서 다루기 희망하는 내용과 방식:** 본 슈퍼비전에서 무엇을 다루기

---

2) 공유복지플랫폼(http://wish.welfare.seoul.kr)/지식공유활동가/슈퍼비전by최쌤안쌤(2016.5.30) 참조.

3) Munson(2002), 안정선(2007), 홍순혜 외(2014), 김은혜 외(2014)의 교육적 사정 내용을 토대로 종합, 보완하여 제시.

를 원하고 어떠한 방식으로 진행하는 것이 도움이 될지, 자신의 스타일과 욕구를 기록

### ② 표준화된 척도를 활용한 직무역량 사정 보완

위의 교육적 사정질문 목록을 활용한 직접 작성과 인터뷰, 조직의 핵심역량 목록을 활용한 사정 방법 외에 표준화된 직무역량 척도를 활용하여 교육적 사정을 하는 방법도 있다. 역량모델링 과정이 다소 취약한 조직은 선행연구자들에 의해 개발된 직종별 직무역량, 표준 직무 등 표준화된 직무역량 척도들을 활용하여 각 슈퍼바이지가 어떠한 위치에 있는지를 파악하고 슈퍼비전 계획을 수립할 수 있다. 표준화된 양적 설문도구들을 활용하는 경우, 각 도구들은 필요도(중요도)와 숙련도(보유수준)의 2가지 기준으로 평가하도록 하여 슈퍼비전 목표 수립 시에 우선적인 영역을 확인하는 것이 적절하다. 필요도는 직무를 성공적으로 이끌기 위해 이 능력이 필요한 정도를, 숙련도는 직무수행에 대한 개인의 능력 정도 즉, 직무 수행자의 보유수준과 숙련성을 말한다.

교육적 사정은 개별 슈퍼바이지를 사정할 시에도 활용할 수 있지만 특히, 집단 내지 팀 슈퍼비전 기획 시에 초점을 두어야 하는 영역이다. 집단 및 팀 구성원들의 욕구와 기대를 확인하고 팀의 연간 사업목표 및 운영 방향성, 팀 핵심역량을 확인한 후 각 구성원들의 강점과 약점, 팀 구성원들의 현재 위치를 확인하도록 한다. 팀 구성원들의 공통된 욕구를 중심으로 집단슈퍼비전 계획서를 구성한다.

### ③ 결과분석을 통한 슈퍼비전의 욕구 최종 정리[4)]

교육적 사정도구 작성이 끝난 후 각 항목에서 전체적인 강점영역과 약점영역을 살펴보고, 필요도(중요도)는 높게 체크했지만 숙련도(보유수준)를 낮게 체크한 항목을 집중적으로 보완해야 할 사항으로 기록한다. 또한 본인 스스로 생각하는 본인의 강약점 및 성장전략, 슈퍼비전의 욕구 및 기대 등에 대해 나누는 시간을 갖는다(슈퍼바이지 교육적 사정 및 욕구수렴 결과). 욕구 및 기대에 대한 내용을 확

4) 공유복지플랫폼(http://wish.welfare.seoul.kr)/지식공유활동가/슈퍼비전by최쌤안쌤(2016.6.30) 참조.

인할 시에는 직접 인터뷰나 기록의 방법을 활용할 수 있는데 슈퍼바이지의 최근 상황, 관심사도 앞으로 슈퍼비전 운영 에 참고가 될 사항이므로 함께 나누도록 한다. 슈퍼바이지가 슈퍼비전 시간을 통해 다루었으면 하는 내용과 방법은 무엇인지에 대해 논의하도록 하며 슈퍼비전 계획 시 반드시 이를 반영하도록 한다.

## 슈퍼비전을 위한 상호 욕구를 합의하고 계약하자

슈퍼비전에서의 상호신뢰와 합의는 슈퍼비전에 대한 계약이나 구두 동의에 의해 이루어질 수 있다. 만약 슈퍼바이저와 슈퍼바이지 간에 상호 신뢰가 없다면, 슈퍼비전을 위한 계약은 의미 없는 하나의 서류 조각일 뿐이다.

### ① 슈퍼비전 계약을 위한 준비

계약은 슈퍼바이저와 슈퍼바이지에게 현실적인 업무를 알게 하고, 슈퍼바이저에게는 책임감을, 슈퍼바이지에게는 안정감을 주는 도구로 활용될 수 있다. 슈퍼바이저와 슈퍼바이지는 슈퍼비전 과정 동안 주고받는 관계를 형성한다. 슈퍼비전은 절대 일방적인 과정이 아니다. 전문직의 동료로서 파트너십 관계에 있는 양자는 경험, 관심사, 아이디어 등 서로의 관점을 나눌 준비를 해야 한다.

### ② 슈퍼비전 계약을 위한 확인 목록

Fox(1983)은 슈퍼비전 계약을 확실히 하기 위하여 사전에 나누어야 할 내용을 다음의 6가지로 제시했다. 아래의 목록들을 살펴보고 질문하면서 슈퍼비전을 진행할 필요가 있다.

- 서로에게 기대하는 것: 자신들의 생각을 솔직하게 나눔
- 서로에게 줄 수 있는 것: 관심사, 아이디어(일방적 과정이 아닌 주고받는 관계)
- 목표가 동일한지의 내용 점검과 합의: 목표가 다르면 차이 논의와 합의 필요
- 목표를 성취하는 방법: 단계적 프로그램 진행에 대해 논의, 슈퍼비전 형식,

회기 / 시간, 횟수, 준비사항, 슈퍼비전 과정 동안의 시간사용, 슈퍼바이지의 역할

- **제약내용:** 자원부족과 같은 조직 관련문제, 타조직과의 경쟁, 조직 내의 현실적 장애물 점검필요
- **목표성취 여부의 확인 방법:** 목표 및 성과지표를 선정함. 슈퍼바이지의 향상도에 관심을 가져야 함.

## 공식적인 슈퍼비전 계획서를 작성하자

슈퍼비전 준비단계에서 어느 정도 이야기가 되었을 수 있지만 1회기에서는 앞으로 만날 시간과 횟수 등을 확실하게 합의해야 한다. 얼마나 자주 만나서 어느 정도 소요해야 할지 등에 대해 이야기 나눈 후 매달 무슨 요일 몇 시 등 슈퍼비전 시간을 확실하게 정하는 것이 필요하다. 이러한 합의를 위해 슈퍼비전합의서[5]를 추가로 사용할 수도 있고 계획서 내에 이를 포함할 수도 있다. 슈퍼비전을 우선순위에 두고 일정을 잡고 다음 슈퍼비전을 준비할 수 있도록 해야 한다. 기관의 사정에 따라 변동사항이 발생할 수 있지만 전문적인 실천을 위한 필수사항이자 가급적 우선적으로 진행되는 일로 인식되게 할 필요가 있다. 슈퍼비전이 우선적으로 배려 받아야 하는 일로 조직 전체가 인식한 상태에서 시작하는 것이 좋다. 슈퍼비전은 당장 급해 보이지 않지만 직무수행에 중요한 일이므로, 다른 일로 인해 연기되거나 취소되는 일이 없도록 한다.

### ① 슈퍼비전 구조화와 계획서 논의

슈퍼비전 구조와 관련해서는 앞서 개관에서 슈퍼비전의 횟수와 주기, 시간 등에 대해 거론한 것처럼 직원의 직무연한과 아젠다에 따라서 다르게 진행될 수 있다. 그러나 통상적으로 개별슈퍼비전은 월 1회 정도를 기준으로 한다. 슈퍼비

5) 슈퍼비전합의서는 본 서 〈서식 3-2〉 참조.

전은 정기적인 실시를 원칙으로 하되 슈퍼바이지가 원할 때와 슈퍼바이저가 필요하다고 판단했을 때 언제든지 추가로 실시될 수 있다. 정기적인 슈퍼비전의 경우, 아젠다 및 경력에 따라서 30분~1시간 30분 전후로 진행된다고 보고되고 있다. 집단슈퍼비전의 경우는 아젠다와 방식에 따라서 장시간 소요될 수 있다.

슈퍼바이지에 대한 교육적 사정과 욕구수렴 결과에 대한 충분한 논의 후, 슈퍼비전을 진행하기 위해 슈퍼바이저와 슈퍼바이지가 할 일이나 지켜야 할 사항에 대해 언급하고 점검하는 시간을 갖는다. 이제까지의 슈퍼바이지 사정도구 기록, 욕구수렴 인터뷰, 논의 및 토론의 결과를 토대로, 슈퍼비전의 목표와 평가지표, 내용과 과정, 의무에 대한 내용을 포함하는 슈퍼비전 계획서를 작성하여 슈퍼바이저와 슈퍼바이지 상호의 협약을 맺는다.

슈퍼비전 계약은 슈퍼바이저와 슈퍼바이지의 슈퍼비전 진행에 대한 의사를 공식으로 확인하는 것뿐 아니라 서로 간 역할을 제시해 적극적이고 책임 있는 슈퍼비전이 이루어지도록 하는 효과가 있다. 특히, 슈퍼비전의 목표 작성 시, 너무 방대하거나 무리한 목표를 설정하기보다 목표설정의 SMART(구체적, 측정가능, 성취가능, 결과지향, 시간제한성) 원칙을 고려하여 함께 선정한다. 슈퍼바이지 자신에게 적절한 목표와 분량을 다루어 슈퍼바이지의 자발성을 높이고, 슈퍼바이지들에게 슈퍼비전이 또 하나의 무거운 업무로 여겨지지 않도록 노력해야 한다.

### ② 슈퍼비전 계획서 검토 기준[6)]

1차 계획서가 작성된 후에 슈퍼바이저는 다음과 같은 기준으로 큰 틀에서 내용적 측면을 검토한다.

- 슈퍼바이지의 사정결과를 토대로 하며 연관된 내용인가?
- 기관의 사명 및 인재상과 핵심역량을 반영하고 있는가?
- 해당 직무와 직무역량을 반영하고 있는가?
- 기관과 슈퍼바이저가 보유한 자원 및 한계점을 인식하고 작성한 결과인가?

---

6) 공유복지플랫폼(http://wish.welfare.seoul.kr)/지식공유활동가/슈퍼비전by최쌤안쌤(2016.9.29) 참조.

- 제1선 슈퍼바이저와의 충분한 소통과 합의를 반영한 결과인가?
- 슈퍼비전의 기본적인 원칙들의 토대 위에 정리된 것인가?(개별화 / 욕구 및 성장 중심 / 정기성 / 구조 및 공식화 / 상호교류 및 상호작용 중심 등)
- 전문직의 사명과 가치, 정체성의 기반위에 작성된 결과인가?
- 작성 내용은 이론과 선행사례, 현장 기반 등의 근거와 현장의 맥락을 반영하여 작성된 결과인가?

위와 같은 질문들에 의해 내용적 측면이 검토되었다면 다음과 같은 평가기준에 따라 슈퍼비전 계획서가 구체적으로 잘 작성되었는지 슈퍼바이지와 논의의 시간을 가질 수 있다.

- **욕구수렴 및 사정 결과:** 다양한 방법 내지 도구에 의해 욕구를 종합적으로 수렴하였는지, 욕구사정은 적절하며 명확히 제시되었는지의 여부
- **목표 설정:** 슈퍼바이지의 현실적 욕구가 잘 반영되었는지, SMART 원칙에 의해 설정되었는지, 목표 설정을 위해 협력적 노력을 하였는지의 여부
- **수행방법:** 실행가능하며 구체적으로 제시된 방법과 슈퍼비전을 위한 슈퍼바이저의 면담 이외에 서적, 동영상 자료, 내외부교육, 외부강사, 자문가 등의 자원 활용의 여부
- **평가지표 및 방법:** 목표달성과 직결된 평가지표 선정, 구체적으로 제시된 목표치 및 달성치의 적절성, 목표달성을 평가하기에 적절한 평가 방법 선정 여부
- **실행계획:** 동기부여 및 흥미유발을 위한 다양한 실행방법 선정, 적합한 세부계획 수립 여부

### ③ 슈퍼비전 계획서는 누가 쓰는 것인가?

그런데 슈퍼비전 계획서를 쓰는 일이 만만치 않은 일이기 때문에 '슈퍼비전 계획서는 누가 작성하는 것인가?'에 대한 질문을 종종 하게 된다.

그에 대한 정답은 '함께 쓰는 것이다'이다. 그러나 '누가 주도적으로 작성하는

가?'라고 질문할 수 있는데, 그것은 기관이나 단체가 추구하는 방향이나 역량강화 방침에 따라서 달라질 수 있다. 일반적으로 실천 현장은 1개 부서에 여러 명의 슈퍼바이지인 직원들이 근무하는 상황이다. 따라서 슈퍼비전 계획서의 경우는 1차적으로 슈퍼바이지가 작성하도록 하여 본인의 욕구를 충분히 표현하도록 하고 충분한 의견수렴과 교육적 사정 논의 절차 후, 계획서를 마무리하는 형태를 채택하고 있다. 제2선 슈퍼바이저(상급슈퍼바이저)와 기관장에게 제출할 시에는 슈퍼바이지와 슈퍼바이저가 함께 서명을 하여 제출하는 방식으로 진행된다. 그러나 슈퍼바이저를 양성 내지 인증하는 단체나 훈련과정 등에서는 슈퍼바이저로 하여금 슈퍼비전을 실시한 계획과 기록 등을 의무 제출하도록 하는 형식을 취하고 있는데, 이는 슈퍼비전의 목적 자체가 슈퍼바이저를 훈련하는 것에 비중이 있기 때문이다. 기관의 상황에 따라 계획서 작성자는 달라질 수 있겠지만 슈퍼바이저의 직무 수행 측면에서 슈퍼바이저가 책임을 가지고 완료하는 형태가 적절하다고 판단된다.

마지막으로 매회 슈퍼비전이 끝난 후 슈퍼비전 기록지를 작성해 슈퍼바이저에게 확인하도록 한다. 이는 진행된 슈퍼비전 내용에 대해 슈퍼바이지가 스스로 정리하면서 업무에 적용해 보는 시간을 갖도록 하는 차원과 다음 회기 슈퍼비전을 위해 준비해야 할 사항을 기억하도록 하는 수단이 된다. 기록지에 대해서는 본 서의 제2부 실행 및 종결하기에서 다룬다.

## 3. 시작단계 과업 표준[7)]

### 슈퍼비전의 단계

슈퍼비전의 단계는 다음과 같이 교육적 사정, 계획수립, 실행, 평가 및 피드

7) Wannacott, J.(2014). pp. 242-243 참조.

백의 일반적인 기획의 단계로 진행된다.

| 교육적 사정 → 계약(계획 수립) → 실행(도구 활용) → 평가 및 피드백 |
|---|

① 교육적 사정

슈퍼바이지에 대한 교육적 진단, 즉 슈퍼바이지의 직무역량과 학습능력을 사정 하고 그에 따라 슈퍼비전 계획을 수립하고 계약을 실시하여야 한다. 슈퍼바이지 사정을 위해 다각적인 방법을 활용하여 슈퍼바이지 개인의 슈퍼비전에 대한 욕구와 필요한 훈련의 영역을 파악한다.

② 슈퍼비전 계약

슈퍼바이지에 대한 교육적 사정 후, 슈퍼비전 내용과 과정, 의무에 대하여 슈퍼바이저와 슈퍼바이지 상호의 협약을 맺는다.

③ 슈퍼비전 실행과 순환과정

다양한 기법 및 도구 활용을 통해 슈퍼비전을 실행한다. 슈퍼비전은 순환과정을 통해 이루어진다. 주요 이슈들에 대한 해결방법을 찾기 위해 조사 지식과 실천적 지혜를 사용하여 현 시점의 경험 및 정서적 반응을 탐색하고, 이후 요구되는 성과 및 실행계획에 대해 탐색한다.

④ 슈퍼비전 평가 및 환류

슈퍼비전 실행에 대한 평가 및 피드백을 수렴한다. 이러한 평가의 내용은 다시 슈퍼비전을 계획하고 실행하기 위한 근거로 환류되어야 한다.

# 사례로 이해하기

## 이것이 궁금해요

**이슈 1-1** 조직의 구성원들이 슈퍼비전의 과정에 적극적으로 참여하고 긍정적인 동기부여가 될 수 있는 슈퍼비전 체계를 구축하려면 어떻게 해야 할까요?

**이슈 1-2** 슈퍼바이저의 역량의 차이에도 불구하고 조직이 추구하는 방향을 달성할 수 있는 슈퍼비전이 되기 위해서는 어떤 준비가 필요할까요?

**이슈 1-3** 슈퍼바이지들이 어려운 일이 생기면 편안하게 의논할 수 있는 신뢰받는 슈퍼바이저가 되려면 어떤 준비가 필요한가요?

**이슈 1-4** 슈퍼바이저와 슈퍼바이지의 직종이 상이한 경우, 슈퍼비전 체계를 어떻게 수립하는 것이 적절할까요?

**이슈 1-5** 다양한 직종이 근무하는 조직에서 직원 간의 융화와 화합을 이끌고 조직 목표 달성에 기여하기 위해서는 어떤 슈퍼비전이 이루어져야 하나요?

**이슈 1-6** 팀장과 부장, 2명이 슈퍼바이저 역할을 하는 상황의 경우, 슈퍼비전 체계는 어떻게 이루어지는 것이 적절한 것인지요?

**이슈 1-7**

팀 내에서 새로운 업무가 발생할 때, 효과적인 업무배분을 위한 슈퍼비전을 어떻게 하면 좋을까요?

**이슈 1-8**

팀원의 수가 많은 경우에 슈퍼비전을 부장에게 받을지, 팀장에게 받을지를 선택하라고 해서 진행해도 되는지요?

**이슈 1-9**

교육적 슈퍼비전을 부담스러워하는 슈퍼바이지에게 어떠한 방법으로 슈퍼비전 계획을 수립하고 슈퍼비전을 수행하는 것이 좋을지요?

**이슈 1-10**

기존에 기관에서 해 왔던 방법, 즉 수시로 발생하는 업무지도는 슈퍼비전이 아닌 건가요?

**이슈 1-11**

16년째 같은 업무를 수행하는 숙련성이 높은 슈퍼바이지에게도 계속 슈퍼비전을 실시해야 하는 것일까요?

## 이슈 1-1 직원의 동참을 이뤄내는 슈퍼비전 체계 구축

8년차 과장입니다. 제가 소속된 기관은 슈퍼비전이 필요하다고 생각하여 외부 교수님을 모시고 슈퍼바이저들 대상으로 교육을 2회 받았습니다. 그러나 슈퍼비전 체계가 구축되지 않아 슈퍼비전이 제대로 이루어지지 못하고 있습니다. 기관의 리더들이 슈퍼비전에 관심이 없는 것은 아닌데 새로운 슈퍼비전 체계를 구축하려면 많은 시간과 에너지가 들다보니 섣불리 시작을 못하고 있는 것 같습니다. 기관의 리더들도 마음은 있어도 본인의 주요 업무로 받아들이고 싶어 하지 않아 진행이 되지 않습니다. 이런 상태에서 슈퍼비전활동을 시작하려면 어디서부터 시작해야 할까요? 조직의 구성원들이 슈퍼비전의 과정에 적극적으로 참여하고 긍정적인 동기부여가 될 수 있도록 하기 위해서는 어떤 지원이 있어야 할까요?

A 슈퍼바이저들 대상으로 슈퍼비전 교육까지 하고 무언가 시도해 보려고 했는데, 수개월 간 진전이 되지 않아 얼마나 답답한지요? 조직적 차원의 새로운 제도를 시행하는 데에 있어서는 대부분 다양한 측면의 저항이 있게 마련이지요. 그러하기에 슈퍼비전이 조직성과를 창출하는 대표적 조직관리 기제로 기능하기 위해서는 그만큼 슈퍼비전 체계 구축에 충분한 시간을 가지고 준비할 필요가 있습니다. 조직의 제도 시행은 사적인 업무가 아니기 때문에 공식적인 업무로 일임되어 주요 업무수행 담당자가 있어야 하겠지요. 또한 슈퍼비전은 조직적 지원으로 이루어지는 슈퍼바이저와 슈퍼바이지의 상호작용 과정이기 때문에 조직적 차원의 준비는 물론이고 슈퍼바이저 그리고 슈퍼바이지 모두의 준비가 필요합니다.

무엇보다 조직차원의 준비가 중요하다고 하겠습니다. 슈퍼비전을 실행하기 위한 규정과 합의된 지침이 개발되었는지요? 공식적인 규정이 마련되고 직원들의 논의를 거쳐 마련된 지침은 슈퍼비전 실행의 매우 중요한 기본 토대입니다. 슈퍼비전 지침서를 개발하는 것이 어렵다고 느껴지나요? 기존에 슈퍼비전을 시행하고 있는 다른 조직을 벤치마킹해 보거나 슈퍼비전과 관련한 문헌에서 슈퍼비전 표준안과 가이드라인을 제시하고 있으니 이를 참고로 직원들의 의견을 수렴하여 지침서를 개발하면 됩니다. 지침을 개발하고 서식을 선정하는 과정에서부터 일선 슈퍼바이저들과 함께 이루어 나간다면 구성원들의 참여와 동기부여가 더 높아질 것입니다.

다음으로는 슈퍼비전에 관한 동기부여를 위해 교육이 필요합니다. 이미 슈퍼바이저 교육을 진행하신 것으로 보이지만 보다 다각적 차원에서의 교육이 이루어져야 합니다. 슈퍼비전의 필요성에 대해 조직의 모든 직원들 간의 공유가 필요합니다. 슈퍼바이저들이 자신감을 갖고 중요한 책임으로 인식하기 위해서는 단회성의 특강 형식만으로는 부족하고 지속적인 스터디와 논의과정이 필요합니다. 외부의 검증받은 슈퍼비전 교육과정에 참여하여 이러한 제도가 사회복지계 전반에서 요구되는 과업임을 확인하는 것도 필요합니다. 슈퍼비전에 관한 우수사례나 효과를 제시한 연구물을 함께 리뷰해 보는 것도 방법입니다.

물론 최고 리더인 기관장의 관심과 의지는 슈퍼비전 실행이 동력을 받을 수 있는 가장 중요한 요인이겠지요. 기관장으로서 먼저 슈퍼비전을 학습하고 그 중요성을 지속적으로 강조하고 지원하고자 하는 의지를 표명하는 것 또한 조직적 차원의 준비에 포함된다고 할 수 있습니다. 이와 같은 다양한 방법들을 통해 아직 슈퍼비전 제도가 낯선 그리고 때로는 피하고 싶은 조직 구성원들에게 '아마도 슈퍼비전은 우리 조직과 나에게 긍정적인 영향을 미칠 수 있을 것이다'라는 생각이 들 수 있도록 초기 과정이 이루어져야 합니다. 이러한 공식적 문서 마련 및 인식화가 이루어지면 구체적인 연간 직원슈퍼비전 계획이 주무부서에 의해 수립되고 관리되어야 하는 것이죠. 슈퍼비전 체계 구축을 위해 필요한 기본 핵심과업에 관한 논의는 '제1부 슈퍼비전 준비 및 시작' 내용을 참고해 주세요.

**➔ 본 서의 관련 사례 〈이슈 2-1〉을 참고하세요.**

## 이슈 1-2

## 슈퍼바이저 역량과 역할에 차이가 있는 슈퍼비전의 문제

**Q** 15년차 슈퍼바이저입니다. 저는 비교적 슈퍼비전에 대한 경험을 가지고 있습니다. 요즈음은 슈퍼바이저 간의 역량 차이와 합의점에 관한 고민을 하고 있습니다. 기관 내에는 여러 팀별로 각각의 슈퍼바이저가 각 팀별 구성원인 슈퍼바이지에게 슈퍼비전을 제공하고 있습니다. 각 슈퍼바이저에 의해 이루어지는 슈퍼비전 과정에서 과연 조직이 추구하는 방향성을 달성할 수 있도록 일관성 있는 슈퍼비전을 실시할 수 있을지 의문입니다.

각 팀을 이끄는 슈퍼바이저의 역량에 차이가 있고 슈퍼바이지들의 슈퍼비전 수용능력이 상이함에도 불구하고 조직이 추구하는 방향을 달성할 수 있도록 하기 위해서는 사전에 어떠한 준비가 필요할까요? 슈퍼바이저 간 어떤 합의점을 가지고 가야 하는 건 아닌가요?

**A** 단순히 조직에서 슈퍼비전을 실행하는 것을 넘어서서 슈퍼비전 성과와 조직목표 달성 및 책무성 이행에 직접적으로 기여하는 슈퍼비전에 대해 고민하고 계신 것 같습니다. 슈퍼비전이 단순히 슈퍼바이지를 역량강화하는 데에만 목적이 있지 않고 조직이 추구하는 미션과 비전, 목표를 성취하는 데에 한 방향이어야 함은 중요한 부분입니다. 특히 이를 이루고 촉진하는 데에 슈퍼비전을 주업무로 담당하는 슈퍼바이저의 역량과 관점이 영향을 미친다는 것은 두말할 필요도 없겠지요.

여기서 잠깐!! 슈퍼바이저의 역량이나 차이를 논하기에 앞서 조직의 슈퍼비전 목적과 슈퍼바이저의 역할에 관한 합의가 명확히 이루어졌는가를 묻고 싶습니다. 슈퍼비전 규정과 지침에서 이러한 요소는 그저 내용을 구성하는 문장이 아니라 슈퍼비전을 통해서 이루고자 하는 성과와 직결된 슈퍼바이저의 실질적인 임무입니다.

이는 슈퍼비전에 참여하는 모든 조직원이 명확히 인식해야 하는 내용이며 이러한 내용에 관한 평가도 시행되어야 합니다.

두 번째로 슈퍼바이저로 입문할 때의 기본 직무교육이 강화될 필요가 있습니다. 슈퍼바이저로서 갖추어야 하는 기본 역량목록을 제시하고 스스로도 부족한 부분을 확인하여 보완계획을 수립하도록 해야 할 것입니다. 기본 역량 목록은 몇몇 학자들에 의해 이미 개발된 내용들과 우리 조직 내 슈퍼바이저들에게는 반드시 필요하다고 생각하는 내용들을 포함하여 마련되어야 할 것입니다. 입문 슈퍼비전 교육을 통해 슈퍼비전의 기본 이해 및 조직의 슈퍼바이저로서의 중요 역할과 관점 등을 내재화할 수 있어야 할 것입니다. 슈퍼비전을 실행할 수 있도록 다양한 사례 제시와 연습도 이루어져야겠습니다. 그런데 슈퍼바이저 교육이 1회성으로만 끝난다면 문제가 될 수 있습니다. 슈퍼비전에 관한 보수교육과 지속적 논의 과정이 필요합니다. 아마도 기본 교육 및 기관의 슈퍼비전 방침과 철학에 관한 오리엔테이션이 없는 상태에서 슈퍼바이저로 임명받고 이후에도 슈퍼바이저 간의 지속적인 논의와 점검 과정이 없다면 슈퍼비전은 자칫 슈퍼바이저 개인의 권력 강화물처럼 오용될 수도 있을 것입니다.

그러기에 조직 내 슈퍼바이저 양성에 관한 정책과 슈퍼비전 제도에 관한 평가, 슈퍼바이저 직무수행에 관한 모니터링과 평가, 슈퍼비전의 성과평가(목표달성 평가) 등 슈퍼비전 평가에 관한 정책이 함께 수립되어야 하는 것이지요. 슈퍼비전 평가에 관한 내용은 제2부 6장 평가하기에 제시되어 있습니다.

행정적 슈퍼비전에서의 주요한 과제 중의 하나가 조직 구성원의 '한 방향 정렬'(allignment), 즉 조직 사명의 내재화에 초점을 두는 것인데, 이에 관한 구체적인 방법들이 논의되고 슈퍼비전 시에 충분히 다루어질 필요가 있겠습니다. 슈퍼비전은 조직의 목표와 같은 방향에서 실행되어야 합니다. 또한 슈퍼바이저들의 슈퍼비전을 제공하는 제2선 슈퍼바이저들(슈퍼바이저의 슈퍼바이저)의 역할 정립과 슈퍼바이저들의 집단슈퍼비전 설계 강화를 통해 이와 같은 문제들은 해결의 실마리를 충분히 찾을 수 있지 않을까 싶습니다.

## 이슈 1-3 슈퍼바이지들의 신뢰를 얻는 슈퍼바이저가 될 준비[1]

저는 근무한지 17년이 되어가는 슈퍼바이저입니다. 슈퍼바이저로 역할을 한지가 벌써 10년차가 됨에도 불구하고 슈퍼비전이라는 이름하에 이루어지는 활동들은 이 낱말이 주는 무게감 때문인지 굉장히 부담스럽고 책임감이 많이 느껴집니다. 훌륭한 슈퍼바이저가 되려면 물론 지식적으로 어느 정도의 준비가 되는 것은 기본이고 슈퍼바이지들이 슈퍼바이저를 신뢰할 수 있어야 할 것 같아요. 슈퍼바이저가 보다 인격적으로 성숙하고 슈퍼바이지를 포용하고 받아들일 수 있고, 슈퍼바이저와 슈퍼바이지 사이에 신뢰가 생기면 슈퍼비전 효과가 커질 것 같아요.

슈퍼바이지들이 슈퍼바이저를 신뢰할 수 있고 어려운 일이 생기면 편안하게 의논할 수 있게 하려면 슈퍼바이저로서 어떻게 역할을 수행해야할까요? 어떤 준비가 필요한가요?

A

슈퍼바이지들이 슈퍼바이저들을 신뢰하고 어려운 일이 생기면 편안하게 의논하며 슈퍼바이저가 슈퍼바이지를 포용하고 받아들이는 슈퍼비전…. 말만 들어도 마음이 편안해지며 '정말 이런 관계라면 직장생활이 행복하겠다'라는 생각이 듭니다. 슈퍼비전을 허투루 여기지 않으며 책임감을 가지고 수행하고 신뢰 있는 슈퍼비전 관계를 위해 상당히 노력하고 계시는 마음이 느껴집니다. 이런 지지를 드리는 이유는 슈퍼비전을 수행하기 위한 슈퍼바이저 역량 중에 가장 중요하다고 생각하는 것이 슈퍼바이지 중심의 관점과 태도이기 때문입니다.

물론 슈퍼바이저가 기본적으로 갖추어야 하는 무수히 많은 역량 목록들과 KSA

1) 공유복지플랫폼(http://wish.welfare.seoul.kr)/지식공유활동가/슈퍼비전by최쌤안쌤(2017.7.28) 참조.

(Knowledge, Skill, Ability & Attitude: 지식, 기술, 능력과 태도, 가치 등) 분석 내용들이 이미 제시되어 있습니다. 기본 역량 확보를 위해 부단한 노력을 해야겠지만 슈퍼바이지의 신뢰를 얻기 위해서는 기본적으로 슈퍼바이지 개인과 슈퍼바이지의 수행 직무를 충분히 이해하고 슈퍼바이지 성장과 부하 육성에 대한 소명으로 직접적인 촉진과 조력자 역할을 수행하는 것이 우선입니다. 슈퍼비전이 사회복지조직의 사명과 목표를 성취하는 대표적인 조직관리 기제인 것은 분명하나 슈퍼비전의 핵심내용이 슈퍼바이지의 욕구나 희망이 아닌 슈퍼바이저의 요구나 조직적 지시와 명령에만 중심이 있을 때에 슈퍼비전은 '피하고 싶은 채찍'으로 오인되어 오히려 궁극적인 조직성과 달성에 장애물이 될 수도 있습니다. 따라서 슈퍼비전 내용을 선정할 시에도 슈퍼바이지의 욕구와 어려움, 자기개발계획 등을 우선적으로 확인하여 슈퍼비전 계획을 수립할 필요가 있습니다.

신뢰를 얻는 슈퍼바이저가 되고 싶으십니까? 먼저 역량 있는 슈퍼바이저가 되셔야 하겠지요. 슈퍼바이저가 갖추어야 하는 역량에 대해 몇몇 연구자들이 현장의 의견을 토대로 제시한 내용들이 있습니다. 수십 개의 슈퍼바이저 역량 내용을 몇 가지로 정리하면 결국, 슈퍼비전에 관한 지식과 기술, 슈퍼바이지 개인 특성과 슈퍼바이지 업무에 대한 이해, 기본 업무수행 능력(프로그램 개발, 사례관리, 소통과 상담 등), 슈퍼바이저 자신의 이해 등입니다. 슈퍼바이저의 지식·기술·태도 역량을 참고하셔서 자신에 대한 인식강화와 지속적인 자기개발을 위해 스스로 노력할 필요가 있겠습니다. 앞서 〈이슈 1-2〉에서도 논의한 바와 같이 슈퍼바이저들을 위한 교육과정도 개발되어 조직 내에서 실시될 필요가 있습니다. 신뢰라는 것이 사실 단시간에 쌓이기가 쉽지 않은데, 기본적으로는 슈퍼바이저의 역량에 대한 존경과 슈퍼바이지로서 존중받는다는 슈퍼바이저의 태도 등이 큰 영향을 미친다고 볼 수 있습니다.

또한 신뢰를 더욱 단단하게 하는 것은 슈퍼바이저의 책임감 있는 업무수행과 바로 일선에서 지속적으로 슈퍼바이저가 본인의 업무를 책임감 있게 수행하는 것을 보여주는 것에 있다고 할 것입니다. 사실 슈퍼바이지들이 슈퍼바이저들에게 크고 거창한 것을 원한다고 생각하면 도저히 그 부담스러움에 슈퍼비전을 실행할 수가 없겠지요. 슈퍼비전 관계의 속성과 이슈에 대한 논의들은 제3부에서 더욱 구체적으로 살펴보기를 바랍니다.

## 이슈 1-4 슈퍼바이저와 슈퍼바이지 직종이 다른 경우의 슈퍼비전 체계

복지현장에서 10년을 근무하고 다양한 직종이 근무하는 시설에서 부장을 맡게 된 슈퍼바이저입니다. 우리 기관의 특성상, 슈퍼바이저의 직종과 슈퍼바이지의 직종이 다르거나 한 팀에 여러 다양한 업무를 담당하는 (다양한 직종의) 슈퍼바이지들이 근무하는 경우가 있습니다. 사회복지조직이기 때문에 사회복지사인 슈퍼바이저가 많고 슈퍼바이지는 간호사, 영양사, 상담원, 위생원인 경우가 있습니다. 또한 총무부서나 관리부서의 경우에는 슈퍼비전을 공부하거나 접해 본 경험이 적은 직원들(슈퍼바이저, 슈퍼바이지 모두)이 근무하고 있어 슈퍼바이저와 슈퍼바이지 간의 직종은 같은데 슈퍼비전을 시작하기 버거워하고 있습니다. 이와 같이 직종이 서로 다른 경우, 각각의 전문영역이 있으므로 업무 전문성 향상을 목적으로 실행하는 슈퍼비전을 주는 데 한계가 있습니다. 직종이 상이한 경우, 슈퍼바이저로서 슈퍼비전을 주는 데 있어 방향성을 어떻게 정해야 하는 건지요? 아니면 사회복지기관이기 때문에 사회복지사가 아니면 굳이 공식적인 슈퍼비전을 줄 필요가 없는 건지요?

A

여러 직종이 다양한 업무를 수행하고 근무시간도 서로 차이가 있는 세팅에서 슈퍼비전을 도입하고자 하는 기관의 노고가 느껴지네요. 다양한 직종이 근무하고 때로 각자의 목소리를 내기에 바쁘다면 그야말로 시시 때때로 울리는 잡음들로 조직이 시끄러울 수도 있겠네요. 그러나 바꾸어 생각한다면 이러한 조직일수록 사실상, 각각의 목소리를 조율하고 담아내는 소통창구가 필요하다는 생각이 듭니다. 슈퍼비전이 그러한 역할을 하는 데에 기여할 수 있다고 생각됩니다. 다만 질문을 하신 것처럼 슈퍼비전의 일부 영역은 직종에 관계없이 조직적 맥락 위에서 다양한 직무 경험과 슈퍼비전 훈련을 이수한 슈퍼바이저가 진행할 수 있지만 직무전문성 중심의 슈퍼비전은 직종이 다른 슈퍼바이저가 슈퍼비전을 직접 실행하는 데에 어려움이 있습니다.

기본적으로 슈퍼비전 체계 수립 시, 슈퍼비전 관계를 설정할 때에 동종 직무자를 배정하는 것이 우선적입니다. 또한 슈퍼비전 제도는 조직의 공식적 제도로서 전사적으로 모든 직원에게 실시되는 것이 원칙이라고 할 수 있습니다. 다만 조직의 특성이나 직무 상황에서 슈퍼바이저와 슈퍼바이지의 직종이 다른 경우, 행정 · 지지 · 성찰 관련 슈퍼비전, 조직의 공식적 자기개발계획 및 보고, 내부자원 활용, 조직사명의 내재화 등과 같은 과업은 담당 슈퍼바이저가 책임을 지고 주도하고 교육적 슈퍼비전 영역 중에서 직무 전문성 슈퍼비전은 외부 자문가와의 계약에 의해 진행하는 보완적 방법을 사용할 수 있겠습니다.

외부 자문을 받고자 할 때에는 명확한 자문 요구 내용과 범위 등에 대해 사전에 충분한 논의를 거쳐 선정하고 이론 및 실천경험이 풍부한 자문을 받을 수 있도록 준비할 필요가 있습니다. 이러한 준비 요소 부분에 현 슈퍼바이저가 충분히 관여하고 또한 조직적 차원에서 충분히 지원하도록 도움을 주어야 하겠지요. 때로 외부 자문가를 모시고 자문을 받고도 받은 내용이 현 기관 상황이나 직무에의 적용과는 상당한 괴리가 있거나 기본 이론이나 원칙의 반복으로만 끝나게 되는 불만족스러운 경우가 발생하고는 합니다. 본전 생각이 나는 경우가 종종.

계약에 의한 외부 자문이 이루어질 시, 보통은 현 슈퍼바이저가 동석하지 않기 때문에 자문이 이루어진 후에 자문 기록을 통해 세부 내용을 보고받고 현 슈퍼바이저도 숙지할 필요가 있습니다. 자문제도를 도입하기 어려운 상황이라면 직무관련 우수사례 벤치마킹이나 타 기관방문, 외부 전문화 교육 참여와 보고 등의 다른 직원개발 방법론을 적극 활용하고 지원할 필요가 있겠습니다.

그러나 사회복지사가 아닌 직종이라 하더라도 사회복지조직이기 때문에 기본적으로 가장 우선되는 사회복지조직의 목적과 역할, 관점과 방향성에 대해서는 공식 슈퍼바이저가 책임을 지고 슈퍼비전을 시행하여야 할 것입니다. 비록 전문 슈퍼비전의 한계는 있다 하더라고 조직 내 직무자로서의 자기개발과 경력개발에 슈퍼바이저가 관심은 물론 함께하고 있다는 것 등 조직의 지원과 책임을 지속적으로 보여줄 필요가 있겠습니다. 여기서 잠깐! 총무부서나 관리부서 등 다른 직종들로 구성된 부서의 슈퍼비전은 2부 실행 및 평가하기를 참고해 주세요.

➔ **본 서의 관련 사례 〈이슈 2-5〉를 참고하세요.**

# 이슈 1-5 직원 간의 융화와 화합을 이끌어 내기 위한 슈퍼비전

저는 다양한 직종이 근무하는 조직에서 근무하는 총무과장입니다. 기관의 규모도 큰 편이고 여러 직종이 한 곳에서 근무를 하다 보니 각자의 전문분야가 달라 혼란이 발생할 수 있습니다.

더욱이 각 직종마다 상황을 이해하는 관점이 조금씩은 상이하여 직원 간의 의견충돌이나 소통에서의 문제점이 발생할 수 있습니다. 특히 이러한 규모가 있는 조직에서는 무엇보다도 직원 간의 융화가 중요하다고 생각합니다. 시설 내에서 어떤 한 사람만이 역량을 가지고 문제를 해결해 나가는 것이 아니라 다 같이 힘을 모으고 서로 맞물려서 일을 해결해 나가야 합니다.

그렇다면 직원 간의 융화와 화합을 이끌고 조직 목표 달성에 기여하기 위해서는 어떤 슈퍼비전이 이루어져야 하나요?

조직의 규모가 커지고 여러 부서의 형태를 갖추게 되는 경우에 직원 간의 융화나 부서 화합 등의 이슈는 대부분의 중간관리자들의 과제가 되고 있지요. 다양한 전문 직종들이 근무하는 조직은 조직 문화를 형성하는 데에 어려움도 있지만 사실상 다학제 협력으로 시너지 효과를 창출할 수 있는 장점과 잠재력을 가진 것임에도 틀림없습니다. 이러한 강점을 활용하고 강화하기 위해서는 먼저 집단슈퍼비전, 집단동료슈퍼비전, 정기적 사례 컨퍼런스 등의 방법 활용을 추천하는 바입니다.

단순한 보고식의 회의가 아니라 명확한 연간 계획을 수립하고 아젠다가 있는 집단슈퍼비전과 정기적 사례 컨퍼런스를 실행하여 함께 논의하는 과정이 지속적으로 이루어져야 합니다. 물론 관점의 차이가 종종 발생하겠지만 함께 논의하고 합의점을 찾아가면서 결국에는 다양한 전문직 협력의 시너지를 확인하는 성과들이 축적될 필요가 있습니다. 또한 동일 직급 간의 동료슈퍼비전 실시로 직종을 넘어선 지지적 슈퍼비전과 보완적 방법인 동료멘토링을 시행해 보는 것도 제안하고 싶습니다. 또한 팀 안에서의 다양한 직종들 간의 융화와 화합을 위해 조직 목표와의 한 방향 정렬(alignment)을 위한 워크숍과 집단슈퍼비전을 실행할 필요가 있습니다. 전문직 간의 관점의 차이는 있을 수 있지만 결국 조직이 추구하는 목표와의 '한 방향' 관점을 정립하고 조직성과를 창출하는 것이 슈퍼비전이 추구하는 핵심 목적이기 때문이죠. 개별슈퍼비전이 슈퍼비전 유형들 중에 가장 효과적이고 맞춤형 직무 역량강화에 영향을 미친다는 것은 이미 밝혀진 사실이지만 집단슈퍼비전도 연간 계획수립을 통해 추진한다면 팀 사업목표 성취, 조직 방향의 내재화, 공유와 소통을 통한 조직문화 창출에 기여할 수 있습니다. 현장에서 개별슈퍼비전에 비해 집단슈퍼비전의 계획과 평가가 다소 소홀한 경향성이 있습니다. 보다 집단슈퍼비전의 진행과정과 방법 그리고 집단의 역동성 등에 대한 학습을 강화할 필요가 있습니다.

'부서의 리더 역할을 수행하는 슈퍼바이저로서 좀 더 집단슈퍼비전의 효과를 얻고 싶으신가요?' 한 단계 더 나아가 팀의 문제를 공동해결하기 위해 액션러닝(Action Learning)과 같은 방법을 활용하여 팀 학습과 과업실행을 촉진해 볼 필요가 있습니다. PBL(Project Based Learning), TBL(Team Based Learning), 토론, 아이디어 수렴과 검토법, 의사결정기법 등 집단을 활용하고 집단학습을 촉진하는 다양한 방법들에 대해 보다 탐색해 볼 필요가 있습니다.

또한 조직 규모가 크고 다양한 직종이 근무하는 조직일수록 직원개발 방법들의 패키지를 준비하여 직종과 욕구에 맞게 선택하고 이를 슈퍼비전 안에서 논의하고 공유하는 방법을 활용해야 합니다. 슈퍼비전 제도 하나만으로 만능해결책은 될 수 없기 때문이지요. 위와 같은 다양성을 가진 조직은 직원들의 단합과 상호이해가 필요한데, 이를 위해서 팀별 또는 팀 간 매칭으로 상호이해와 단합, 정보공유 등을 목적으로 자유롭게 팀 활동을 기획하여 실행하는 캔미팅(Can Meeting)이나 부서와 직종의 경계를 넘어 동종 관심을 가진 구성원들이 활동을 하고 조직이 비용을 지원하는 학습동아리와 같은 방법을 보완적으로 활용하는 것도 방법입니다.

조직 내부에서 슈퍼비전과 더불어 직원들을 지원하는 다양한 체계가 개발되도록 노력해야겠지요? 물론 아무리 다양한 제도들이 있다 하더라도 가장 기본적으로 슈퍼비전을 통해 조직 방향과 가치를 수용하고 다양한 전문직이 함께 일하는 것의 중요성을 인식하고 시너지를 창출할 수 있도록 지원하며 각 슈퍼바이지의 역할과 위치를 성찰하도록 하는 것이 핵심임을 놓치지 않아야 합니다.

## 이슈 1-6 팀장과 부장, 2명의 슈퍼바이저! 서로 다른 슈퍼비전의 혼선

소규모 작은 조직에서 일하고 있는 슈퍼바이지입니다. 전체 6명 정도가 일하고 있고 부장 1명과 팀장 1명, 직원 4명이 전부입니다. 현재 팀장님은 아직 실무 경험이 많지 않아서 부장님이 일일이 직원들에게 슈퍼비전을 주십니다. 말로는 팀장이 슈퍼비전을 주라고는 하시는데 결국 일을 진행하다보면 또 부장님의 슈퍼비전에 따르는 경우가 발생합니다. 때에 따라서는 팀장이 주는 슈퍼비전과 부장님이 주는 슈퍼비전이 달라서 혼선이 일어나는 경우도 있었습니다. 어차피 부장님의 슈퍼비전대로 일을 해야 하니 팀장의 슈퍼비전은 더 효력이 없게 느껴집니다. 작은 조직이라 체계를 갖춰서 일하기도 힘들고 시간도 부족한 상황인데, 두 번 일을 해야 하나 그런 생각이 들 때도 있습니다.

이와 같이 2명이 슈퍼바이저 역할을 하는 상황의 경우, 슈퍼비전 체계는 어떻게 이루어지는 것이 적절한 것인지요?

조직의 규모도 작고 눈앞에서 바로 직무수행이 확인되고 지시가 이루어지는 상황에서 2명의 슈퍼바이저가 있다고 느껴지니 혼란이 많으실 것으로 생각됩니다. 게다가 슈퍼바이지 입장에서는 모두 다 조직의 슈퍼바이저들이고 조직의 역동도 살펴야 하니 마음이 무거울 것 같습니다. 슈퍼비전을 수행하는 데에 있어 조직 규모를 막론하고 슈퍼비전 관계는 명확하게 1 : 1로 매칭되는 것이 적절합니다. 슈퍼바이저는 제1선 슈퍼바이저와 제2선 슈퍼바이저가 있는데 우리가 보통 공식적 슈퍼바이저로 정하고 슈퍼비전을 실행하는 것은 제1선 슈퍼바이저인 직속상사를 의미하지요. 제2선 슈퍼바이저는 동일한 조직과 부서 내에서 제1선 슈퍼바이저의 슈퍼바이저를 의미하며 슈퍼바이지에게도 영향을 미치게 됩니다. 위와 같은 사례에서 제1선 슈퍼바이저는 팀장이, 제2선 슈퍼바이저는 부장이 역할을 수행하게 됩니다.

먼저 조직에서 슈퍼비전 제도를 수립하고 공식적으로 팀장에게 슈퍼바이저 역할에 관한 권한을 주고 이를 시행하도록 했다면, 팀장의 경험이 적고 역량이 부족하다 하더라도 수시로 부장이 슈퍼바이지의 직무수행을 모니터링해서 즉각적으로 슈퍼비전에 개입하는 것은 적절하지 못합니다. 조직관리의 기본적인 원칙 중 하나인 명령계통의 원리에도 어긋나는 것이지요. 이러한 상황이 지속될 경우에 슈퍼바이지들의 혼란이 가중됨은 물론 팀장의 슈퍼비전 역량 또한 위축되고 무기력해질 가능성이 있습니다.

위와 같은 조직의 경우, 소규모 조직이라 하더라도 슈퍼비전 관계도(매칭)를 명확화하고 명령계통 원리 준수를 강조하며 소통과 의사결정체계를 재확립할 필요가 있습니다. 제1선 슈퍼바이저(직속상사, 팀장)와 제2선 슈퍼바이저(직속상사의 슈퍼바이저, 보통은 부장급)의 역할 또한 정리할 필요가 있습니다. 기본적으로는 제1선 슈퍼바이저인 팀장이 4명 팀원의 슈퍼비전에 대한 책임을 모두 가져야 하지만, 소규모 조직이기 때문에 조직 업무수행 상 어려움이 있고 경험이 충분히 쌓일 때까지 아젠다별로 슈퍼비전 구조를 조정할 수도 있습니다. 팀원 개개인의 자기개발과 연간 성장계획 관련 개별슈퍼비전은 팀장이 지속적으로 담당을 하고 특정 아젠다 또는 조직 전체에 영향을 미치는 직무 영역은 부장이 집단슈퍼비전 형태로 담당하는 체계를 수립하는 것입니다. 그러나 이러한 경우에라도 '일정한 시기'를 정해두고 체계를 운영하는 것이 적절할 수 있습니다. 제1선 슈퍼바이저의 충분한 경험이 확보되었음에도 굳어진 체계로 의존화될 수 있기 때문이지요.

기본적으로는 제1선 슈퍼바이저인 직속 상사에 의한 개별슈퍼비전 진행 구조가 원칙적이라고 할 수 있습니다. 그러나 직속 상사에 의한 개별 슈퍼비전을 강조하는 것은 제1선 슈퍼바이저인 팀장이 슈퍼바이지의 직무를 누구보다도 잘 알고 있고 직무 상황 속에서 슈퍼바이지를 지원하기에 용이하다고 보기 때문인 것입니다. 제1선 슈퍼바이저의 근무경험이나 슈퍼비전 역량이 충분하지 않은 경우, 무리한 개별슈퍼비전만을 강조하기보다는 사안에 따라 집단슈퍼비전을 강화하여 활용하는 방법도 가능하겠습니다. 소규모 조직은 복잡한 명령라인을 두고 직무를 수행하는 것이 오히려 업무효율을 낮춘다는 논의들도 이루어지고 있습니다. 조직의 특성은 고려하되, 소규모 조직이어도 공식적 조직임을 명심하시고 조직 특성에 맞는 적절한 슈퍼비전 체계 구축과 모형 개발을 위해 함께 논의해 보면 좋겠습니다.

## 이슈 1-7 효과적인 업무 배분을 위한 슈퍼비전

경력 10년 차인 중간관리자입니다. 기관장으로부터 업무지시가 내려오면 업무를 어떻게 배분해야 할지 난감합니다. 다른 직원들에게 업무를 나눠주려고 보면 그들 또한 담당하고 있는 업무가 많아 보입니다. 직원들에게 부담을 주지 않으려고 다시 팀장인 내 업무로 가져오고 보면 팀장으로서의 역할 수행과 슈퍼바이저 역할, 기관장의 요청과 지시사항 사이에서 힘들어질 때가 있습니다. 혹여 이런 상황이 반복된다면 어떻게 버텨야 할지 자신이 없어집니다.
효과적인 업무배분을 위한 슈퍼비전을 어떻게 하면 좋을까요?

A

기관에서 전년도에 수립한 사업계획과 업무 분장표 만으로 사업이 그대로 운영되면 좋겠는데, 지역사회 환경변화와 지자체의 요구 등 중간에 업무들이 새로 생기고 업무는 계속 늘어나고 있지요. 특히, 업무를 배분하고 조정해야 하는 슈퍼바이저의 부담도 상당한 것이 사실입니다. 그러나 행정적 슈퍼비전 과업들에서 슈퍼바이저의 핵심적인 역할이 슈퍼바이지를 적절한 업무에 배치하고 업무를 계획 · 할당하며 권위를 위임하고 함께 책임지며 업무를 모니터링, 평가하는 것입니다. 업무가 제대로 수행되지 않고 문제가 될 때 때로 견책하며 업무를 조정하고 갈등 발생 시 이를 관리하고 소통하는 등 슈퍼바이저의 행정적 슈퍼비전은 대부분 업무의 배분과 조정, 직무성과관리에 초점이 있는 것을 알 수 있습니다.

이러한 행정적 슈퍼비전을 제공하기 위해서는 위의 주제들과 관련한 보다 심도 깊은 학습이 필요하겠는데, 기본적으로 직무분석의 의미와 분석 방법에 대한 학습을 추천 드리는 바입니다. 직무과업들을 구체적으로 분류하고 각 과업의 난이도, 중요도, 빈도 및 비중을 점검하고 '슈퍼바이지들의 경력과 역량에 따른 업무 분장이 적절한 가?' 등을 다각적으로 분석할 필요가 있습니다. 직무 세부 과업을 분석하다 보면 직무 경력이 낮은 슈퍼바이지들에게 난이도가 높고 어려운 사례들이 오히려 몰려 있는 경우도 종종 목격되곤 합니다. 보통 신규 인력에게 구체적인 직무분석 없이 정책적으로 새롭게 등장한 사업과 프로젝트 사업을 맡기는 경우가 많기 때문이지요. 이러한 경우에 사업수행의 기존 노하우나 매뉴얼도 부재한 상황에서 경험마저 부족한 초보인력이 사업을 수행하다가 쉽게 이직하는 현상이 벌어지는 경우도 발견할 수 있습니다.

범람하는 사회복지욕구와 환경변화 속에서 다양한 이해관계자들의 요구에 따라서 어쩔 수 없이 많은 신규 업무들이 발생하는데, 이를 무조건 모두 수렴하게 되면 슈퍼바이저인 본인은 물론 슈퍼바이지들의 부담과 어려움이 가중되고 결국 이러한 요소들이 쌓여 상호불신과 조직원의 소진까지 이끌게 될 수 있습니다. 슈퍼바이저는 슈퍼바이지들의 특성과 상황 분석, 직무 및 역량분석을 실시하고 업무배분의 기준과 원칙을 세울 필요가 있습니다. 구체적인 분석 결과와 기준에 따른 업무조정안을 제시하고 협의의 과정을 거쳐야 합니다. 자칫 일 잘하는 슈퍼바이지에게만 일이 몰린다거나 슈퍼바이저 혼자 일을 맡게 된다면 결국 어떤 결과가 나오게 될지 예측이 되시지요?

직무분석을 통해 필요 시에는 새로운 업무를 대체할 인력이나 활용 자원을 확보할 필요가 있습니다. 투여 인력 비중을 낮추고 조정함 없이 무조건 기관장의 요구에 따라 업무를 수행하는 것도 장기적으로 조직피폐를 초래하게 되는 원인이 되기도 합니다. 기관장과의 슈퍼비전을 통해 현 상황을 충분히 논의하고 협의를 이뤄내는 과정도 중간관리자의 중요한 역할이라고 생각됩니다.

## 이슈 1-8 팀원의 수가 많은 부서의 슈퍼비전 구조

경력 10년차 슈퍼바이저입니다. 제가 속해 있는 부서는 부장 1명, 팀장 1명, 팀원이 6명입니다. 팀원의 수가 많은 팀입니다. 기본적으로 부장은 팀장을, 팀장은 팀원에게 슈퍼비전을 줘야 한다면 팀장이 감당해야 할 슈퍼바이지가 너무 많습니다.
위와 같은 경우 팀원이 부장에게 슈퍼비전을 받을지, 팀장에게 슈퍼비전을 받을지 선택하라 해도 되는지요?

A 팀원인 슈퍼바이지 수는 많은데, 슈퍼바이저는 부족한 조직들의 경우에 슈퍼바이저들의 부담이 상당하지요. 기본적으로 슈퍼비전 표준에서는 1명의 슈퍼바이저 당 3~4명 정도의 슈퍼바이지들을 담당하는 것이 적절하다는 조사결과가 나와 있습니다. 현실적으로 5명을 넘어가게 되면 슈퍼바이지의 성장을 촉진 및 모니터링하고 지원하는 데에 시간적, 공간적으로 어려움이 있는 것이 사실이지요. 이러한 조직에서 역량 있는 슈퍼바이지를 1명 더 팀장으로 세우는 것이 이상적이기는 하지만 위와 같은 질문을 하시는 걸 보면 조직의 재원이나 슈퍼바이지 역량, 규모 등 당분간은 상황이 어려우신 것으로 보여집니다.

한 팀의 슈퍼비전 시행 시, 직급이 다른 슈퍼바이저가 슈퍼바이지를 임의로 나눠서 슈퍼비전을 시행하고 게다가 슈퍼바이지로 하여금 공식 슈퍼바이저를 선택하도록 하는 구조는 조심스럽게 접근해야 하는 방법입니다. 중간관리자 위치에 따라 역할도 다르고 정보도 다르며 슈퍼비전은 공식 조직관리 기제인데, 슈퍼바이저를 편의와 선호도에 의해 선택하게 하는 구조는 적절하지 않습니다. 다른 멘토링이나 학습 튜터링(Tutoring) 같은 제도라면 가능하겠지만요.

팀원의 인원수가 많기는 하지만 기본적으로 팀장이 슈퍼바이저 역할을 담당하는 것이 이상적인 방법입니다. 이러한 경우에 팀장의 업무 부담이 가중되는데 슈퍼비전을 실행하는 것도 핵심직무의 하나이기 때문에 이를 고려해서 다른 팀장이 세워질 때까지 팀장의 업무를 조정할 필요가 있습니다. 보완적 방법으로 슈퍼바이지의 직무수행과 관련한 슈퍼비전은 제1선 슈퍼바이저인 팀장이 담당하고 특정 주제에 관련한 슈퍼바이지 역량 향상이나 기관 전반 관련 사업수행은 부장이 전체적으로 슈퍼비전을 주는 방법을 활용하는 것도 가능하다고 생각됩니다. 앞서 〈이슈 1-6〉에서 제시한 바와 같이 특정 아젠다와 관련한 집단슈퍼비전을 강화하는 것도 보완적 방법이 될 수 있습니다.

또한 팀장의 개별슈퍼비전 부담이 높은 것이기 때문에 일정 시기까지 개별슈퍼비전의 횟수(빈도)와 시간을 연차와 직종별에 따라 조정하는 것도 가능합니다. 다른 대안으로 경력이 높은 슈퍼바이지 중에서 예비슈퍼바이저를 지정하여 특정 아젠다에 한해서 슈퍼비전을 담당하도록 하는 방법도 가능합니다. 다만 위에서 제시한 몇몇 보완적 방법들은 슈퍼바이저 간의 역량과 관점의 차이가 있기 때문에 슈퍼비전 실행 방향에 관해 슈퍼바이저 간 지속적으로 협의과정이 이루어지고 슈퍼비전 실행에 대한 피드백이 제공될 필요가 있습니다.

## 이슈 1-9 교육적 슈퍼비전을 부담스러워하는 슈퍼바이지

기관에서 슈퍼바이지 역할을 수행한 지 5년차가 되는 슈퍼바이저입니다. 슈퍼비전 계획 수립 시, 슈퍼바이지의 역량을 고려하여 슈퍼비전의 내용과 방향을 합의하여 슈퍼비전을 제공하는 것은 매우 중요하다고 생각됩니다. 다만, 이 과정에서 슈퍼바이저는 교육적 슈퍼비전의 필요성을 이야기하지만 슈퍼바이지는 교육적 슈퍼비전을 부담스러워 하고 심지어 거부하는 모습을 보일 때가 있습니다. 이러한 경우에 어떠한 기준으로 또는 어떠한 방법으로 슈퍼비전 계획을 수립하고 슈퍼비전을 수행하는 것이 좋을지요?

A 슈퍼바이지의 역량을 더욱 강화하기 위해 질 높은 교육적 슈퍼비전을 제공하고 싶은데, 슈퍼바이지의 저항이 있어 보이네요. 스스로 슈퍼바이저로서의 교육적 역량이 부족한 것인지 고민해 빠지게도 될 수 있고 어려움이 느껴집니다. 저는 이 질문의 답을 직접 거론한 질문 내용에서 찾고자 합니다. 슈퍼비전 계획 시 슈퍼바이지의 역량을 고려하여 슈퍼비전 내용과 방향을 합의한 후 슈퍼비전을 제공하고 싶다는 내용 말이지요.

교육적 슈퍼비전이 무엇이고 슈퍼바이저가 어떤 역할을 담당해야 하는 가에 대해 학자마다의 차이는 있지만 교육적 슈퍼비전은 단순히 슈퍼바이저가 슈퍼바이지를 가르치고 훈련시킨다는 의미만 있는 것이 아닙니다. 현장에서 교육 제공이라고 표현했을 때에 슈퍼바이저가 필요하다고 생각하는 슈퍼바이저 중심의 교육이 초점이 되는 경우가 있습니다. 교육적 슈퍼비전의 핵심은 슈퍼바이지의 효율적 업무수행과 전문적 성장을 목표로 다양한 방법들을 활용하는 것이기에 '그 중심에 슈퍼바이지가 있어야 합니다'. 무엇보다 교육적 슈퍼비전은 효과적인 학습법이 중요한데, 학습은 슈퍼바이지 관점에서 의미를 부여하고 배우고자하는 동기를 촉진하고 학습내용에 대한 유용성을 확인할 때에 극대화됩니다.

슈퍼바이저가 직무수행을 위해 필요하다고 판단하는 교육을 시키기 보다는 교육적 사정, 표준화된 역량평가, 조직의 인재상과 역량에 따른 스스로의 성찰과 개발계획 수립 등을 마련하여 스스로 역량개발 학습에 대한 필요성을 인식하도록 한 후 상호 논의의 과정을 통해 교육적 슈퍼비전이 이루어질 필요가 있습니다. 체크리스트를 통해 스스로의 강약점을 성찰하고 슈퍼바이지에게 질문하거나 직접 적어오도록 하는 방법을 활용해야 합니다.

또한 교육적 슈퍼비전의 방법에 있어서도 슈퍼바이지의 학습유형과 스타일을 확인하고 이제까지 학창시절과 근무경험 속에서 효과적이었던 학습방법은 무엇이었는지, 혹시 학습성취에의 좌절경험이나 장애물은 없는지 등도 확인할 필요가 있습니다. 학습유형에 있어서 슈퍼바이저와 슈퍼바이지의 스타일이 확연히 다른 경우, 슈퍼비전 시작에서부터 서로의 오해가 발생할 수 있습니다. 학습 방법에 있어서도 슈퍼바이저는 직접 강의하거나 이론서 학습을 선호하고 슈퍼바이지는 영상물이나 현장인터뷰 등 보다 역동적인 학습법을 선호하는 경우에도 오해가 생길 수 있습니다. 그러나 학습의 중요한 원칙은 학습과정에 능동적으로 참여할 때 최상의 방법을 배울 수 있다는 것입니다. 슈퍼바이지를 개별화하여 학습자로서의 특성을 고려하고 학습내용을 합의 과정 속에 의미 있게 탐색하면서 슈퍼바이지 교육적 사정에 근거한 슈퍼비전 계획을 시도해 보십시오. 슈퍼바이지를 중심에 두고자 하는 관점과 마음으로 새롭게 논의를 시도해 보시지요.

슈퍼바이저가 많은 것을 더 알아야 하고 마치 많은 것을 교사처럼 가르쳐야 한다는 부담은 조금 내려 두고 슈퍼바이지가 진정 원하는 것에서 출발하되 '익숙한 것에서 좀 더 도전하도록', '간단한 것에서 복잡한 것으로' 노력하도록 하며 전문적 성취를 칭찬하고 학습을 촉진하는 촉진자로서의 역할에 집중하는 것도 추천합니다. 혹시 슈퍼바이지가 학습역량이 상당히 부족하고 그야말로 학습자체를 싫어하는 슈퍼바이지라면, 학습을 동기화하는 전략부터, 전문직으로서의 자기개발 사명감과 윤리강령 논의부터 차근차근 걸음마…. 힘드시겠지만, 출발~!

## 이슈 1-10

## 수시 업무지도와 슈퍼비전의 혼선 '업무지도 받기도 바쁜데'

**Q** 조직에서 4년째 근무하는 슈퍼바이지입니다. 저는 입사 후 매주, 또는 수시로 슈퍼바이저로부터 업무지도를 받고 있습니다. 이런 경우를 저는 슈퍼비전이라고 이해하고 있었는데 올해부터 슈퍼비전을 제대로 하겠다는 기관장의 방침으로 슈퍼비전을 정해진 시간에 하고 사전에 계획서를 제출하고 레코딩도 하고 있습니다. 그런데 일하기도 바쁜 와중에 계획을 하고 기록을 해야 하는 것이 어떤 의미로 도움이 되는지 아직은 잘 모르겠습니다. 기존에 해 왔던 방법, 즉 수시로 발생하는 업무지도는 슈퍼비전이 아닌 건가요?

**A** 복잡한 환경 변화, 다양한 이해관계자들의 요구들 속에서 일하기도 바쁜 슈퍼바이지들에게 하나의 일꺼리로 슈퍼비전이 이해될 수도 있다는 생각이 드네요. 슈퍼비전 체계를 구축함에 있어 구성원들의 인식화나 다양한 지원은 부족한 상황에서 급하게 추진이 되는 경우, 슈퍼바이저나 슈퍼바이지 할 것 없이 어려움을 토로하게 될 수 있습니다. 이러한 문제들이나 저항 등이 발견되는 경우, 다시 한번 준비하기의 조직차원, 슈퍼바이저 차원, 슈퍼바이지 차원의 과업들을 확인해 볼 필요가 있습니다(〈이슈 1-1〉 직원들의 동참을 이뤄내는 슈퍼비전 체계). 사회복지 전문직의 성장과 조직목표 달성을 위한 슈퍼비전 제도가 구성원의 동기부여와 참여를 이뤄내지 못해 사장되는 위험에 처할 수도 있기 때문입니다.

이러한 슈퍼비전 준비단계의 과업 확인과 더불어 슈퍼비전과 수시 업무보고 및 업무지도의 차이에 대해서 얘기하고 싶습니다. 슈퍼비전과 수시 업무보고 및 지도는 확연히 다른 것입니다. 슈퍼비전은 목적을 가진 계획적인 활동입니다. 따라서 준비단계를 시작으로 시작, 실행, 종결 등 일련의 단계에 따라 체계적이고 목적지향적인 슈퍼비전이 공식적, 정규적, 일관적으로 진행되도록 운영되어야 합니다. 즉, 일련의 단계와 과정을 가지고 조직의 목적과 방향에 기반한 명확한 목표와 계획을 기반으로 이루어져야 합니다. 지속적 과정으로 슈퍼비전 실행의 과정이 평가되고 성과가 창출되어야 합니다. 또한 슈퍼비전은 우리나라는 물론 여러 나라에서 전문직 윤리강령에 명시된 것으로 해당 전문직이 윤리적 당위성을 가지고 의무적으로 수행해야 하는 전문직 정체성 개발의 기제입니다.

먼저, 업무보고와 슈퍼비전과의 차이에 대해서는 실행 및 평가하기 〈이슈 2-9〉에서 구체적으로 논의를 하고 있습니다. 슈퍼비전은 앞서 살펴본 것처럼 슈퍼바이저와 슈퍼바이지 양자의 합의하에 계획을 가지고 지속적 과정으로 정규적으로 진행되며 평가까지 이루어지는 피드백 과정인데, 업무보고는 수시로 또는 슈퍼바이저의 요청이 있을 때 슈퍼바이지가 슈퍼바이저 책상 앞으로 가서 업무의 내용에 대해 보고하는 형태로 진행됩니다. 이 과정에서 업무지도도 있게 되지요. 일상의 업무수행에서 즉각적으로 진행되는 업무지도는 '즉각조치'라고도 명명됩니다.

조직에서 일하고 있는 여러분들은 본인의 역량분석을 통해 충분한 합의의 과정으로 연간 계획을 수립하고 지속적 피드백 과정을 통해 슈퍼비전을 진행하고 전문직으로서의 경력개발과 역량강화를 이뤄내고 싶지 않으신가요? 슈퍼바이저가 부르면 달려가 대답하고 즉각적으로 조치하는 1차적 수준에서 멈추시기를 원하지 않으신다면 보다 슈퍼비전을 학습하고 조직의 대표적인 슈퍼비전 기제로 발전시키는 데 상호 모두 기여하도록 노력해야 할 것입니다.

➔ **본 서의 관련 사례 〈이슈 1-1〉을 참고하세요.**

## 이슈 1-11

## 16년째 같은 슈퍼바이지 '더 이상 줄 것이 없는 슈퍼비전?'

조직에서 20년을 일했습니다. 저는 제가 담당하는 업무의 속성상 다른 직원들은 3~4년 주기로 업무배치전환이 되는 반면에 20년 동안 같은 부서에서 일했습니다. 5년차부터 슈퍼바이저가 되어 16년째 같은 슈퍼바이지에게 슈퍼비전을 주고 있습니다. 16년차가 된 제 슈퍼바이지는 이제 업무에 대해서는 눈감고도 일을 처리할 수 있을 정도로 도사가 된 느낌입니다. 제가 더 이상 줄 것이 없고 계속 같은 내용의 업무중심 슈퍼비전을 주다보니 민망하다는 생각도 듭니다. 이런 숙련성이 높은 슈퍼바이지에게도 계속 슈퍼비전을 실시해야 하는 것일까요?

A

16년째 같은 슈퍼바이지에게 슈퍼비전을 주고 있다고 하니 밑천이 다 떨어지고 같은 내용을 반복하는 것 같아 스스로에게 민망한 마음이 든다는 것이겠죠. 월 1회 슈퍼바이지를 만난다고 생각하면 이제까지 몇 회기의 슈퍼비전을 진행했을까요? 슈퍼바이저 스스로도 뭔가 변화가 있어야겠다고 느껴지고도 남을 만한 시기가 온 것 같습니다.

사실 슈퍼비전의 중간적 목표는 슈퍼바이지의 역량강화에 있고 슈퍼비전이 없이도 일 잘하는 슈퍼바이지를 양성하는 데에 있다고도 표현하는 경우가 있습니다. 그러나 최근의 지역사회 환경은 급속하게 변화되고 있고 클라이언트와 다양한 자금원들의 요구 등 또한 날로 거세어지고 있습니다. 슈퍼비전에서 직무에 관한 모니터링과 평가 등 직무 중심 슈퍼비전을 기본이라고 할 수 있습니다. 그러나 16년 동안 동일한 부서에서 유사 업무를 수행하는 슈퍼바이지라면 직무 모니터링 기능 비중은 줄이면서 '슈퍼비전의 내용'을 새롭게 개발할 필요가 있다고 봅니다.

슈퍼바이지의 리더십 향상, 지역사회에서의 참여 역할, 조직 전체에서의 역할과 팀 간 협력 노력, 새로운 지역사회 변화 분석 및 정책 분석 등 다양한 시도를 할 수 있도록 슈퍼비전 내용을 확장해야 할 것입니다. 직무수행 숙련성이 높은 슈퍼바이지의 자율성을 존중하면서 업무 및 자기지식을 보다 개발하고 축적할 수 있도록 독려할 필요가 있습니다.

'슈퍼비전 없이도 일 잘하는 슈퍼바이지를 양성한다?' 이 말은 슈퍼바이지의 업무적 숙련성과 성과창출 그리고 역량의 극대화를 강조한 것이지 사실상 공식적 조직에서 슈퍼비전이 필요하지 않다는 표현이 아니라는 것을 아실 것입니다. 조직에서 직무수행을 하는 한 슈퍼비전은 계속 이루어집니다.

슈퍼바이지는 조직 인사배치가 바뀌지 않는 한 영원한 슈퍼바이지이며 때로 상호학습하며 때로 친구와 같은 우정과 파트너십을 발휘할 수 있지만 슈퍼바이저는 영원히 슈퍼바이지 맞춤형 슈퍼비전을 위해 노력해야 할 책임을 가지고 있습니다.

➔ 본 서의 관련 사례 〈이슈 3-7〉을 참고하세요.

# 서식 및 도구 활용하기

※ 이 장은 최연선 외(2016). 사회복지슈퍼비전 핵심 가이드북: 서식 중심 따라 하기를 참조

〈서식 1-1〉 연간 슈퍼비전 운영계획서

## ■ 연간 슈퍼비전 운영계획서 ■

작성일: 년 월 일

1. 목적

2. 목표

3. 슈퍼비전 운영개요
   1) 추진일정
   2) 슈퍼비전 대상 직원 수
   3) 슈퍼바이저 수
   4) 슈퍼바이지 수

4. 슈퍼비전 기본구조

| 슈퍼바이저 | | | 슈퍼바이지 | | | | 유형 | 연간 횟수 | 비고 |
|---|---|---|---|---|---|---|---|---|---|
| 성명 | 소속 | 직책 | | 성명 | 소속 | 직책 | | | |
| | | | 1 | | | | 개별 | | |
| | | | | | | | 집단 | | |
| | | | 2 | | | | 개별 | | |
| | | | | | | | 집단 | | |

* 슈퍼바이지 수와 동료슈퍼비전 및 외부자문 등 슈퍼비전 유형에 따라 칸 조정하여 사용

5. 슈퍼비전 교육 훈련 일정

| 구분 | 내용 | 시행시기 | 대상 | 비고 |
|---|---|---|---|---|
| 슈퍼바이저 교육 | | | | |
| 슈퍼바이지 교육 | | | | |

6. 기타 유의사항 외

조직 차원의 슈퍼비전 연간 사업 운영에 관한 방향성과 구조, 기본 내용을 명시한 서식으로 주로 총무나 기획부서의 담당자가 작성한다. 조직 전체 직원의 슈퍼비전 기본 계획 및 슈퍼비전 교육훈련 일정이 명시되며 이의 수행 결과에 따른 평가서도 마련되어야 한다.

〈서식 1-2〉 슈퍼바이지 프로파일

## ■ 슈퍼바이지 프로파일 ■

1. 인적 사항

2. 실습 및 현장 훈련 경험

| 기관명 | 기간 | 내용 | 담당슈퍼바이저 |
|---|---|---|---|
| | | | |
| | | | |
| | | | |

3. 기관 내 근무경험 및 담당 슈퍼바이저

| 부 서 | 기 간 | 내용 | 담당슈퍼바이저 |
|---|---|---|---|
| | | | |
| | | | |

4. 이전 근무경력

| 기 관 | 직위명 | 기간 | 업무내용 |
|---|---|---|---|
| | | | |
| | | | |

5. 현재 및 차후 경력 개발 계획

6. 현재의 주요 관심사, 이슈

슈퍼바이지 프로파일 서식은 슈퍼비전을 시작할 시에 슈퍼바이저로 하여금 슈퍼바이지의 기본 인적사항과 경력, 슈퍼비전 경험 등을 이해하도록 하는 서식이다. 본 프로파일 서식을 작성한 후 슈퍼바이저와의 공유를 통해 상호 이해하는 시간을 가질 수 있다.

〈서식 1-3〉 슈퍼바이저 프로파일

## ■ 슈퍼바이저 프로파일 ■

1. 인적 사항

2. 슈퍼비전 교육 및 현장 훈련 경험

| 기관명 | 기간 | 내용 | 담당슈퍼바이저 |
|---|---|---|---|
| | | | |
| | | | |
| | | | |

3. 슈퍼비전 경험

| 부 서 | 기 간 | 내용 | 담당슈퍼바이저 |
|---|---|---|---|
| | | | |
| | | | |
| | | | |

| 기 관 | 직위명 | 기간 | 업무내용 |
|---|---|---|---|
| | | | |
| | | | |

4. 이전 근무경력

5. 현재 및 차후 경력 개발 계획

6. 현재의 주요 관심사, 이슈

슈퍼바이저 프로파일 서식은 슈퍼비전을 시작할 시에 슈퍼바이지로 하여금 슈퍼바이저의 기본 인적사항과 경력, 슈퍼비전 경험 등을 이해하도록 하는 서식이다. 본 프로파일 서식을 작성한 후 슈퍼바이지와의 공유를 통해 상호 이해하는 시간을 가질 수 있다.

〈서식 1-4〉 교육적 사정 기본 질문지

## ■ 교육적 사정 기본 질문지 ■

1. 슈퍼바이지 소개: 기본 소개는 슈퍼바이지 프로파일로 대체 가능
2. 윤리적 인식
   - 윤리강령 인식도 및 준수 정도 확인
3. 이론적 지식과 기술 숙련도 / 역량평가
   * 기관과 팀에서 필요한 직무역량 / 표준화 설문도구 등을 추가, 활용하여 작성
4. 사회복지 실천의 강점과 한계점
5. 이전 슈퍼비전 경험: 도움이 된 슈퍼비전 / 방해가 된 슈퍼비전
6. 기관의 사명과 인재상 및 핵심역량 등에 대한 이해도
   - 사명과 인재상 '이해도'

| | 매우 낮음 | 낮음 | 보통 | 높음 | 매우 높음 |
|---|---|---|---|---|---|
| 사명과 인재상 | | | | | |

   - 핵심 역량 '보유도'

| | 매우 낮음 | 낮음 | 보통 | 높음 | 매우 높음 |
|---|---|---|---|---|---|
| 역량 1 | | | | | |
| 역량 2 | | | | | |
| : | | | | | |

7. 인생의 사명과 비전

8. 학습 스타일 및 학습 방해요인

9. 슈퍼비전에서 다루기 희망하는 내용과 방식

슈퍼비전에서 다루어야 할 내용을 최종 결정할 목적으로 슈퍼바이지의 수준과 욕구를 파악하기 위해 작성하는 서식이다. 슈퍼바이지가 스스로를 분석하고 자신의 슈퍼비전 관련 욕구들을 정리하기 위해 먼저 작성하는 경우가 많으며 슈퍼바이저와의 충분한 면담을 통해 논의를 진행한다.

〈서식 1-5〉 교육적 사정결과 요약지

## ■ 교육적 사정결과 요약지 ■

| 영역 | 주요 사정결과 요약<br>〈강점(성장영역)과 한계점(보완영역) / 슈퍼비전 필요영역〉 |
|---|---|
| • **조직측면**: 사명과 비전 / 인재상과 가치 / 핵심역량 | |
| • **직무측면**: 이론적 지식과 기술 숙련도 / 실천의 강점과 한계점 / 팀 및 직무역량 | |
| • **전문직과 윤리 측면**: 윤리적 인식 및 전문직 정체성 | |
| • **자기개발과 관리 측면**: 자기개발 / 학습스타일, 자기주도학습 등 | |
| 기타<br>(표준화된 도구 외) | 〈척도 선정 예시〉<br>* Generalist기반 핵심지식과 기술 내용<br>* 자기효능감 / 임파워먼트 / 서비스질인식<br>* 슈퍼바이저 역량 / 서번트리더십 / 변혁적리더십 등<br>* 인재상척도 / 사회복지사 역량, 직무표준<br>* 사회적 자본가 / 직무역량 등 |

➡ 올해 슈퍼비전의 주요 목표는 무엇으로 하겠는가?

- 최종 종합 사정결과에 따른 방향 정리

➡ 최종적으로 올해 슈퍼비전의 주요 내용과 방법은 무엇으로 하겠는가?

- 올 한 해 집중적으로 슈퍼비전에서 다룰 내용과 선호하는 방법을 정리

슈퍼비전 계획을 슈퍼바이저 의도 위주로 정리하거나 슈퍼바이지 혼자 짜오도록 해서는 슈퍼비전의 상생효과는 있을 수 없을 것이다. 본 서식을 통해 슈퍼바이지의 현 위치를 최종적으로 정리하고 슈퍼비전의 욕구를 확인한 후, 합의를 통해 슈퍼비전 계획을 수립하도록 정리한다.

〈서식 1-6〉 슈퍼비전 계획서

## ■ 개별(집단)슈퍼비전 계획서 ■

1. 일반적 사항
   슈퍼바이저: (부서, 슈퍼비전 경력 등 명시)
   슈퍼바이지: (부서, 현 직무 담당 시작일 명시)

2. 슈퍼바이지 사정 결과 요약(별도 서식 사용 가능)

3. 욕구수렴 결과 요약(별도 서식 사용 가능)

4. 슈퍼비전 목표 및 방법

| 목표 | 평가지표<br>(및 확인방법) | 수행방법<br>(달성전략) |
|---|---|---|
| | | |
| | | |

5. 슈퍼비전 유형별 계획

| 유형 | 달성 정도 | | |
|---|---|---|---|
| | 계획 | 실행 | % |
| | | | |
| | | | |

6. 슈퍼바이저의 역할

7. 슈퍼바이지의 역할

슈퍼비전 교육적 사정과 욕구수렴 및 논의 후, 연간 슈퍼비전의 목표와 방법을 명시하여 최종 합의하는 서식이다. 슈퍼바이지가 먼저 작성하여 슈퍼바이저와 충분한 논의 시간을 가지는 것이 용이하다.

PART

# 02

# 슈퍼비전 실행 및 평가

# 실행하기

**생각해보기**

1. 슈퍼비전을 진행하기 전에 고려해야 할 사항은 무엇일까요?
2. 슈퍼비전을 어떻게 주어야 할까요?
3. 슈퍼비전을 실행할 때의 주요 과업들에는 무엇이 있을까요?

슈퍼비전 실행단계는 슈퍼비전 과정의 핵심단계이다. 슈퍼비전 실행은 슈퍼바이저와 슈퍼바이지가 업무에 대한 느낌을 서로 나누는 시간을 갖고 행정적인 업무에 대한 보고를 하며 실천과 관련된 지식·기술·가치 등의 문제에 대해 집중적으로 토론하고 다른 업무에 대한 이해를 도모하는 내용으로 진행된다. 슈퍼비전을 실행하기 위해서는 슈퍼비전을 위한 준비에서부터 활용도구 및 방법의 결정, 슈퍼비전의 실질적인 과정과 단계에 대한 지식이 필요하며 어떤 내용으로 슈퍼비전을 실행해야 하는지에 대한 내용 선정도 중요하다.

## 1. 슈퍼비전 실행지침 확인 

###  슈퍼비전 실행을 위한 준비를 하자

슈퍼비전 실행을 위한 준비로는 슈퍼바이저와 슈퍼바이지의 관계성의 기초를 위한 준비, 물리적 환경, 슈퍼비전의 빈도와 시간 등을 검토하는 것이 좋다. 슈퍼바이저와 슈퍼바이지가 서로 상호작용하며 관계를 맺는 것은 상호적인 신뢰와 의사소통은 물론이고 효과적인 팀워크의 전제가 되기 때문에 슈퍼바이저와 슈퍼바이지의 관계성에 대한 검토는 중요하다. 그리고 슈퍼비전 실행을 위해 슈퍼바이지가 안정감과 비밀보장을 받고 있다고 느낄 수 있으며, 집중할 수 있는 공간을 준비한다. 동시에 슈퍼비전 실행을 위해 슈퍼바이저와 슈퍼바이지 각자의 필요, 기관의 상황, 클라이언트의 긴급성 등을 고려하여 슈퍼비전 횟수와 시간 등 실행지침을 다시 한 번 확인한다. 이러한 준비에 대한 이해는 슈퍼비전 실행을 보다 민감하고 효과적이며 편안하게 만들도록 도움을 줄 것이다.

##  슈퍼비전 요청서를 검토하자[1)]

슈퍼비전 실행단계에서는 슈퍼비전 계획서에 따른 회기별 슈퍼비전 내용을 진행한다. 슈퍼바이지는 슈퍼비전이 진행되기 일주일 전에 슈퍼비전 요청서를 작성하여 슈퍼바이저에게 제출한다. 정기적 슈퍼비전일 경우에는 이미 계획된 슈퍼비전 계획을 먼저 작성하고, 혹시 추가로 슈퍼비전을 요청하고 싶은 내용이 있다면 그 내용을 포함하여 작성하면 된다. 이미 계획된 슈퍼비전이 아니라 긴급하게 슈퍼비전을 요청하는 경우나 수시로 요청할 경우에는 슈퍼비전을 받고 싶은 내용을 바로 작성하면 된다. 슈퍼비전 요청서를 통해 슈퍼바이지는 본인의 욕구를 표현할 수 있으며, 슈퍼바이저는 요청서를 토대로 슈퍼바이지에게 줄 수 있는 슈퍼비전을 준비하는 시간을 확보할 수 있다. 종종 슈퍼바이저 혼자 답변할 수 없는 내용의 슈퍼비전 요청이 있을 때에도 상급슈퍼바이저와 논의할 시간을 확보할 수 있기 때문에 슈퍼비전을 실행하기 전에 슈퍼비전 요청서를 작성하고 검토하는 일은 매우 중요하다. 슈퍼비전 요청서는 슈퍼바이지가 일정 서식에 구애받지 않고 자유롭게 작성하는 것이 좋은데, 일반적으로 슈퍼바이저 이름, 슈퍼바이지 이름, 슈퍼비전 요청일, 슈퍼비전 요청 내용 등이 포함되면 된다.

##  슈퍼비전 계획서를 검토하자

슈퍼비전 실행단계에서는 전 단계에서 계획한 슈퍼비전 계획서에 의거하여 슈퍼바이지의 직무수행에 대해 회기별로 점검 및 관리를 한다. 슈퍼바이저는 정기적으로 진행되는 슈퍼비전 시간을 통해 슈퍼바이지의 직무를 점검하고 슈퍼비전 계획서에 따라 월별로 개별 및 집단 슈퍼비전을 진행하게 된다. 효과적인

1) 최연선 외(2016). pp. 63-66 참조.

슈퍼비전을 위해 슈퍼바이저는 개별 및 집단슈퍼비전 계획서를 검토하여 슈퍼비전에서 다뤄질 주제를 선정하고 슈퍼바이지의 욕구를 파악하며, 슈퍼바이지는 회기별로 진행된 슈퍼비전 내용을 개별 및 집단슈퍼비전 기록지에 반드시 작성해야 한다. 지난 슈퍼비전 시간에 과제가 있었다면 그 과제를 확인하고 함께 논의하는 시간도 갖는다. 슈퍼바이지가 수행하는 직무에 대한 소감을 슈퍼바이저와 함께 이야기하고 사회복지실천과 관련된 지식, 기술, 가치 등의 문제에 대해 서로 토론하는 시간으로 진행한다.

## 2. 슈퍼비전 유형과 기법 활용

### 다양한 슈퍼비전유형을 활용하자[2)]

① 개별슈퍼비전

개별슈퍼비전은 슈퍼바이저와 슈퍼바이지가 1：1로 진행하는 구조이며, 슈퍼바이지 개인의 성장과 목표성취를 위해서 반드시 진행되어야 하는 슈퍼비전 유형으로써, 가장 일반적이고 효과성이 높다고 알려져 있다. 슈퍼바이저는 슈퍼바이지를 개별화하여 지도하고 한 개인에게 많은 시간을 투입하게 됨에 따라 멘토링 관계가 형성되고 개별목표에 초점을 둘 수 있다.

개별슈퍼비전은 슈퍼바이지 및 슈퍼바이저 각각 기록서를 작성하는 것이 원칙이나 슈퍼바이저가 여러 명의 슈퍼바이지를 두고 있는 경우에는 슈퍼바이지가 1차 작성하도록 한 후 슈퍼바이저가 점검하는 구조로 운영되는 것이 일반적이다. 슈퍼비전 기록서는 연 2회 기관장의 업무지도감독 시 제출하여 점검을 받는 것이 좋다. 조직에 따라서 신입직원(슈퍼바이지)과 신규직책을 맡은 중간관리자(슈퍼바이저) 등 신규입사자 및 신규중간관리자들에게는 기존의 직원들에게 제

---

2) 안정선·최원희(2016). pp. 209-216 참조.

공하는 슈퍼비전보다 일정 기간 동안 개별슈퍼비전을 더 자주(예: 월 2회 이상) 실시하는 것이 바람직하다.

### ② 집단슈퍼비전

집단슈퍼비전은 슈퍼바이저 한 명이 슈퍼바이지를 집단으로 하여 진행하는 구조이며, 슈퍼바이지 개인이 혼자 성취하기 어려운 목표를 함께 달성해 나가는 기회를 제공한다는 점에서 도움이 된다. 집단슈퍼비전은 직원회의(팀회의, 책임자회의, 부서회의 등)와 사례회의, 기획회의, 팀스터디, 아이디어회의, 소집단세미나 또는 집단토론 등 다양한 활동에서 활용하고 있다. 간혹 집단슈퍼비전을 단순히 여러 명의 슈퍼바이지를 한 공간에 모아놓고 슈퍼비전을 하는 것이라고 주장하는 조직이 있는데, 집단의 리더로서 그 집단의 상호작용을 활성화하지 못하는 일방적인 업무지시 형태를 띤다면 집단슈퍼비전이라고 할 수 없다. 집단슈퍼비전을 실시하는 슈퍼바이저는 집단지도에 상당한 지식과 기술이 있어야 하며, 집단슈퍼비전의 실행구조, 다루어질 아젠다, 활용기술, 집단역동에 따른 대처방법 등에 대하여 미리 검토하고 준비해야 한다. 집단슈퍼비전의 구조를 가지고 슈퍼바이저가 슈퍼비전을 진행한 후에는 반드시 기록을 남기도록 한다. 슈퍼비전 계획과 이에 대한 기록이 없는 집단슈퍼비전은 슈퍼비전으로 간주되지 않는다.

### ③ 동료슈퍼비전

동료슈퍼비전은 주제를 선정하여 슈퍼바이지들 끼리 정기적으로 함께 토론하고 배우는 형태로 진행되므로 동료 간의 지지와 문제해결, 정보공유 등에 효과적인 도구로 적극 활용되고 있다. 따라서 참여자들은 실천에 대한 충분한 경험과 지식, 기술이 있어야 하고, 서로 도움을 주고받을 수 있다는 전제가 요구되므로 슈퍼바이지들 끼리 먼저 진행한 후 슈퍼바이저가 활동내용들을 점검하는 형태가 바람직하다. 일반적으로 동료슈퍼비전은 초보 사회복지사보다는 숙련된 사회복지사(중간관리자급, 슈퍼바이저)들에게 활용도가 높다는 논의가 있다.

#### ④ 내 · 외부 자문

내부 자문체계와 외부 자문체계가 있다.

• 내부 자문체계

내부 자문은 슈퍼바이저 중 또는 타 부서 직원, 특수 업무에 대한 전문성이 우수하여 기술이나 프로그램 전수가 가능한 경우, 개별 및 집단슈퍼비전 시 특정 아젠다와 관련하여 역할을 수행할 수 있다. 또한 필요시 팀의 경계를 뛰어넘어, 타부서 직원의 자문 및 교육방법을 공식적으로 활용할 수 있다.

• 외부 자문체계

부서별 기관 특별사업, 프로젝트 사업, 초기 시도 사업에 있어서는 외부자문을 활용한다. 또한 상담사업 등, 부분적으로 내부 슈퍼바이저가 사례에 관련된 슈퍼비전을 제공하기 어려울 때에 외부자문을 활용할 수 있다. 또한 기관내부 구조상, 슈퍼바이저가 슈퍼바이지 업무에 대한 이전경험이 전무하고 난이도가 높은 사업인 경우에 제2선 슈퍼바이저 및 기관장과의 협의를 통해 외부자문을 활용하기도 한다. 외부자문을 받을 때에는 사전에 충분한 논의를 거쳐 명확하게 자문이 필요한 내용과 범위에 대해 선정해야 하고, 이론 및 실천경험이 풍부한 자문을 받을 수 있도록 준비할 필요가 있다. 이러한 준비 과정에 현재의 슈퍼바이저가 충분히 관여하고 조직 차원에서 충분한 지원을 하도록 도움을 주는 것은 바람직하다. 경우에 따라서는 외부자문을 받은 내용이 현재 기관의 상황이나 업무에 적용하기 어려운 경우가 생기기도 하고, 기본이론이나 원칙만을 강조하여 실질적인 직무 적용에 만족하지 못하는 경우가 생기기도 한다. 만일 자문제도를 도입하기 어려운 상황이라면 직무 관련 우수사례를 벤치마킹하거나 외부 교육에 참여, 타 기관 방문 등의 다른 직원 개발 방법을 적극적으로 활용하고 지원할 필요가 있다.

### ⑤ 자기슈퍼비전(self-supervision)

자기슈퍼비전은 슈퍼바이지들이 직무를 수행하면서 스스로 효과적으로 내적 슈퍼바이저로 발전할 수 있도록 돕는 것을 말한다. 그러기 위해서는 슈퍼바이지에게 충분한 시간을 줄 수 있어야 하고 자신의 업무수행방법에 직면할 수 있도록 해야 하는데, 좋은 슈퍼비전을 원한다면 이러한 자기슈퍼비전이 가장 좋은 슈퍼비전이라고 할 수 있다. 휴먼서비스 분야에서 전문가로서 훈련받고 직무를 수행하는 실천가들은 자기슈퍼비전의 중요성을 인식하고 실천할 수 있는 노력이 필요하다고 할 수 있다. Border와 Leddick(1987)은 자기슈퍼비전을 위한 방법으로 '자기관찰'과 '자기사정'이라는 자기 자신의 실천에 대한 반영과정을 제시하고 있다. 자기관찰은 클라이언트의 행동과 연계되는 실천가 본인의 생각과 행동에 대한 고찰을 의미하는 것이고, 자기사정은 관찰하고 있는 클라이언트의 반응에 의한 실천과정을 평가하는 것을 의미한다.

##  다양한 슈퍼비전기법을 활용하자[3]

### ① 질문 주고받기

질문기법은 질문을 통해 슈퍼바이저가 슈퍼바이지로 하여금 그들 자신의 일에 대해 생각을 정리하도록 돕기 위해 사용하는 방법이다. 질문은 알기 쉽고 분명하고 간결해야 하며, 일반적으로 슈퍼바이지의 구체적인 답변을 이끌어 낼 수 있어야 한다. 질문기법은 슈퍼바이지로 하여금 현재의 지식은 물론 잠재적인 지식까지도 분명히 말할 수 있도록 하는데 사용할 수 있는 최선의 기법 중 하나이다.

### ② 브레인스토밍(brainstorming)

브레인스토밍을 할 때는 슈퍼바이저와 슈퍼바이지가 안전하고 자유로운 분위기 속에서 창의적이고 새로운 아이디어를 제공할 수 있도록 돕기 위해 '비판 금

3) 안정선 · 최원희(2016). pp. 216-225 참조.

지, 자유분방, 대량 발상, 결합 발전'이라는 4가지 원칙에 유념하면서 많은 아이디어를 도출하기도 한다. 좋은 아이디어는 저절로 나오는 것이 아니라 많은 정보와 경험 등을 통해서 개발되기 때문에 브레인스토밍을 진행하기 위해서는 사전준비가 필요하다. 따라서 슈퍼바이저와 슈퍼바이지는 브레인스토밍에 참여하기 전에 아이디어를 개발하고자 하는 주제를 미리 공지하여 정보 수집을 해오도록 한 후, 각자 제시된 주제에 관해 아이디어와 경험, 자료 등의 다양한 정보를 수집하여 브레인스토밍 회의에 참석하게 하여 새롭고 참신한 아이디어를 도출해 내도록 한다.

### ③ 기법 전수

기법전수는 교육적 슈퍼비전을 할 때 주로 슈퍼바이저가 이론적인 기법이나 기술 등을 직접 보여주고 전수해 주는 방법으로 활용한다. 진행되는 횟수와 빈도를 정하여 계획적으로 진행될 때 더욱 효과적인 학습의 기회가 된다. 슈퍼비전이 상호 협력적 파트너십과 수평적 관계에 기초하고 있으므로 기법전수는 슈퍼바이저에 의해서만 진행될 필요는 없으며 슈퍼바이지, 타 부서의 동료슈퍼바이저에 의해서 진행될 수도 있다.

### ④ 온라인 자료 및 다양한 매체의 활용

온라인 슈퍼비전은 인터넷을 활용하여 원거리에 있는 슈퍼바이지에게 슈퍼비전을 제공하는 방법이다. 컴퓨터와 온라인 슈퍼비전의 경우에는 직접 얼굴을 마주하는 슈퍼비전과 비교하여 충분한 의사소통과 정서적 공감을 이루기에는 다소 어려움이 있기도 하지만, 논의할 사안이나 결정내용들이 서면이나 영상으로 보관되고 기록된다는 점에서는 의사소통을 명확하게 할 수 있다는 이점도 있다.

### ⑤ 액션러닝(action learning)

액션러닝은 '문제해결과정 및 프로그램'이자 '학습과 성찰의 지속적인 과정'이라고 할 수 있으며, 휴먼서비스 조직에서 성과와 직결되는 이슈 혹은 과제를 정해진 기한까지 해결하고 이를 통해서 조직이 함께 성장하게 하는 학습기법이다. 액션러닝의 이러한 과정은 슈퍼바이지들이 서로 배울 수 있는 기회가 되고 지금 현재 놓여있는 상황이 혼자만의 상황이 아니라는 것을 알게 해주며, 그들이 당면하고 있는 문제에 대해서 슈퍼바이저와 슈퍼바이지가 공통의 의견을 만들어 나가는 것에 도움이 되고 있다.

### ⑥ 슈퍼비전 기록 및 레코딩의 활용

각종 기록서 양식을 활용한 문서화된 자료를 통해 슈퍼비전을 제공한다. 슈퍼바이지는 실천경험 그 자체를 구체적으로 기록하고 슈퍼바이저와 그 경험에 대해서 의사소통을 하게 된다. 레코딩 슈퍼비전에 있어서는 각종 기록지 하단에 슈퍼바이저가 슈퍼비전 내용을 간단히 기술하도록 하고 있다.

### ⑦ 강의, 교육

슈퍼비전의 보충적인 도구로 사용될 수 있는 것이 강의 또는 교육이다. 주로 집단슈퍼비전 시간에 슈퍼바이지들에게 교육적 슈퍼비전을 제공할 때 활용하는 유용한 방법이다.

### ⑧ 의사결정 나무 분석(decision trees)

의사결정 나무 분석은 개인이 선택 가능한 여러 대안들을 찾아서 나열하고 각각의 대안을 선택했을 경우와 선택하지 않았을 경우의 결과를 그림으로 그려서 분석하는 방법인데 그림의 모양이 나무와 같다는 의미에서 의사결정 나무라는 명칭이 붙게 되었다. 의사결정 나무 분석기법은 슈퍼바이저와 슈퍼바이지가 어떤 의사결정이 가장 최선의 방법인지 서로 명확하지 않을 때와, 슈퍼바이저와 슈퍼바이지가 반드시 해야 하는 행동과정에서 서로 다른 결론에 도달했을 경우에 유용하게 활용할 수 있는 슈퍼비전 기법이다. 슈퍼비전 안에서 의사결정 나무 분석을 활용할 경우에는 먼저 의사결정이 필요한 아젠다에 대해 가능한 선택 대안들을 기록한 후, 각 선택 대안의 가능한 결과들을 적어보고, 각 결과들에 대해 가능성 내지는 중요한 기준으로 점수를 매겨서 가장 점수가 높은 대안을 선택하는 과정으로 진행할 수 있다.

### ⑨ 참관하기

참관을 해보는 이 방법은 동시적 슈퍼비전의 대체방법으로 활용한다. 함께 업무를 수행하는 것보다는 소극적이지만 슈퍼바이지가 진행하는 프로그램에 슈퍼바이저가 참관하여 관찰한 후 그에 대한 피드백을 제공할 수 있기 때문에 슈퍼비전을 제공할 수 있는 방법 중의 하나로 널리 활용되고 있다. 신입직원 슈퍼비전인 경우에는 슈퍼바이저가 신입직원이 진행하는 프로그램에 월 1회 이상 참관한 후 슈퍼비전 및 피드백을 제공하도록 하고 있다. 경력이 있는 직원이라 하더라도 새로운 프로그램을 실시하거나 참관하는 것이 도움이 된다고 판단되면, 슈퍼바이저는 적극 참관할 수 있도록 한다.

### ⑩ 사례활용 및 사례발표

개별슈퍼비전과 집단슈퍼비전에서 가장 많이 활용하는 방법 중 하나이다. 사례활용은 필수적으로 월 1회 이상 진행되는 것이 적절하다. 사례발표 방법을 활용한 슈퍼비전을 진행할 때는 슈퍼바이저가 먼저 사례를 발표하여 슈퍼바이지의 불안을 줄여주도록 한다. 슈퍼바이지에게는 사례발표를 준비할 수 있는 시간을 주어야 하며 발표는 대답되어야 할 질문들에 기초를 두고 구성하는 것이 바람직하다.

### ⑪ 슈퍼비전 시간에 제시된 과제의 활용

정규 슈퍼비전 시간에 제시된 과제뿐만 아니라, 슈퍼바이지에게 필요한 다양한 과제들을 점검하는 방법으로 활용한다. 과제를 부여하기 위해서는 슈퍼바이지의 당면 문제나 과업에 관련한 주요 정보를 슈퍼바이저가 파악하고 있어야 한다. 과제를 부여했을 때에는 슈퍼비전 시간에 반드시 과제수행여부에 대해 점검하고 평가하는 시간을 가져야 한다.

### ⑫ 관련 도서 활용 및 스터디 활동

슈퍼비전 시간에 함께 관련 자료나 책 등을 읽고 토론의 시간을 갖는 것도 유용한 방법으로 활용된다.

그 외 역할극이나 녹음 · 녹화, 슈퍼비전 사후지도 및 다양한 학습기법들을 활용할 수 있다.

##  슈퍼비전의 기능을 검토하자[4)]

슈퍼비전의 기능은 행정적, 교육적, 지지적 기능의 3대 기능으로 분류된다(Kadushin & Harkness, 2002). 학자들에 따라서는 중재기능이나 성찰기능을 별도로 하여 4대 기능으로 정리(Morrison, 2005; Wonnacott, 2012)하기도 하는데, 각 기능은 상대적으로 더 중요한 기능이 있는 것이 아니라 4가지 기능이 모두 포함되는 균형 있는 슈퍼비전이 이루어지는 것이 효과적이라는 것을 제시하고 있다. 이는 슈퍼바이저가 슈퍼비전을 통해 수행해야 하는 대표적인 역할을 의미하는 것으로, 4가지 기능별 슈퍼비전을 살펴보면 다음과 같다.

### ① 행정(관리)적 슈퍼비전

행정적 슈퍼비전의 목표는 슈퍼바이저가 효과적으로 업무를 수행할 수 있는 환경을 제공하는 것이다. 행정적 슈퍼비전에서는 올바르고, 효과적이며 적절한 기관 정책 및 절차 이행에 관심을 두고 있다. 가장 중요한 목적은 정책과 절차에의 엄수를 보장하는 것이다.

슈퍼바이저에게 요구되는 과업들은 직원채용과 선발, 사회복지사의 업무배정 및 배치, 업무계획, 업무할당, 업무위임, 업무의 조정 및 평가, 의사소통기능 등이며, 대변자, 행정적 완충자, 그리고 변화매개자로서의 역할을 필요로 한다.

---

4) 안정선 · 최원희(2016). pp. 158-184 참조.

### ② 교육(전문)적 슈퍼비전

교육적 슈퍼비전의 목표는 슈퍼바이지의 업무를 더욱 효과적으로 실행하기 위해서 능력을 향상시키는 것이다. 이러한 것은 슈퍼바이저가 자신의 임상적 지식과 기술을 최대화하여 전문적으로 성장하고 발달하도록 돕는 것이다. 교육적 슈퍼비전에서 초점을 두는 문제는 직무를 실행하는데 필요한 지식, 태도, 기술에 대한 슈퍼바이저의 무지 또는 부적절함이다. 최선의 목적은 업무에 필요한 지식과 기술을 향상시키는 것이다. 슈퍼바이지의 성장, 발전의 측면에서 슈퍼바이저들은 교사로서의 역할을 수행한다.

정기적으로 실시되는 슈퍼비전 회합이 교육적 슈퍼비전의 주요 부분으로, 슈퍼바이저는 슈퍼바이지가 목적적 · 의식적으로 전문적 자아를 활용하도록 돕게 된다. 슈퍼바이저는 고도의 자아인식을 필요로 하며, 이러한 것은 클라이언트의 사회적 문제들이 슈퍼바이저 자신에게도 영향을 미치기 때문이다. 그러므로 이러한 자아인식 개발은 슈퍼비전의 중요한 측면이다.

### ③ 원조 및 지지적 슈퍼비전

슈퍼바이저와 슈퍼바이지들은 간혹 지지적 슈퍼비전이 칭찬하고 격려하는 것 정도로만 생각하는 경우가 있다. 지지적 슈퍼비전의 단기 목표는 슈퍼바이저가 자신의 업무수행에 대해서 훌륭하게 느끼도록 돕는 것이다. 여기에서의 목적은 사기와 직무만족을 향상시키는 것이다. 그러므로 지지적인 슈퍼비전은 업무수행을 방해하는 스트레스를 줄여주고 동기를 증대시키며, 수행능력을 고양시키는 사명감을 강화함으로써 슈퍼바이저의 업무효과성을 높이는 것이다. 지지적 슈퍼비전에서는 4가지 종류의 지지를 활용할 수 있는데 정서적 지지, 평가적 지지, 도구적 지지, 정보적 지지가 있다. 정서적 지지는 슈퍼바이지에게 애정과 친근감을 통해 표현할 수 있고, 평가적 지지는 슈퍼바이지 업무를 칭찬하는 형태로 표현하여 슈퍼바이지가 성취감을 느끼고 조직 안에서 안전감을 느끼도록 한다. 도구적 지지는 슈퍼바이저가 직접적으로 업무에 도움이 되는 지지나 조언을 통해 슈퍼바이지의 직무스트레스를 예방할 수 있게 하고, 정보적 지지는 슈퍼바이저가 슈퍼바이지에게 전문가로서의 성장에 도움이 될 만한 정보를 주는 것이다.

④ 중재적 슈퍼비전

중재적 슈퍼비전은 슈퍼바이지가 다른 분야의 전문가나 조직과 융합하는 것을 목표로 팀의 역할과 책임성을 분명히 하며 자원의 결핍이나 영향에 대해 관리하는 것으로써 행정적 슈퍼비전 영역에서 다루었던 조정과 중재, 협력과 연계활동 영역으로 대변된다(최원희 · 안정선, 2018). 슈퍼바이저는 같은 부서 내에서의 슈퍼바이지들 간, 기관 내의 다른 부서 간, 다른 기관과 우리 기관 내 부서 간 등 사이에서 업무조정과 갈등관리를 함으로써 기관의 목표들이 효과적으로 실행되도록 한다. 슈퍼바이저는 상급슈퍼바이저와 슈퍼바이지 양쪽으로부터 정보를 수집하고 분석하여 전달하는 중간자로서의 위치에서 조정기능을 수행하며 의사소통의 통로 역할을 담당하게 된다. 또한, 슈퍼바이지를 적극적으로 옹호하는 태도를 가지고 조직과 클라이언트와의 관계에 있어서는 완충자로서의 역할을 수행한다. 슈퍼바이저는 효과적인 서비스실행에 도움이 되는 지역사회서비스 연계방안과 기관을 보호하면서도 필요로 하는 변화에도 개방적인 자세로 대처해야 할 책임이 있다.

## 3. 실행단계의 과업 표준 확인[5)]

① 슈퍼비전의 목적 및 목표

조직차원에서 슈퍼비전에 대한 목적과 목표를 설정하고 공유하는 것은 성공적인 슈퍼비전을 위해 매우 중요하다. 슈퍼비전의 목적은 사회복지사들의 동기부여와 전문적 성장을 통해 궁극적으로 클라이언트의 문제해결과 함께 질 높은

5) Wannacott, J.(2014). pp. 234-243 참조.

서비스를 제공하기 위함이다.

### ② 슈퍼비전의 정규성

슈퍼비전을 실행할 때 구조화된 과정과 절차에 의해 정규적이고 지속적으로 슈퍼비전이 이루어진다면 슈퍼비전에 대한 만족도와 슈퍼비전 효과는 높아진다. 일반적으로 개별슈퍼비전은 월 1회 이상 제공되어야 하며, 개별 · 집단 · 동료슈퍼비전은 최소한 주 1회 이상 시행하도록 한다.

### ③ 슈퍼비전 제공시간

슈퍼비전 시간을 충분히 할애한다면 슈퍼비전 효과는 높아질 것이다. 정기적으로 진행되는 슈퍼비전은 일반적으로 최소 30분~60분 이상 진행한다. 단, 특별한 상황에 따라서는 시간을 조정하여 진행할 수 있다.

### ④ 슈퍼바이지의 수

효과적인 슈퍼비전 실행을 위해 적절한 슈퍼바이지의 수는 보통 슈퍼바이저 1인당 3~4명이 적절하다. 기관의 사정상 3~4명 이상의 슈퍼바이지를 담당하게 될 경우에는 업무조정 또는 제2선 상급슈퍼바이저의 협력, 직무훈련 등 조직차원에서 슈퍼비전을 수행할 수 있는 대안을 마련할 필요가 있다.

### ⑤ 슈퍼비전 장소

조직은 정기적 · 지속적으로 슈퍼비전을 실행할 수 있는 준비된 공간을 마련하도록 한다. 슈퍼바이저는 슈퍼바이지가 슈퍼비전을 편안히 느낄 수 있도록 최대한의 환경을 준비하는 데 노력해야 할 것이다. 만약 슈퍼비전을 긴급히 또는 상황에 따라 임시적으로 실행하게 되는 경우에는 클라이언트를 만나는 현장, 지역사회 또는 온라인 등에서 슈퍼비전이 즉각적으로 이루어지기도 한다.

### ⑥ 슈퍼비전 제공형태

슈퍼비전은 개별 슈퍼비전, 집단 슈퍼비전, 동료 슈퍼비전, 내·외부 자문, 자기슈퍼비전 등의 다양한 유형을 적절히 선택하여 활용할 수 있다. 특히 개별 슈퍼비전은 월 1회 이상 실행되어야 하며, 조직 내·외부 자원을 최대한 활용하여 슈퍼비전이 효과적으로 실행될 수 있도록 한다.

또한 슈퍼비전은 조직 차원에서 준비, 시작, 실행, 평가 등 일련의 과정으로 진행하며 각 단계에서 슈퍼비전 계획서, 교육적 사정도구, 슈퍼비전 기록지, 슈퍼비전 평가서 등의 양식을 개발·활용하도록 한다.

슈퍼비전 기법으로는 슈퍼바이지의 기록·레코딩 검토, 질문기법, 브레인스토밍, 액션러닝, 강의 및 교육, 사례활용, 기법전수, 과제의 활용, 다양한 매체 및 온라인 자료 활용 등이 대표적이다.

### ⑦ 슈퍼비전 계약

슈퍼비전 계약은 슈퍼바이저와 슈퍼바이지 상호간에 슈퍼비전의 빈도와 슈퍼비전 시간, 슈퍼비전 유형 및 내용 등 슈퍼비전의 구조를 문서화하여 공식적으로 서면계약하는 것을 의미한다. 슈퍼비전 세부사항에 대한 분명한 명시는 슈퍼바이저와 슈퍼바이지가 목표하는 슈퍼비전을 성공적으로 수행하는 지침서 역할을 한다.

### ⑧ 슈퍼비전 기능

Morrison(2005)과 Wonnacott(2012)이 제시한 슈퍼비전의 4대 기능은 관리, 개발, 지지, 중재의 기능이다. 슈퍼바이저는 슈퍼바이지가 본인의 직무수행을 책임감 있게 할 수 있도록 슈퍼비전을 통해 관리자의 역할을 하며, 업무를 더욱 효과적으로 실행하기 위해서 슈퍼바이지의 전문적 능력을 개발하기 위한 노력을 한다. 또한 슈퍼비전을 통해 전문가 및 한 인간으로서 슈퍼바이지를 인정하고 지지·격려할 수 있으며, 다른 분야 전문가 및 조직과의 융합에 있어서는 직원을 대변하거나 중재하는 역할을 한다.

### ⑨ 슈퍼비전 내용

슈퍼비전 내용은 슈퍼바이지의 담당 직무와 요구, 슈퍼바이저의 슈퍼비전 세부 직무(슈퍼바이지 이해, 행정 · 교육 · 지지 · 중재적 슈퍼비전, 슈퍼비전 준비 · 시작 · 실행 · 평가), 직원의 표준 직무, 윤리 관련 규정, 일반주의 실천가로서의 핵심 지식과 기술 영역 등으로 구성될 수 있다. 그러나 슈퍼비전은 슈퍼바이지의 경력과 역량수준, 욕구에 따라서 보다 질적인 향상과 내용개발을 위한 노력이 수반되어야 한다.

### ⑩ 슈퍼비전 기록[6)]

슈퍼비전 기록은 슈퍼비전에 대한 피드백 및 평가를 위한 근거가 된다. 정기적으로 시행되는 슈퍼비전에 대한 기록을 남김으로써 지속적으로 기록이 유지되고 조직차원에서 모니터링되어야 한다.

### ⑪ 슈퍼비전 단계 및 과정

슈퍼비전의 단계는 준비(조직차원, 슈퍼비전 체계마련) → 시작(교육적 사정, 계획수립 및 계약) → 실행(도구 활용) → 종결 및 평가(슈퍼비전 평가 및 피드백)의 단계로 진행된다.

6) 슈퍼비전 기록에 대한 자세한 설명 및 예시는 최연선 외(2016) 참조.

# 종결 및 평가하기

**생각해보기**

1. 조직차원에서 슈퍼비전을 평가하고자 할 때 고려해야 할 사항은 무엇인가요?
2. 슈퍼비전을 평가할 때 슈퍼비전 기록지를 활용해야 할까요?
3. 슈퍼비전을 종결, 평가할 때의 주요 과업들에는 무엇이 있을까요?

슈퍼비전 평가는 슈퍼바이저의 일방적인 통보가 아니며 슈퍼바이지와 함께 하는 '참여' 과정으로 진행되어야 한다. 또한 조직의 목적이나 방향과 일치되어야 하며 다각적인 차원에서 평가방법이 활용될 수 있도록 발전되어야 한다(안정선 · 최원희, 2016). 조직의 제도로서만 존재하는 슈퍼비전은 무용지물이다. 슈퍼비전 평가는 슈퍼바이저와 슈퍼바이지에게 평가과정을 통해 달성한 것과 강점 · 약점 등을 논의하는 것이다. 또한 슈퍼비전을 열심히 해준 슈퍼바이저와 최선을 다한 슈퍼바이지가 서로 자축하는 의미 있는 시간을 갖게 함으로써 지속적인 실천과 직무수행을 위한 발전적인 대안을 마련하게 된다. 직원들의 전문성 향상과 조직의 책무성 실현이라는 슈퍼비전의 목적을 달성하게끔 하는 결코 소홀해서는 안 되는 매우 중요한 과정이다.

## 1. 슈퍼비전 평가 준비[1]

###  조직차원에서 슈퍼비전 체계 및 실행평가를 논의하자

슈퍼비전 평가는 1년간 진행된 슈퍼비전을 통해 슈퍼바이지 개인의 성장과 변화, 수행한 업무 및 보완점에 대해 슈퍼바이저와 전반적으로 점검하고 논의하는 과정이다. 그러므로 평가는 조직과 슈퍼바이저, 슈퍼바이지가 서로에 대해 정확

1) 평가준비와 바람직한 평가속성 등 구체적인 내용은 공유복지플랫폼(http://wish.welfare.seoul.kr)/지식공유활동가/슈퍼비전by최쌤안쌤(2018.2~7월 연재자료) 참조.

하고 발전적인 피드백을 교환할 수 있는 분위기가 조성되도록 노력해야 한다. 공정하고 객관적인 슈퍼비전 평가는 슈퍼비전 전 과정에 대한 문서화된 자료를 토대로 이루어지므로 슈퍼바이저와 슈퍼바이지는 슈퍼비전 모든 과정의 결과를 보고서로 작성하여 문서화하고 이를 잘 보관하여야 한다.

슈퍼비전 평가를 준비하기 위해서는 우선 조직차원에서의 준비가 필요하다. 슈퍼비전 평가의 객관성을 높이기 위해 슈퍼바이저와 슈퍼바이지는 평가의 과정, 절차, 기준 등에 대해 서로 논의해야 한다. 슈퍼비전종결단계에서 이루어지는 슈퍼비전 체계 및 실행 전반에 대한 평가는 총괄평가의 형태로 이루어진다. 주로 슈퍼비전 실행과 관련한 세부내용과 조직의 슈퍼비전 표준내용의 적절한 실행정도에 대한 평가로 이루어지며, 연간슈퍼비전 운영평가보고서 작성은 슈퍼비전을 기획한 기관부서(팀)의 업무총괄 슈퍼바이저가 한다.

## 평가를 위해 슈퍼바이저가 확인하자

슈퍼비전 평가는 1년간 진행된 슈퍼비전 전 과정에 대한 문서화된 자료를 토대로 이루어지므로 슈퍼바이저는 슈퍼비전 평가를 준비하기 위해 슈퍼바이지에 대한 기록 및 보고서 등을 검토해야 한다. 즉, 슈퍼바이저는 슈퍼비전 목표 및 평가지표, 달성률 평가 등에 대한 충분한 이해를 통해 슈퍼바이지가 직무수행과 합의된 목표를 달성하였는지에 대한 평가를 수행해야 한다. 이를 통해 연간 슈퍼비전 실시횟수는 적절한지, 월별 슈퍼비전 진행상황과 그 내용은 어떠한지, 개별 및 집단슈퍼비전 등 어떠한 슈퍼비전유형이 도움이 되었는지, 1회당 슈퍼비전시간은 적절한지, 평가를 위한 사전준비는 어느 정도 진행되었는지, 슈퍼비전에 대한 기록은 지속적으로 작성되었는지 등을 점검하여야 최종적인 슈퍼비전 평가를 효과적으로 수행할 수 있게 된다.

1년간 진행된 슈퍼비전 목표달성도를 평가하기 위해 슈퍼바이저가 작성하는 보고서는 슈퍼비전 중간평가서와 슈퍼비전 보고서, 집단슈퍼비전 평가서, 슈퍼바이저를 위한 슈퍼비전 평가 체크리스트 등이 있다.

### 평가를 위해 슈퍼바이지가 확인하자

슈퍼바이지는 슈퍼비전 평가에 참여함으로써 자신의 역할 및 책무성을 확보하고 조직에 대한 소속감이 높아지고, 공식적인 의사소통을 통해 상호간 신뢰를 형성하여 상호 협력관계를 갖게 된다. 특히 슈퍼비전목표에 대해 점검하여 슈퍼비전을 받기 전과 받은 후를 비교할 수 있으며, 자신의 업무수행 과정과 목표달성에 대한 성취도를 비교분석할 수 있다. 슈퍼비전 평가를 위해서 슈퍼바이지가 검토해야 하는 보고서는 슈퍼비전 준비 및 시작단계에서 작성한 슈퍼비전욕구 수렴지, 교육적 사정목록 및 개별슈퍼비전 계획서, 매 회기별로 작성된 개별슈퍼비전기록지 등이 있다. 슈퍼바이지는 매월 진행된 개별슈퍼비전에 대해 개별슈퍼비전기록지에 정리한 내용을 점검한 후, 개별슈퍼비전 평가서를 작성하는데 활용하도록 한다. 슈퍼비전 평가를 위해 슈퍼바이지는 '개별슈퍼비전 평가서'와 '슈퍼비전 만족도 조사지' 등을 작성하게 된다.

## 2. 슈퍼비전 평가서 작성[2]

### 슈퍼비전 평가서를 활용하자

① 개별슈퍼비전 평가서

개별슈퍼비전 평가서에는 슈퍼비전 목표달성도 평가 및 개선방안 모색을 위해 슈퍼비전 초기에 작성하였던 개별슈퍼비전 계획서의 진행내용과 목표수행에 대한 평가를 작성하도록 한다. 개별슈퍼비전 평가서 작성을 통해 슈퍼비전 초기에 작성한 개별슈퍼비전 계획서의 내용이 어떻게 실행, 점검되었는지를 점검하여 슈퍼비전을 받기 전과 후를 비교할 수 있으며 자신의 직무수행과정과 목표달

2) 최연선 외(2016). pp. 80-116 참조.

성에 대한 성취도를 비교분석할 수 있게 된다. 개별슈퍼비전 평가서는 슈퍼바이지가 작성한다.

### ② 집단슈퍼비전 평가서

집단슈퍼비전 평가는 해당 부서 및 부설기관별로 계획하여 시행한다. 슈퍼바이저는 연간운영계획을 근거로 그동안 진행한 슈퍼비전의 운영과 효과성에 대해 이야기하고 집단슈퍼비전 평가서를 작성하도록 한다. 외부슈퍼비전의 경우 해당 부서에서 별도로 슈퍼비전 운영계획안을 제출하여 기관장의 승인을 받고 슈퍼비전 기록지나 결과물을 제출하도록 한다.

##  슈퍼비전만족도 설문지를 활용하자

### ① 슈퍼비전 만족도 설문지

슈퍼바이저에 대한 슈퍼비전 만족도 평가는 슈퍼바이지가 한다. 슈퍼바이지 입장에서 슈퍼바이저를 평가하는 일이 솔직히 말해서 쉬운 일은 아니나, 슈퍼바이저에 대한 평가를 조직의 슈퍼비전 종결단계에서의 하나의 평가과정으로 받아들인다면 슈퍼바이저도 슈퍼바이지로부터의 피드백을 수용할 준비가 되어 있어야 한다. 슈퍼바이저는 슈퍼바이지가 편안하게 슈퍼비전 만족도 평가를 할 수 있는 기회와 분위기를 조성해 줌으로써 슈퍼바이지 자신이 전문가로서 존중받고 있는지, 슈퍼바이저가 자신에게 어느 정도 도움이 되었다고 생각하는지, 슈퍼비전 대화에 있어서는 분명한 의사소통을 하는지 등을 평가할 수 있도록 해야 한다. 슈퍼바이지는 슈퍼비전이 실제로 도움이 되었는지, 슈퍼비전 과정 중에 슈퍼바이저가 좋았거나 싫었던 것은 무엇이었는지 등을 진솔하게 말할 수 있어야 한다. 슈퍼바이지를 통한 슈퍼바이저에 대한 평가를 통해 슈퍼비전 경험에 대한 만족도와 슈퍼비전 관계를 파악해 볼 수 있고 슈퍼바이저의 태도와 행동, 슈퍼비전에 대한 슈퍼바이저의 기여 등을 확인해 볼 수 있다.

### ② 슈퍼바이저를 위한 슈퍼비전 평가서[3)]

슈퍼바이지가 슈퍼바이저를 평가하는 일이 쉽지 않다고 하지만 대부분의 기관에서 평가의 과정으로 받아들이고 이루어지고 있는 반면에, 슈퍼바이저가 스스로를 위한 슈퍼비전 평가를 하는 것은 잘 이루어지고 있지 않는 실정이다. 전문직으로서 스스로 체계적으로 배우고 성장 · 훈련하고자 한다면 슈퍼바이저는 슈퍼비전 지식, 개입기술, 슈퍼바이저 특성 및 조직적 맥락의 영역 등에 대해 자기 평가를 실시하고[4)] 그 결과에 따라 더 많은 성장발전을 위한 노력을 할 수 있어야 한다.

슈퍼바이저도 공식적으로 1 : 1 슈퍼비전을 정기적으로 받고 있는지, 제2선슈퍼바이저와 함께 합의한 슈퍼비전 규정을 통해 정기적으로 규정들을 평가하는지, 슈퍼비전은 슈퍼바이저로서의 역할 수행에 초점을 두고 진행되고 있으며 자기 자신의 슈퍼비전 기술과 슈퍼바이지들과의 관계에 대해 평가하는 데 도움이 되는지 등 슈퍼바이저로서의 본인이 받았던 슈퍼비전의 질과 지지의 정도를 스스로 평가할 수 있어야 한다. 슈퍼바이저가 스스로 양심적인 자기 평가를 통해 자기 자신을 되돌아보는 것은 쉽지 않은 상황이므로 보다 효과적인 슈퍼비전을 위한 내 · 외부의 피드백과 평가는 필요하다고 볼 수 있다.

##  조직차원의 슈퍼비전 운영평가 보고서를 활용하자

### ① 슈퍼비전 보고서

슈퍼비전 보고서는 연간 슈퍼비전 목표에 대한 달성 정도와 그 내용을 작성하는 것으로 슈퍼바이저가 작성한다. 슈퍼바이저는 슈퍼바이지가 작성한 개별슈퍼비전 평가서를 종합적으로 분석하여 1년 동안 진행된 슈퍼바이지별 개별 목표 성취도를 확인하고, 슈퍼비전을 제공한 슈퍼바이저 자신의 태도와 상호작용 등

---

3) 안정선 · 최원희(2016). p. 361 참조.

4) 위의 책. pp. 247-252 참조.

에 대한 평가를 함으로써 자기성찰의 시간을 가지게 된다. 몇몇 기관에서는 년2회 상반기, 하반기 평가를 실시하기도 한다. 또한 슈퍼비전 보고서는 슈퍼바이저의 슈퍼바이저, 즉 제2선 슈퍼바이저 내지 기관장에게 작성한 보고서를 제출하여 슈퍼비전 운영에 관한 슈퍼비전을 받는 데에도 활용된다.

슈퍼비전 보고서를 통해 연간슈퍼비전 평가를 실시하는 경우, 다루어지는 내용은 다음과 같다.

- 슈퍼비전 목표 달성에 대한 평가
- 슈퍼비전 욕구(일반주의 실천기반 핵심지식과 기술) 충족결과
- 슈퍼비전 유형(개별, 집단, 동료, 외부, 자기슈퍼비전)별 평가
- 슈퍼비전 기능(교육적, 행정적, 지지적, 중재적 슈퍼비전)별 평가
- 슈퍼비전 실시횟수 및 내용의 적절성 평가
- 슈퍼비전 과정 및 방법, 실행구조에 대한 평가
- 슈퍼비전을 제공하면서 슈퍼바이저로서 어려웠던 점
- 차기년도 슈퍼비전을 위한 계획 및 제안

#### ② 연간슈퍼비전 운영평가서(총괄평가)

슈퍼비전 체계 및 실행 전반에 대한 총괄평가는 연간슈퍼비전 운영평가서로 작성되므로 조직의 최고관리자는 슈퍼바이저들과 함께 1년간 진행된 슈퍼비전의 성과를 평가한 후, 보완 혹은 발전시켜야 할 슈퍼비전 체계에 대한 방향성을 구체적으로 논의하도록 한다. 연간슈퍼비전 운영평가서는 슈퍼비전을 기획한 기관부서의 업무총괄 슈퍼바이저가 작성하며, 연간슈퍼비전 운영계획서에 대한 결과보고서 형태가 된다. 총괄평가를 통해 조직에서는 슈퍼비전 단계에 대한 평가, 슈퍼비전 유형에 대한 평가뿐 아니라 슈퍼바이저와 슈퍼바이지에 대한 평가, 조직 전체 슈퍼비전 체계에 대한 평가를 실시함으로써 직원들의 전문성 향상과 기관의 책무성 실현이라는 슈퍼비전의 목적을 달성할 수 있다.

연간슈퍼비전 운영평가서에는 1년간 슈퍼비전에 참여한 직원 수, 부서별 · 직

종별 · 근무기간별 슈퍼비전에 대한 전체만족도 점수, 슈퍼바이저별 슈퍼비전을 제공하는 슈퍼바이지 수, 연간 실시한 슈퍼비전 총 횟수와 1회당 슈퍼비전 시간, 슈퍼비전에 대한 사전 준비도, 슈퍼비전 체계에 대한 평가내용이 포함된다. 이러한 평가 내용을 토대로 슈퍼바이저는 각 부서별 · 슈퍼바이지별 슈퍼비전의 실행을 평가해 볼 수 있으며, 평가결과를 공유하고 차기년도 계획에 반영하여 향후 슈퍼비전 실행에 도움이 되도록 한다. 특히, 모든 슈퍼바이지들은 개별슈퍼비전을 최소 월 1회 이상 정기적으로 받았는지, 사회복지직 이외의 사무직이나 관리직의 경우에는 연 0회 이상 개별슈퍼비전을 정규적으로 받았는지 등 슈퍼비전이 공식적 · 정규적 · 일관적으로 진행되었는지를 점검한다.

이러한 총괄평가를 통해 슈퍼비전 정책수립, 슈퍼비전 직무배정, 기관장의 슈퍼비전 실행의지와 지속적 관심표명, 슈퍼비전 교육 · 평가 · 보상체계, 조직전반의 슈퍼비전 실행을 위한 기본 토대 구축과 같은 조직차원의 슈퍼비전 성과를 평가하고 추후 방향성을 논의하도록 한다.

## 3. 평가단계의 과업 표준 확인[5)]

### ① 슈퍼비전 평가의 목적

슈퍼비전 평가는 슈퍼바이저와 슈퍼바이지의 역량강화와 직무성과의 달성, 클라이언트를 위한 서비스 질 향상이라는 슈퍼비전의 목적을 성취하기 위해 필요하다. 슈퍼바이저와 슈퍼바이지에게 슈퍼비전 평가과정을 통해 달성한 것과 강점 · 약점 등을 논의하게 하고, 지속적인 실천과 직무수행을 위한 발전적인 대안을 마련하게 하는 등 사회복지조직 구성원들의 전문성 향상과 조직의 책무성 실현이라는 슈퍼비전의 목적을 달성하였는지에 대한 평가를 수행한다.

5) Wannacott, J.(2014). pp. 244-250 참조.

### ② 슈퍼비전 평가의 준비

슈퍼비전 평가를 준비하기 위해서는 우선 조직차원에서의 준비가 필요하다. 슈퍼비전 평가의 객관성을 높이기 위해 슈퍼바이저와 슈퍼바이지는 평가의 과정, 절차, 기준 등에 대해 서로 논의해야 한다. 슈퍼바이저는 슈퍼비전 목표 및 평가지표, 달성률 평가 등에 대한 충분한 이해를 통해 슈퍼바이지가 직무수행과 합의된 목표를 달성하였는지에 대한 평가를 수행해야 한다.

### ③ 슈퍼비전 평가의 종류

조직차원에서 이루어지는 슈퍼비전 평가는 조직의 규정과 절차에 의해 마련된 평가틀에 따라 슈퍼비전 체계의 평가, 직무수행과 합의된 목표달성에 대한 평가, 슈퍼바이저 평가 및 슈퍼바이지 평가로 이루어진다.

### ④ 슈퍼비전 평가의 내용

슈퍼비전 평가에는 다음과 같은 내용 등이 포함된다. 슈퍼비전 목표 및 달성률 평가, 슈퍼비전 욕구 충족 결과, 슈퍼비전 유형(개별, 집단, 동료, 외부, 자기슈퍼비전) 및 슈퍼비전 기능(교육적, 행정적, 지지적, 중재적 슈퍼비전)별 평가, 슈퍼비전 실시횟수 및 일정 · 내용의 적절성 평가, 슈퍼비전 과정 및 방법 · 실행구조에 대한 평가, 슈퍼비전을 제공하면서 슈퍼바이저로서 배운점 및 애로사항, 차기년도 슈퍼비전을 위한 계획 및 제안 등.

### ⑤ 문서화된 슈퍼비전 기록의 활용

공정하고 객관적인 슈퍼비전 평가는 슈퍼비전 전 과정에 대한 문서화된 자료를 토대로 이루어지므로 슈퍼바이저와 슈퍼바이지는 슈퍼비전 모든 과정의 결과를 보고서로 작성하여 문서화하고 이를 잘 보관하여야 한다.

Chapter 07

# 사례로 이해하기

## 이것이 궁금해요

**이슈 2-1** 막상 슈퍼비전을 진행하려고 하니 막막해요. 어디서부터 어떻게 해야 할까요?

**이슈 2-2** 슈퍼바이지가 2개 팀에 소속되어 2명의 팀장에게 슈퍼비전을 받고 있는데 서로 다른 슈퍼비전을 줄 경우, 어떤 슈퍼비전 내용을 우선해야 할까요?

**이슈 2-3** 슈퍼바이저는 슈퍼비전을 줬는데, 슈퍼바이지는 슈퍼비전을 받은 기억이 없다고 하니 슈퍼바이저는 슈퍼비전 시간에 무슨 말을 해야 하나요?

**이슈 2-4** 슈퍼바이지들의 역량차이가 심할 때 슈퍼비전은 어떻게 주어야 하나요?

**이슈 2-5** 사회복지직이 아닌 직원들의 슈퍼비전은 어떻게 진행하는 게 좋을까요?

**이슈 2-6** 일은 잘하는데 기관 이용자들에게 친절하지 않은 슈퍼바이지에게 어떤 슈퍼비전을 주는 것이 좋을까요?

**이슈 2-7** 초급슈퍼바이저로서 슈퍼비전 제공에 대한 부담감과 두려움 등 고민이 많은데 어떻게 하는 게 좋을까요?

**이슈 2-8** 슈퍼바이저의 슈퍼비전이 도움이 안 될 때는 외부슈퍼비전이나 다른 방법으로 대체할 수 있나요?

**이슈 2-9** 매일 업무보고를 통해 슈퍼비전을 주다보니 정기적 슈퍼비전시간에는 지지적 슈퍼비전만 요청하고 있어서 고민입니다. 어쩌면 좋을까요?

이슈 2-10

지지적 슈퍼비전에 치중되다보니 슈퍼비전을 하는 건지 고민 상담을 해주는 건지 헷갈리고 심리적으로도 버거운데 이럴 때는 어떻게 해야 하나요?

이슈 2-11

기록을 남기기 위해 매일 일지를 통한 형식적인 슈퍼비전이 이루어지고 있는데, 어떻게 하면 슈퍼비전을 체계적으로 제공할 수 있을까요?

이슈 2-12

업무속도가 느리고 레코딩 작성이 안 되는 슈퍼바이지에게 여러 차례의 행정적 슈퍼비전과 대신 수정해주는 일도 해봤는데 변화가 없습니다. 언제까지 이래야 할까요?

이슈 2-13

평가와 기록을 위해 의무적으로 진행되는 집단슈퍼비전도 슈퍼비전이라고 할 수 있나요?

이슈 2-14

슈퍼비전시간은 유익한데 슈퍼비전내용을 기록하는 게 너무 힘들어요. 기록은 꼭 해야 하나요? 어떻게 하면 기록 좀 잘 할 수 있을까요?

이슈 2-15

굳이 연말에 슈퍼비전 평가를 꼭 해야 할까요?

이슈 2-16

직원들의 이직 및 신규직원교체에도 불구하고 슈퍼비전을 통해 계획된 업무들을 잘 수행했는데, 슈퍼비전 평가 때 슈퍼비전이 도움이 안 되었다는 슈퍼바이지들의 피드백이 나와 황당합니다.

이슈 2-17

슈퍼바이지가 슈퍼바이저에 대해 평가한다는 게 의식되어 슈퍼비전진행이 신경 쓰이는 슈퍼바이저, 근무고과평가가 나빠질까봐 슈퍼비전시간에 솔직하지 못한 슈퍼바이지... 슈퍼비전 평가와 근무고과 평가 어떻게 해야 할까요?

## 이슈 2-1 슈퍼비전을 어디서부터 어떻게 진행해야 할지 고민인 슈퍼바이저

몇 달 전 슈퍼바이저 보수교육을 받은 9년차 과장(슈퍼바이저)입니다. 저희 부서에는 2명의 팀장과 4명의 사회복지사가 있습니다. 저희 기관은 아직 슈퍼비전을 시행하고 있지 않지만 슈퍼바이저 보수교육을 통해 슈퍼비전의 중요성과 필요성을 공감하여 복지관에 돌아와 슈퍼비전을 적용해 보고자 하였으나 생각처럼 되지 않았습니다. 어디서부터 어떻게 해야 할까요?

A

막막하시죠? 슈퍼바이저의 고민이 무엇인지가 그대로 전해지는 느낌입니다. 마음 같아선 보수교육에서 배운 대로 하면 슈퍼비전이 다 될 것 같았는데 막상 해보려 하니 왜 나만 안 되는 건지? 어디서부터 손을 대야 하는 건지? 부장님이나 관장님하고 먼저 이야기를 해야 할지, 우리 부서 슈퍼바이지들과 먼저 할 수 있는 만큼 해보면서 복지관 전체는 나중에 해야 하는 건지? 등등 생각이 많으신 것 같습니다.

슈퍼비전을 진행하려면 우선 과장님이 해야 할 일이 있습니다. 부장님 · 관장님과 의논하여 조직차원의 슈퍼비전 체계를 마련해야 합니다. 조직차원에서의 준비가 가장 먼저 해야 할 일이지, 조직 차원에서 하지 않는 슈퍼비전을 슈퍼바이저 혼자 한다는 건 무리입니다. 그리고 슈퍼비전의 목적 및 개념에 대한 전체 직원들의 이해를 통해 슈퍼비전의 필요성을 공감하고 개별 및 집단 슈퍼비전 등의 다양한 슈퍼비전의 종류를 언제, 어떻게 전할지를 정해야겠죠. 또한 슈퍼바이지들이 어떤 슈퍼비전을 원하는지를 파악해야 거기에 맞는 슈퍼비전 내용을 제공할 수 있을 테니 슈퍼바이지들의 욕구를 사정하는 과정을 가져야 합니다.

여기서 잠깐! 뭐부터 해야 할지 몰라 고민했는데 할 일은 많아지고 하나하나가 다 중요하다고 하면 어느 순간 너무 머리가 복잡해져서 에잇~ 하고 접어버리고 싶어진다는 분들이 계세요. 그러니 무엇부터 해야 할지 순서를 정해놓고 하는 것이 좋습니다. 하나씩 단계를 설정하여 슈퍼비전을 진행해 볼 것을 추천합니다. 본 서에서는 슈퍼비전의 단계를 4가지(준비단계-시작단계-실행단계-평가단계)로 소개하고 있습니다. 슈퍼비전 준비와 시작단계를 거친 후에 실행단계에 도착했다면 이미 조직차원의 연간슈퍼비전 계획이 수립되었고, 누가 나의 슈퍼바이저이고 누가 나의 슈퍼바이지인지 서로 알고 있는 상태가 됩니다. 또한 슈퍼바이지의 현재 상황에 대한 교육적 사정을 토대로 개인 및 집단별 슈퍼비전 계획서도 이미 작성 및 확인이 되어 슈퍼비전의 구조화가 이루어진 상태여서 과장님이 하고자 하는 슈퍼비전을 즉각 제공할 수 있을 것입니다. 그런데 만약 슈퍼비전 준비와 시작단계 없이 슈퍼비전을 실행하려고 한다면 슈퍼바이저 입장에서는 어떤 슈퍼바이지에게 어떤 내용의 슈퍼비전을 주어야 할지 막막해질 수 있습니다. 슈퍼바이지도 막막하기는 마찬가지랍니다. 상급자 중 누가 나의 슈퍼바이저인지도 모르고 어떨 때 어떤 내용을 누구에게 의논해야 하는지 혼자 끙끙거리며 고민하게 될 것입니다.

그러므로 슈퍼비전을 주어야 하는데 무엇부터 해야 할지 모르겠고, 슈퍼비전에 대한 연간계획이 수립되지 않았거나 슈퍼바이저와 슈퍼바이지를 매칭하지 않아 누가 나의 슈퍼바이저이고 누가 나의 슈퍼바이지인지 정확하게 모르는 상황이고, 슈퍼바이지에 대한 교육적 사정이 이루어지지 않아 개별슈퍼비전이나 집단슈퍼비전에 대한 계획이 없다면, 슈퍼비전 실행을 서두르지 말고 슈퍼비전 준비 및 시작단계의 과업들부터 다시 시작하는 것이 좋겠습니다.

➔ **본 서의 1부를 참고하세요.**

## 이슈 2-2 슈퍼바이지가 2개 팀에 소속되어 슈퍼비전 받을 때의 혼선

저는 타 기관경력 10년차에 지금의 기관에 입사하였고, 지금은 입사한지 1년 10개월 된 사회복지사 A(슈퍼바이지)입니다. 저는 제가 맡고 있는 복지프로그램 운영에 관한 슈퍼비전을 복지팀장 B에게 받아 업무를 진행하였습니다. 하지만, 프로그램 운영 중 총무팀장 C에게 복지팀장 B와 다른 슈퍼비전을 받게 되었습니다. 두 분 모두 프로그램 운영과 관련하여 책임이 있는 상황이며, 각각 프로그램의 내용과 예산 운영과 관련하여 관여를 하고 있습니다. 슈퍼바이지인 제 입장에서 복지팀장 B와 총무팀장 C의 슈퍼비전이 서로 다를 경우 저는 어떤 분의 어떤 슈퍼비전 내용을 우선해야 할까요?

A

답답한 상황이네요. 슈퍼바이지가 복지팀장 B와 총무팀장 C 중에 누구의 슈퍼비전을 받을 것인지를 결정할 수 없기 때문에 이럴 때는 혼자 고민하지 말고 조직차원의 슈퍼비전 계획수립을 참조하면 되겠습니다. 당해 연도 연간 슈퍼비전 계획서에 복지팀장 B와 사회복지사 A가 슈퍼바이저와 슈퍼바이지로 매칭되었다면 사회복지사 A는 우선적으로 복지팀장 B의 슈퍼비전을 통해 업무를 진행하면 됩니다. 그러니 얼른 복지팀장 B에게 고민을 이야기하고 해결방법을 찾아보세요.

슈퍼바이저는 슈퍼바이지의 업무환경 및 관련부서들 간의 협의에 대한 관리가 잘 이루어지고 있는지에 대해 확인하고 슈퍼바이지와 논의하면서 슈퍼비전을 줄 수 있답니다. 휴먼서비스 현장에서 업무를 하다보면 다른 부서와의 협력이 필요한 경우가 많이 생기는데 그럴 때마다 슈퍼바이저 이외의 다른 부서(총무팀장 C)의 개별 및 집단 슈퍼비전을 받는 것은 슈퍼바이지들에게 혼란을 초래할 수 있습니다. 타 부서와의 협력이 필요한 업무라면 업무진행초기에 다함께 모여 집단슈퍼비전을 통해 업무분장 및 역할분담을 명확히 하고 슈퍼비전 진행내용이나 슈퍼비전 유형 및 기능을 협의하는 시간을 가져서 사회복지사 A가 슈퍼바이저인 복지팀장 B 이외에 총무팀장 C에게 언제 어떤 내용에 대해 의견교환을 할 때 만나야 하는지 미리 협의하면 도움이 될 것입니다. 일반적으로 타 부서인 총무팀장 C의 슈퍼비전이 필요한 경우에는 주로 교육적인 차원에서 이루어지고, 이런 경우에는 현재 슈퍼바이저인 복지팀장 B가 그 자리에 참석하지 않습니다. 또 다른 방법으로는 복지팀장 B와 총무팀장 C가 별도로 만나 업무협조 부분에 대해 협의 및 업무분장을 한 후, 협의 및 조정된 내용을 복지팀장 B가 사회복지사 A에게 슈퍼비전 주는 것도 좋은 대안이 될 것 같습니다.

만일 슈퍼비전에 대한 연간계획이 수립되지 않았거나 슈퍼바이저와 슈퍼바이지를 매칭하지 않아 누가 나의 슈퍼바이저이고 누가 나의 슈퍼바이지인지 명확하게 모르고 있다면, 슈퍼비전을 실행하기 전에 준비단계의 연간 슈퍼비전 운영계획서 수립 및 시작단계의 슈퍼비전계획을 위한 슈퍼바이지 교육적 사정과 슈퍼비전 계획 수립이라는 과업들을 검토하여 슈퍼비전이 조직 차원에서 원활히 이루어지도록 처음부터 다시 시작하는 것을 적극 추천합니다.

# 이슈 2-3 슈퍼바이저는 슈퍼비전을 줬는데, 슈퍼비전을 받은 기억이 없다는 슈퍼바이지

**Q** 경력 15년차 부장 A(슈퍼바이저)입니다. 직원들에게 슈퍼비전을 주느라 나름 시간 할애도 많이 하고 직원들과 많은 이야기도 하였습니다. 그런데 얼마 전 협회행사에 갔을 때 잘 아는 다른 기관 부장 B로부터 우리 기관에서 퇴직하고 B기관으로 이직한 직원에게 A기관 퇴사이유를 물으니 A기관에서 슈퍼비전을 받지 못하였고 본인 혼자 업무를 감당하는 일이 많은 것이 부담되어 오랫동안 일하고 싶은 마음이 없어져 퇴사하게 되었다는 이야기를 전해 들었습니다. 제가 아무리 열심히 슈퍼비전을 주어도 슈퍼바이지가 슈퍼비전을 받은 기억이 없다고 하니 슈퍼비전 시간에 무슨 말을 해야 할지 고민입니다.

**A** 이런 경우가 슈퍼바이저들이 가장 황당하고 배신감 느껴지는 상황이 아닐까 싶습니다. 슈퍼바이저는 없는 시간 쪼개가며 슈퍼비전을 주었다고 하는데 슈퍼바이지는 슈퍼비전을 받은 기억이 없다니요.

여기서 잠깐! 이 시점에 한번 되짚어 봐야할 것들이 있습니다. 만일 슈퍼바이저가 연간슈퍼비전 계획서나 슈퍼바이지의 개별 및 집단슈퍼비전 계획서 작성에 대한 검토가 없는 상태에서 슈퍼비전을 그냥 주게 된다면, 슈퍼비전 요청서 내용에 없는 이야기들을 한다면, 슈퍼바이지들은 그 시간에 슈퍼비전을 받은 게 아니고 업무지시를 받았다고 생각합니다. 슈퍼바이저가 슈퍼바이지와 함께 해당 조직 내에서 일어나는 업무에 대해 이야기한다고 해서 이것을 모두 슈퍼비전이라고 할 수 없습니다. 또는 정규적으로 계획된 시간이 아니라 슈퍼바이저가 시간이 날 때 불규칙적으로 업무에 대한 이야기를 하는 것(예를 들면, 담배 피우면서 하는 대화, 사무실 복도 걸어가면서 하는 대화 등)도 슈퍼비전이라고 할 수 없습니다. 종종 슈퍼바이저는 슈퍼바이지에게 슈퍼비전을 주었다고 하는데도 슈퍼바이지는 슈퍼비전을 받은 적이 없다고 말하는 경우가 이런 경우에 해당됩니다.

슈퍼바이지가 슈퍼비전을 받았다고 생각할 때는 조직차원에서 공식화된 준비(슈퍼비전 체계 마련 등)를 통해서 슈퍼비전이 진행될 때, 슈퍼바이저와 슈퍼바이지의 상호작용을 통해 슈퍼비전이 진행될 때, 슈퍼비전을 위한 물리적·구조적 환경이 조성되어 슈퍼바이저가 슈퍼바이지의 시간과 상관없이 아무 때나 슈퍼비전을 즉흥적으로 주는 게 아니고 정규적으로 마련된 시간과 장소를 통해 슈퍼비전이 진행될 때 등입니다.

앞으로 슈퍼바이저가 슈퍼비전을 주었는데 슈퍼바이지가 슈퍼비전을 받은 기억이 없다고 말하지 않도록 하기 위해서는 슈퍼비전 시간을 공식화하고 미리 정해진 공간에서 이미 계획된 연간슈퍼비전 계획서나 슈퍼바이지의 개별 및 집단슈퍼비전 계획서에 포함된 내용을 토대로 그 달의 슈퍼비전에서 다룰 주제를 선정하여 슈퍼비전을 진행하면 되겠습니다. 월별로 슈퍼바이지의 주요 업무들을 점검하고 계획대로 업무가 잘 진행되는지 다른 어려움은 없는지 등에 대해 함께 이야기를 나누며, 지난달 슈퍼비전 과제가 있었을 경우에는 함께 과제검토 및 확인을 하며 슈퍼비전 시간을 진행하면 슈퍼바이저와 슈퍼바이지 모두에게 유익한 시간이 될 것입니다.

➔ **본 서의 관련 사례 〈이슈 3-5〉를 참고하세요.**

## 이슈 2-4 슈퍼바이지들의 역량차이가 심할 때 슈퍼비전 주는 방법

**Q** 저는 14년차 부장으로 근무하고 있습니다. 2명의 팀장에게 슈퍼비전을 주고 있는데요, 두 사람의 업무수행 능력과 이해력, 문서작성 등 역량에 차이가 많이 있어서 한쪽 팀장에게 일을 많이 맡기게 됩니다. 상대적으로 부족한 팀장을 가르치고 역량을 키우려면 훨씬 더 많은 슈퍼비전 시간을 투여해야 하는데, 그랬더니 나머지 팀장이 자신에게는 일만 많이 시키고 슈퍼비전도 잘 주지 않는다고 서운해 합니다. 그렇다고 슈퍼비전에만 너무 많은 시간을 투여할 수 없으니 고민이 됩니다. 슈퍼바이지 간에 역량 차이가 심할 때 슈퍼비전은 어떤 밸런스를 유지하면서 이루어져야 하는 건가요?

**A** 2명이 다 일을 잘하는 팀장이었으면 얼마나 좋았을까요? 그런데 어떤 부장님은 그러시더라고요. 그건 욕심이라고요. 1명이라도 일 잘하는 팀장이랑 일하고 계신 부장님을 많이 부러워할 것입니다. 자, 2명의 슈퍼바이지 역량이 서로 다를 때 슈퍼비전의 밸런스에 대한 질문에 답하기 위해 슈퍼바이저의 역할 중 몇 가지를 소개해 드리려고 합니다.

슈퍼바이저는 슈퍼바이지들의 기대가 무엇인지 분명하게 세부항목으로 만들 수 있어야 합니다. 슈퍼바이지의 업무수행을 다른 슈퍼바이지와 비교하지도 말아야 하구요. 슈퍼바이저는 슈퍼비전을 실행하기 전에 각각의 슈퍼바이지들이 가지고 있는 지식, 기술, 가치 및 태도에 대한 역량이 다르다는 것을 다시 한 번 생각해 보아야 합니다. 어떤 슈퍼바이지는 본인의 직무에 대해 책임감 있는 태도를 가지고 직무수행을 적극적으로 하지만 어떤 슈퍼바이지는 그렇지 않을 수도 있습니다. 슈퍼바이지 자신에 대한 인식을 잘하고 자기계발을 위해 명확한 계획을 세워나가는 사람도 있지만 그렇게 하지 못하는 사람도 있다는 것을 슈퍼바이저는 이해하고 있어야 합니다. 역량이 다른 2명의 슈퍼바이지에 대해서 슈퍼바이저는 시작단계에서 작성된 직무역량체크리스트 등을 검토하여 슈퍼바이지가 어떤 부분을 스스로 잘할 수 있다고 생각하는지 어떤 부분을 어려워하고 있는지 파악해볼 필요가 있습니다. 그런 다음 슈퍼바이지 개별 욕구가 반영된 슈퍼비전이 진행되고 있는지, 이미 진행된 개별슈퍼비전 계획서 수행정도와 집단슈퍼비전 계획서 등을 다시 한 번 파악해 보아야겠습니다.

집단슈퍼비전에서는 1명의 슈퍼바이지에게 더 많거나 더 적은 슈퍼비전을 주지 말고 시간배분을 동등하게 할 수 있도록 하고, 토론이 필요한 경우에는 지지적인 내용의 슈퍼비전으로 시작하여 행정적인 문제와 교육적인 문제를 포함하여 진행해가도록 하는 것이 좋겠습니다. 그리고 개별슈퍼비전을 통해서 각기 다른 2명의 슈퍼비전 욕구와 역량에 따라 슈퍼비전의 시간 · 횟수 · 내용을 달리 진행하는 것이 좋겠습니다. 그래야 2명의 슈퍼바이지가 슈퍼바이저로부터 서로 존중받고 있다는 느낌을 받을 수 있고, 본인들에게 부족한 점을 지적받게 되더라도 상처를 덜 받을 수 있습니다. 특히 일 잘하는 슈퍼바이지가 일 못하는 같은 팀의 슈퍼바이지 때문에 본인의 업무가 늘어나게 된다면 처음에는 어쩔 수 없는 분위기로 받아들이고 일을 하다가도 나중에는 본인이 감당하기 힘들어졌다는 이유로 일 잘하는 슈퍼바이지가 사직의사를 나타내는 경우가 종종 있습니다. NO!!(안 돼요!)

부서 내의 업무를 조정할 때는 먼저 슈퍼바이지에게 충분히 설명을 하고 늘어난 업무로 인해 피로도가 생기지 않도록 여러 직무와 관련된 역할수행 과정에서의 감정을 공유하는 시간을 확보하고, 슈퍼바이지의 직무를 검토하여 피드백을 줌으로써 슈퍼바이지가 억울한 마음을 가지지 않도록 배려해 주시기 바랍니다.

## 이슈 2-5 사회복지직이 아닌 직원의 슈퍼비전 진행에 대한 고민

총무행정팀에는 서무, 회계, 안전관리, 환경미화 4명의 다른 분야의 직원들이 한 팀을 구성하고 있습니다. 다양한 분야의 직원들이 구성되어 있어 사회복지사인 슈퍼바이저가 총무행정팀 직원들에게 슈퍼비전을 깊고 전문적으로 진행하기에 어려움이 있습니다. 총무행정팀의 특성을 고려하여 어떻게 슈퍼비전을 진행하는 것이 효율적일까요?

A 사회복지조직의 특성상 사회복지직이 아닌 사무직, 관리직, 유아교사 및 체육교사, 특수교사 및 간호사 등의 다양한 직종의 직원들이 다양한 부서에서 일을 하고 있습니다. 그러다보니 슈퍼비전을 실시하는 사회복지조직에서는 모든 직원들에게 슈퍼비전을 계획하여 실행하는데 사실 많은 어려움을 겪고 있는 것도 부인할 수 없는 상황입니다.

슈퍼비전은 해야겠고, 총무행정팀에게도 효과적인 슈퍼비전이 되게 하려면 전략이 필요합니다. 조직의 기존 슈퍼비전계획에서 몇 가지 내용을 차별화해보면 어떨까요? 우선 사회복지직의 슈퍼비전과는 다른 슈퍼비전 계획을 세워보는 것이 좋겠습니다. 예를 들면, 슈퍼비전을 실행하기 이전에 조직차원의 연간슈퍼비전계획을 준비할 때 슈퍼비전 횟수와 슈퍼비전 방법 등을 차별화하는 것입니다. 사회복지직이 아닌 직원들에게도 슈퍼비전은 제공하되 1회당 슈퍼비전 시간을 조정한다든지, 연간 개별 및 집단슈퍼비전의 횟수를 사회복지직과 다르게 정해 본다든지, 업무 관련된 교육이 필요하다면 집단슈퍼비전을 통해 활용하는 것 등이라 할 수 있습니다. 만일 연간계획을 통해 대략적인 진행계획을 가지고 있다 하더라도 슈퍼비전 신청서를 통해 아젠다를 최종 선정하기 때문에 슈퍼비전 회기별 목표를 다시 세워서 슈퍼비전을 실시하게 된다면 비사회복지직 직원들이 필요로 하는 슈퍼비전 시간이 진행될 수 있을 것입니다.

슈퍼바이저는 비사회복지직 직원들의 업무분장표나 그들 분야의 업무규정 및 업무매뉴얼 등을 통해 사회복지업무는 아니지만 관련 분야의 업무에 대한 슈퍼비전을 제공할 수 있어야 하거든요. 슈퍼바이저는 다양한 학습방법(강의, 교육, 질문기법, 자료수집 활용 등)을 활용하여 비사회복지직에 근무하는 직원들에게도 업무능력 향상과 전문성 향상이 될 수 있는 슈퍼비전을 제공해 주시기 바랍니다.

여기서 잠깐! 기록 및 보고서 작성은 사회복지직과 마찬가지로 필수로 작성해야 하는 것을 잊지 마시기 바랍니다.

➔ **본 서의 관련 사례 〈이슈 1-4〉를 참고하세요.**

## 이슈 2-6 일은 잘하는데 기관 이용자들에게 친절하지 않은 슈퍼바이지에게 슈퍼비전 주는 방법

슈퍼바이지는 사회복지사 경력 총 7년, 현 기관에 입사 6개월 차인 팀장으로 매우 합리적으로 사고하고 분석하기를 좋아합니다. 슈퍼바이저인 저와의 관계는 좋으나 기관 이용자들에게 차갑게 대하거나 공감하지 않는 태도로 인해 지속적으로 갈등이 발생하여 이용자들의 민원이 커지고 있는 상황입니다. 직접 서비스를 제공해야 하는 기관의 특성상 직원들에게도 민원 응대에 대한 슈퍼비전을 제공해야 하는데 어떻게 해야 하나요?

A

아무리 일 잘하는 슈퍼바이지라 하더라도 민원이 발생하는 정도라면 슈퍼바이저 입장에서 심각하게 생각하고 빠른 대처방안을 마련해야 할 것 같습니다. 슈퍼바이저는 중간관리자로서 윗사람과 슈퍼바이지를 효과적으로 도와 그들이 기관의 목적과 목표달성을 위한 책임을 가지도록 도와야 합니다. 슈퍼바이지가 기관 이용자들을 차갑게 대하거나 공감하지 않는 태도로 대하고 있다면 이에 대해서는 민원 응대에 대한 대처방법보다 먼저 클라이언트와 이용자들을 대하는 태도에 대해 슈퍼비전을 제공하셔야 할 것 같습니다. 슈퍼바이저는 슈퍼바이지로 하여금 사회복지의 철학과 가치, 조직의 사명과 비전 등이 실무에 반영될 수 있도록 하는 역할을 수행해야 하기 때문이지요. 슈퍼바이저는 전문적 지식 및 기술, 그리고 가치 내면화를 통해 전문적 태도를 갖춘 모델로서 실천가의 역할을 보여주어야 합니다.

대상자 발달 및 특성에 대한 이해, 서비스이용자가 겪는 문제나 욕구에 대한 이해, 지역특성 및 지역대상자 특성에 대한 이해, 인권에 대한 이해 등에 대한 교육이 좋을 것 같습니다. 슈퍼바이지의 실천가로서의 윤리와 철학을 점검해 보고, 실천가로서의 자신에 대한 자기이해를 할 수 있도록 도와주시면 좋겠습니다. 이러한 슈퍼비전을 통해 슈퍼바이저도 클라이언트와 간접 접촉하게 됨으로써 직접성과에 대한 책임을 함께 질 수 있기 때문에 슈퍼바이지도 유용한 슈퍼비전을 제공받았다고 생각할 것입니다. 슈퍼비전을 통해 단기적으로는 팀장 개인의 전문적 성장에 관한 모니터링 기회가 되어 업무수행능력이 향상될 것이고, 각종 교육과 훈련을 통해 업무만족감이 향상될 것입니다. 슈퍼비전을 통해 장기적으로는 효과적이고 효율적인 서비스를 제공하여 클라이언트의 문제해결과 삶의 질 향상에도 기여가 될 것이라 기대해 봅니다.

## 이슈 2-7 초급슈퍼바이저의 고민

저는 사회복지사 경력 5년 차에 중간관리자가 되고 처음으로 슈퍼바이저가 되었습니다. 그러다보니 제 고유 업무 이외에 다른 직원들의 업무에 대해 파악하고 슈퍼비전을 제공하는 역할에 대한 부담감이 매우 큰 상황입니다. 막상 다른 직원들에게 슈퍼비전을 제공하려고 보니 어디까지 봐줘야 하는 것인지 고민이 되고 시간도 너무 많이 듭니다. 이러다가 처음으로 맡겨진 중간관리자로서의 저의 업무도 처리하지 못할 것 같은 두려움이 생기고 슈퍼비전을 주려면 제가 어떻게 해야 하는지도 막막해집니다.

A 슈퍼바이저로서의 고민을 적어주셨지만 초급슈퍼바이저이신 선생님은 먼저 본인의 슈퍼바이저에게 본인의 고민에 대해 슈퍼비전을 요청하는 일을 먼저 하는 것이 좋겠다는 생각이 듭니다. 슈퍼바이저 역할에 대한 부담감, 슈퍼비전내용 및 방법에 대한 걱정, 슈퍼바이저이기도 하지만 슈퍼바이지로서 자신의 업무수행처리도 안될 것 같은 두려움 등 말이에요. 슈퍼바이저의 역할을 처음 맡으신 분들은 본인이 슈퍼바이지인지 슈퍼바이저인지 종종 헷갈린다는 이야기를 하곤 합니다. 5년차가 되었으니 슈퍼바이저가 되어도 뭐 그냥 잘 일할 수 있을 것 같기도 하잖아요. 그런데 슈퍼바이저는 저절로 되는 것이 아니고 조직차원에서 예비슈퍼바이저들(예를 들면 현재 3년~5년차 슈퍼바이지)에게 슈퍼바이저로서의 책임과 역할, 역량 등에 대한 예비슈퍼바이저교육을 제공하는 것이 필요합니다. 초급슈퍼바이저로서 의욕과 열정을 가지고 그 역할을 잘 수행하기 위해서는 본인의 슈퍼바이저로부터 예비 슈퍼바이저 교육을 받았더라면 좋았을 거라는 아쉬움이 남습니다.

직원들에 대한 슈퍼비전을 줄 때도 경력이 적은 직원슈퍼비전과 숙련된 직원슈퍼비전은 같지 않습니다. 직원의 발달단계에 따라 슈퍼비전 목표와 내용이 다르기 때문에 차별화전략이 필요하다는 것입니다. 마찬가지로 슈퍼바이저도 발달단계에 따라 초급슈퍼바이저와 숙련된 슈퍼바이저가 있습니다. 초급슈퍼바이저로서의 본인의 업무와 역할에 대한 고민을 해결하게 된다면 슈퍼바이지 앞에서 슈퍼바이저 역할에 대한 부담감도 줄어들 것이고, 슈퍼바이지와 함께할 슈퍼비전 내용 및 방법에 대한 것도 알게 되리라 생각합니다. 무엇보다도 슈퍼바이저이기도 하지만 슈퍼바이지로서 자신의 업무수행처리도 안될 것 같은 막막한 이 두려움은 선생님의 슈퍼바이저로부터의 슈퍼비전을 통해 도움을 받으시기 바랍니다.

본인이 슈퍼비전에 대한 그런 좋은 경험을 하게 되면 지금부터는 슈퍼바이지와 어떻게 해야 할지에 대해 생각이 잘 정리될 것이고, 슈퍼바이저로서의 역할도 편안한 마음으로 시작할 수 있을 것입니다. 전적으로 믿으시기 바랍니다. 파이팅!

## 이슈 2-8 슈퍼바이저의 슈퍼비전이 도움 안 되는 슈퍼바이지

저는 3년차 사회복지사입니다. 저희 조직의 경우, 직종과 업무가 매우 세분화되어 있고, 담당업무에 대한 모든 경험을 다 갖고 있는 슈퍼바이저는 거의 없는 상황입니다. 현재 저는 슈퍼바이저가 담당업무에 대한 경험도 없어 전문적인 슈퍼비전을 주기에 부족하다고 느껴져서 슈퍼비전을 받을 때 마다 시간을 허비하는 것처럼 여겨집니다. 의무감으로 슈퍼비전을 진행하지만, 실제로 개인의 성장이나 조직 내에서 정체감을 찾아가기가 더 어려워집니다. 슈퍼바이저가 슈퍼비전 경험 및 담당업무 경험이 부족하여 슈퍼바이지에게 전문적 슈퍼비전을 주기 어렵다고 판단되는 경우, 외부 슈퍼비전이나 기타 다른 방법으로 대체하여 진행하면 안 되나요?

A 질문하신대로 외부자문 체계를 활용하는 방법과 조직 내부의 자문체계, 동료슈퍼비전 등의 다양한 방법을 통해 슈퍼비전을 받는 방법이 있습니다. ○○분야의 업무에 대한 충분한 경험과 지식·기술이 있는 동료 사회복지사들끼리 정기적으로 만나 관심주제에 대해 배우고 토론하는 동료슈퍼비전도 많은 도움이 될 것입니다. 조직의 다른 부서 슈퍼바이저의 자문 및 교육을 내부자문체계로 활용해 볼 것도 권해드립니다. 이때 동료슈퍼비전이나 조직 내부의 자문·교육 등은 일반적으로 집단슈퍼비전의 형태로 진행이 되곤 합니다. 외부자문을 통한 외부 슈퍼비전의 경우는 조직마다 외부자문을 활용하는 기준들이 조금씩 달라 조직의 슈퍼비전 규정이 어떠한지 먼저 확인해 보는 것이 좋겠습니다.

일반적으로 외부자문을 활용하는 경우는 조직에서 처음으로 시도하는 사업일 경우, 조직의 특별사업이나 프로젝트사업일 경우, 내부 슈퍼바이저가 관련 업무에 슈퍼비전을 제공하기 어려운 경우 등입니다. 또한 슈퍼바이저가 슈퍼바이지 업무에 대한 이전 경험이 전무한데다 난이도까지 높은 사업이라면 제2선 슈퍼바이저 및 기관장과의 협의를 통해서 외부자문을 활용하기도 합니다. 어떤 조직에서는 외부자문을 활용하는 경우, 해당사업의 슈퍼바이지뿐 아니라 슈퍼바이저들도 외부자문에 모두 참여하게 하여 슈퍼비전의 효과가 오래 지속되도록 하고 있어요. 또한 외부자문의 경우에는 반드시 슈퍼비전 받은 기록을 작성하게 한 뒤, 외부자문에 참여하지 않았던 조직의 모든 직원들에게 회람을 통해 공유하기도 합니다.

만일 외부자문이 당장 성사되기 어렵거나, 외부자문 이전에 슈퍼비전을 받기 원한다면, 조직의 다른 부서 슈퍼바이저의 자문 및 교육을 내부자문체계로 활용해보는 것과 동료슈퍼비전을 활용하는 방법을 먼저 해 보는 것도 도움이 되리라 생각됩니다. 다양한 슈퍼비전을 통해 슈퍼바이지에 대한 지원과 협력이 이루어져 슈퍼바이지가 담당하고 있는 업무가 잘 진행될 수 있도록 멀리서나마 응원할게요.

➔ **본서의 관련사례 〈이슈 1-4〉를 참고하세요.**

## 이슈 2-9 매일 업무보고를 통해 슈퍼비전을 주고 있는 슈퍼바이저의 고민

총무팀 팀장을 맡고 있는 경력 11년차 사회복지사(슈퍼바이저)입니다. 총무팀 업무 특성 상 매일 업무보고 및 상시적으로 소통하고 진행해야 하는 업무가 다수입니다. 상시로 소통하다보니 그때마다 슈퍼비전을 주게 되었고, 그러다보니 팀원들이 정기적인 슈퍼비전시간에는 업무적인 내용보다 지지적인 내용의 슈퍼비전을 주로 요청하고 있습니다. 그리고 상시적으로 업무 관련된 소통과 슈퍼비전 사항들을 효율적으로 기록하는 방법이 있을까요?

A 업무보고와 슈퍼비전은 다른 개념입니다. 간혹 슈퍼비전을 업무보고, 직원개발, 자문, 컨설팅 등 유사한 개념과 혼돈하는 경우가 있는데 이들 개념들은 비슷한 듯하나 각각 조금씩 다릅니다. 사회복지슈퍼비전이란 클라이언트에 대한 최선의 서비스 제공 및 사회복지사의 전문성 향상을 위해 조직 차원에서 공식적으로 실행되는 기제로 슈퍼바이저와 슈퍼바이지에 의해 이루어지는 상호작용 과정이라고 할 수 있습니다.[1] 슈퍼비전은 슈퍼바이저와 슈퍼바이지가 서로 합의하여 정해진 시간과 정해진 공간에서 만나는 것이며, 미리 계획한 슈퍼비전 요청서의 내용을 토대로 서로 만나 이야기를 나누는 상호작용 과정입니다.

하지만 업무보고[2]는 수시로 또는 슈퍼바이저의 요청이 있을 때 슈퍼바이지가 슈퍼바이저 책상 앞으로 가서 보고하는 형태를 띠곤 한답니다. 업무보고와 슈퍼비전의 개념이 서로 다름에도 불구하고 아직도 일부 슈퍼바이저는 그 차이를 인정하지 않고 '다 그게 그거야, 똑같은 거야, 내가 하는 게 슈퍼비전 맞아'라고 이야기하신다니 정말 갑갑할 따름입니다.

1) 안정선·최원희(2016). p. 20 참조.

2) 업무보고란 맡아서 하는 어떤 일에 관한 내용이나 결과를 말이나 글로 알리는 일(네이버, 국어사전).

업무보고와 슈퍼비전은 기록내용도 다르게 작성됩니다. 일반적으로 매일 작성되는 업무보고서(업무일지) 기록의 경우, ○○업무 진행사항 보고. 1/4분기 후원금 입금내역 ○원 확인, ○○견적 2군데 연락 중. ○○행사관련 봉사자 ○○명 연락완료. ○○예산 지출내역 확인 등으로 작성하고 있습니다. 슈퍼비전기록[3]은 개별슈퍼비전 기록지나 집단슈퍼비전 기록지 등의 관련 양식을 활용하여 슈퍼비전 받은 내용, 논의된 주제, 전 회기 슈퍼비전 진행사항 보고 및 점검, 슈퍼바이저 의견 등으로 작성하면 됩니다.

➔ **본 서의 관련 사례 〈이슈 1-10〉, 〈이슈 2-11〉을 참고하세요.**

3) 슈퍼비전 기록에 대한 자세한 설명 및 예시는 최연선 외(2016) 참조.

## 이슈 2-10 지지적 슈퍼비전과 고민 상담이 헷갈리는 슈퍼바이저

저는 입사 7년차 팀장(슈퍼바이저)입니다. 슈퍼바이지의 욕구와 상황에 맞춰 슈퍼비전을 진행하다보니 지지적 슈퍼비전에 치중되고 있습니다. 슈퍼비전 이후 일시적인 감정적 위로 및 지지가 되기도 하지만 이런 슈퍼비전이 효과적인지 고민이 됩니다. 심리적으로 버겁기도 하고 슈퍼비전인가 상담인가 헷갈리기도 하는데 저는 이 상황을 어떻게 받아들여야 할까요? 그리고 슈퍼바이지가 슈퍼비전에 만족한다면 1~2시간의 비중도 괜찮은 것인가요?

A

슈퍼바이지들이 단지 정서적인 지지나 본인의 고민들에 대해 이야기할 때, 감정적으로 up되거나 down되어 슈퍼바이저에게 자신의 이야기를 들어주고 상담해 달라고 요청할 때는 말 그대로 상담해 주고 슈퍼바이지를 우선 편안하게 해주시기 바랍니다. 그러나 이것을 지지적인 슈퍼비전이라고 말하진 않습니다. 간혹 슈퍼바이지들이 자기들의 개인적인 고민거리를 1~2시간 이상 이야기할 때 슈퍼바이저들은 무슨 이야기를 해줘야 할지, 언제까지 들어줘야 할지를 걱정하며 지쳐갑니다. 그리고는 지지적인 슈퍼비전을 해줬다는 이야기를 하곤 하는데요. 반복되는 이야기나 징징거리는 이야기를 아무 내색도 못하고 슈퍼바이저가 들어주는 것이 지지적 슈퍼비전은 아니라는 말씀을 드리고 싶습니다. 적당한 지지적 슈퍼비전 시간이라는 것도 정해지지는 않았지만 보통 개별슈퍼비전 시간이 정기적으로 진행될 때 30분~60분으로 활용하고 있으니 참고하시기 바랍니다.

지지적 슈퍼비전[4]은 슈퍼바이지의 업무수행을 방해하는 스트레스를 줄여주고 동기부여를 증대시켜 업무 효과성을 높이는 취지에서 활용하는 슈퍼비전의 한 방법입

4) 관련 내용은 본 서 2부의 "원조 및 지지적 슈퍼비전" 참조.

니다. 지지적 슈퍼비전을 통해 슈퍼바이저는 슈퍼바이지와의 정서적 유대관계 속에서 슈퍼바이지의 업무스트레스 관리와 직무만족을 높이기 위해 지지 · 격려하는 역할을 합니다.

개별슈퍼비전 시간을 활용하여 정규적인 슈퍼비전이 진행되도록 살피고, 개별슈퍼비전을 받는 동안에 행정적인 업무보고를 포함하여 여러 직무와 관련된 역할수행과정에서의 감정을 서로 공유할 수 있도록 진행해 보시기 바랍니다. 토론이 필요한 경우에는 지지적인 내용의 슈퍼비전으로 시작하여 행정적인 문제와 교육적인 문제를 포함하여 진행해 가면 좋겠습니다.

## 이슈 2-11 기록을 남기기 위한 형식적인 슈퍼비전

저는 13년차 과장으로 일하고 있는 슈퍼바이저입니다. 저희 기관에서는 슈퍼비전을 일단 기록으로 남겨야 하니까 직원들이 매일 아침 일지를 작성해오면 슈퍼비전 공간에 문서로 코멘트해서 슈퍼비전을 제공하고 있습니다. 일지에 슈퍼비전 내용이 남게 되니까 이후 직원이 슈퍼비전 받은 내용을 반영해서 업무를 수행하기도 하고 또 직원의 태도에 따라 반영이 전혀 되지 않을 때도 있어요. 왜냐면 매일 형식적으로 이루어지다보니 업무의 일과가 되어 슈퍼비전이라는 것이 슈퍼비전 공간을 메우는 도구가 되어버린 거죠. 어떻게 하면 조금 더 체계적으로 슈퍼비전을 제공하고 또 슈퍼비전 받은 내용은 다시 업무에 반영할 수 있도록 할 수 있을까요?

A

매일 아침마다 일지를 통해 슈퍼비전을 제공하신다구요? 그건 슈퍼비전이 아니고 〈이슈 2-9〉[5]에서 다뤘던 업무보고와 착각을 하신 것 같습니다. 슈퍼바이지가 몇 명인지는 모르겠지만 슈퍼바이저처럼 매일 슈퍼바이지의 일지를 통해 슈퍼비전을 제공한다면 개별슈퍼비전이 주 5회씩이고 매월 20회 정도, 1년이면 1명의 슈퍼바이지에게 대략 240회의 슈퍼비전이 제공된다고 볼 수 있는데요. 개별슈퍼비전은 이렇게 카운트하지 않습니다. 또 일지작성을 통해서만 슈퍼비전이 제공되지도 않습니다. 일반적으로 슈퍼비전이라는 개념을 쓰려면 우리가 몇 가지 원칙은 지켜야 하거든요. 공식화, 구조화, 정규성, 상호교류와 소통, 목표설정, 평가 및 피드백 등등. 그러니 기록을 남기기 위한 형식적인 슈퍼비전과 업무의 일과가 되어버린 슈퍼비전은 위에서 언급한 슈퍼비전의 원칙에 해당되지 않

5) 관련내용은 본 서의 〈이슈 2-9〉 "매일 업무보고 통해 슈퍼비전 주는 슈퍼바이저의 고민" 참조.

는다는 것을 알 수 있습니다. 슈퍼비전에 대한 개념을 새롭게 정리하고 다시 시작해 보면 좋겠습니다.

그리고 과장님의 고민이 어디서부터 시작되었을까 생각해 보니 조직에 슈퍼비전 규정집은 있는데 보관용이라 아무도 규정집에 있는 슈퍼비전을 실행해 보고자 생각하지 못했고, 평가 때문에 슈퍼비전 기록지는 있어야 하니까 우선 기록을 남기기 위한 슈퍼비전을 진행할 수밖에 없었고, 형식적인 슈퍼비전과 업무보고가 엄연히 다른데도 다르지 않다고 생각해서 그런 것 같습니다. 슈퍼비전의 준비 및 시작단계의 과업을 거치지 않고 급한 마음에 바로 슈퍼비전을 실행하려고 하다보면 슈퍼바이지의 욕구나 성장 중심이 아닌 이런 실적위주(기록만 남으면 된다는 생각)의 형식적인 슈퍼비전이 진행되는 문제가 생기곤 합니다. 그러다보니 슈퍼바이저는 슈퍼바이저대로 본인의 고유 업무를 못할 정도로 슈퍼바이지의 업무 뒤치다꺼리에 많은 시간을 보내며 스트레스가 쌓이고, 슈퍼바이지는 슈퍼바이지대로 배움이나 성장 없이 매일 의미 없는 글쓰기 연습을 하느라 힘들게 지내게 됩니다. NO!!(안 돼요!!)

슈퍼비전을 조금 더 체계적으로 제공하고 또 슈퍼비전 받은 내용은 다시 업무에 반영할 수 있도록 하기 위해서는 조직에 보관용으로 있는 슈퍼비전 규정집을 실제로 활용해볼 것을 강력 추천합니다. 그리고 슈퍼바이저로서 슈퍼비전을 위해서는 무엇을 준비해야 하는지, 슈퍼비전을 위한 슈퍼바이저와 슈퍼바이지의 욕구를 어떻게 합의해야 하는지 등 조직차원에서 공식적인 슈퍼비전 계획서를 작성[6]한 후 슈퍼비전을 실행해 보시기 바랍니다.

6) 관련 내용은 본 서의 1부 1장 참조.

# 이슈 2-12 업무처리가 제대로 되지 않는 슈퍼바이지에 대한 슈퍼비전 방법

저는 근무경력 8년차 팀장(슈퍼바이저)입니다. 저희 슈퍼바이지는 업무 처리 속도도 느리고 보고서 작성은 대충 쓰는데다가 시간개념이 없어 일의 진도가 꼬이는 경우가 많습니다. 업무가 제대로 처리되지 않다보니 결재시한을 어기는 경우가 다반사이고 국장님과 센터장님은 슈퍼바이지뿐 아니라 제게도 핀잔을 주시곤 합니다. 이럴 때 저는 슈퍼바이지에게 계속적으로 '~수정하세요' '다시해 보세요'라고 해야 할지, 대신 수정해 주어야 할지 고민이 됩니다. 여러 차례 행정적 슈퍼비전을 통해서 수정이 필요한 곳을 알려주고 결재가 올라가기 전에 대신 수정해주기도 해봤지만 언제까지 이러한 과정을 반복해야 할지 피로감이 커지고 있습니다.

A 정말 피곤하실 것 같습니다. 이런 유형의 슈퍼바이지는 슈퍼바이저를 너무 힘들게 합니다. 본인은 아무 문제가 없다고 생각해 '어떻게든 되겠지' '어차피 다시 할건데 뭐'라는 태도를 가지고 있다면 말이에요. 게다가 결재 전에 대신 수정까지 해주고 있다니요. 남의 일 같지 않다고 느끼는 슈퍼바이저들이 좀 있으실 것 같아요.

여기서 잠깐! 슈퍼바이지의 부족한 역량에 대해서 이야기하기 전에 슈퍼비전과 업무지도에 대해 다시 한 번 살펴볼 필요가 있어요. 〈이슈 2-9〉[7]와 〈이슈 2-11〉[8]에서 다룬 것처럼 일지나 보고서 수정에 대한 슈퍼비전이 반복되는 이러한 상황은 슈퍼비전이라기보다는 일상적인 업무지도로 보입니다. 아니라고요? 슈퍼비전 이었다구요? 그러면, 다음의 몇 가지에 대해 점검해 보시기 바랍니다. 우선, 조직차원에

7) 관련 내용은 본 서의 〈이슈 2-9〉 "매일 업무보고 통해 슈퍼비전 주는 슈퍼바이저의 고민" 참조.

8) 관련 내용은 본 서의 〈이슈 2-11〉 "기록을 남기기 위한 형식적인 슈퍼비전" 참조.

서 슈퍼비전규정이 마련되고 연간슈퍼비전 계획이 수립되었나, 슈퍼비전 지침에 대해 슈퍼바이저와 슈퍼바이지가 모두 이해하고 있는가, 슈퍼바이지가 있는 그 곳에서 출발할 준비가 되어 있는가, 슈퍼바이지가 가지고 있는 슈퍼비전에 대한 욕구를 파악했는가, 슈퍼비전에 대한 구조화가 마련되었나(일정, 횟수, 시간, 유형, 방법 등), 슈퍼비전 목표달성을 위해 슈퍼비전 계획서에 따른 슈퍼비전을 진행하고 있는가, 슈퍼비전에 대한 평가와 피드백 방법은 정하였는가 등입니다. 만일 이러한 슈퍼비전의 일련의 단계별 준비나 계획이 없이 지금까지 슈퍼비전을 했다고 생각한다면, 이제는 슈퍼바이저가 지금껏 슈퍼비전이라고 생각하고 했던 내용들이 슈퍼비전이 아니라는 것으로 이해하셨으면 좋겠습니다.

슈퍼비전의 준비 및 시작단계의 과업을 거치지 않고 급한 마음에 바로 슈퍼비전을 실행해보려고 하다보면 슈퍼바이지의 느긋한 성격과 답답한 보고서 작성은 슈퍼바이저의 인내력 한계를 시험하는 단계까지 이르게 됩니다. NO!!(안 돼요!!)

그렇게 되기 전에 슈퍼바이지에 대해 다르게 생각해 보면 어떨까요? 우리 슈퍼바이지는 나(슈퍼바이저)를 골탕 먹이려고 일부러 그러는 게 아니라 원래 느긋하고, 근심걱정 없는 스타일에, 일처리는 쉬엄쉬엄 천천히 하고, 남을 별로 의식 안하고 사는 스타일이라고요. 답답하기는 하지만 슈퍼바이지의 타고난 성격을 조금이나마 이해할 수 있다면 그 다음엔 부족하다고 생각하는 슈퍼바이지의 역량 '본인 직무에 대한 책임감 있는 태도', '본인 직무수행에 대한 시기적절하고 명확한 업무보고 실행'을 향상시킬 수 있는 구체적인 방안을 슈퍼바이지와 함께 협의해 보는 게 좋겠습니다. 슈퍼바이저가 가지고 있는 각종 문서관리와 기록유지를 위한 기록능력을 교육해 주고, 슈퍼바이지의 직무수행과 노력에 대한 긍정적 지지 및 격려를 해준다면 슈퍼바이지도 천천히 조금씩 변화되지 않을까 조심스럽게 생각해 봅니다. 슈퍼바이지에 대해서 내가 얼마나 알고 이해하고 있는가는 슈퍼비전에 엄청난 영향을 끼치니까요.

# 이슈 2-13 평가와 기록을 위해 의무적으로 진행되는 집단슈퍼비전

저는 입사 8년차 슈퍼바이지입니다. 저희 조직에서는 조직차원에서 한 달에 한 번씩 공식적으로 집단 슈퍼비전이 진행되고 있습니다. 그런데 집단 슈퍼비전의 형태가 기관장이 직원들에게 전달하고 싶은 내용을 구두로 전달하는 좀 형식적인 슈퍼비전이 이루어집니다. 어찌 보면 평가를 위해서 의무적으로 집단슈퍼비전을 해야 한다는 강박감 때문에 억지로라도 근거를 남기기 위해 이루어진다고 볼 수 있습니다. 슈퍼비전은 상호교류와 의사소통이라고 알고 있는데, 이렇게 기관장의 일방적인 생각을 지시하는 것도 슈퍼비전이라고 할 수 있나요? 아니면 기관장이 직원들에게 줄 수 있는 슈퍼비전은 어떤 형태로 이루어져야 하는지 궁금합니다.

A 평가를 위해, 근거를 남기기 위해 한 달에 한 번씩 진행된 집단슈퍼비전은 질문하신 것처럼 기관장의 일반적인 생각을 지시하는 형태이기 때문에 슈퍼비전이라고 말할 수 없습니다. 앞서 〈이슈 2-9〉[9], 〈이슈 2-11〉[10], 〈이슈 2-12〉[11]에서 다뤘던 사례에서처럼 슈퍼비전 개념에 대한 정리부터 하는 것이 좋을 것 같습니다. 매달 1번씩 집단슈퍼비전을 제공했다면 1년에 12번의 집단슈퍼비전이 제공된다고 볼 수 있는데요. 슈퍼비전의 횟수를 이렇게 계산하지는 않습니다. 또 일방적인 생각을 전체 직원들에게 지시하는 것을 슈퍼비전이라 하지도 않습니다. 슈퍼비전은 슈퍼바이저와 슈퍼바이지에 의해 이루어지는 상호작용과정입니다. 슈퍼비전은 조직차원에서 슈퍼비전 규정이나 지침서를 마련하고, 슈퍼비전교

9) 관련 내용은 본 서의 〈이슈 2-9〉 "매일 업무보고 통해 슈퍼비전주는 슈퍼바이저의 고민" 참조.
10) 관련 내용은 본 서의 〈이슈 2-11〉 "기록을 남기기 위한 형식적인 슈퍼비전" 참조.
11) 관련 내용은 본 서의 〈이슈 2-12〉 "업무처리가 제대로 되지 않는 슈퍼바이지에 대한 슈퍼비전" 참조.

육을 공식화하고, 슈퍼바이저와 슈퍼바이지가 슈퍼비전계약 및 합의를 하고, 슈퍼비전을 구조화(일정 및 횟수, 슈퍼비전유형 및 방법), 정규적으로 개별 및 집단슈퍼비전을 계획하고, 슈퍼바이저와 슈퍼바이지가 상호교류와 소통하며 계획된 슈퍼비전을 진행하고, 목표설정에 대한 평가와 피드백 등을 하는 과정 속에서 진행됩니다.

집단슈퍼비전은 기획회의, 팀회의, 사례회의, 소집단 세미나와 집단토론과 같은 다양한 활동에서 활용되고 있고, 슈퍼비전의 기능들을 수행하기 위해 집단 셋팅을 이용합니다. 그러나 안타깝게도 사회복지현장에서 종종 집단슈퍼비전이 실시되고 있다고 하나 업무지시나 단순회의 성격으로 형식적으로 진행되고 있어 집단슈퍼비전 평가가 제대로 실시되지 않는 경우가 있습니다. 집단슈퍼비전은 슈퍼바이저에 의한 팀 내 소집단슈퍼비전, 슈퍼바이저에 의한 전체집단슈퍼비전 등으로 분류되어 활용되고 있습니다.[12]

따라서 기관장이 구성원들에게 줄 수 있는 집단슈퍼비전은 위에 소개된 내용 중 선택하여 진행하면 될 것 같습니다. 개별슈퍼비전과 달리 집단슈퍼비전은 자신의 경험을 다른 사람과 비교할 수 있고 다양한 학습을 경험하기도 하며 여러 명의 구성원수로 인한 안전감을 느낄 수 있는 등의 장점이 있기 때문에, 집단슈퍼비전은 개별슈퍼비전 활용에 대한 보충으로 사용하는 것이 바람직하다고 할 수 있습니다.

12) 안정선·최원희(2016). pp. 210-214 참조.

## 이슈 2-14 슈퍼바이지에게 너무 어려운 슈퍼비전 기록

저는 입사 2년차 슈퍼바이지입니다. 한 달에 한 번 씩 9년차 과장님(슈퍼바이저)한테 개별슈퍼비전을 받으며 첫 직장생활임에도 잘 적응하고 업무 파악에도 많은 도움을 받고 있습니다. 그런데 슈퍼비전 시간은 유익한데 슈퍼비전 받은 내용을 기록하는 작업이 제게는 너무나 힘듭니다. 기록을 꼭 해야 하나요? 기록을 잘하려면 저는 어떻게 해야 하나요?

A

번거롭겠지만 기록은 꼭 해야 합니다. 슈퍼비전 기록은 슈퍼비전에 대한 피드백 및 평가를 위한 근거가 되어 슈퍼비전을 통해 본인에게 어떤 변화가 생겼는지를 확인할 수 있습니다. 개별슈퍼비전이든 집단슈퍼비전이든 회기별로 슈퍼비전이 진행된 후 그 내용을 기록해두지 않으면 연말에 슈퍼비전에 대한 평가를 할 때 또 한 번 찐한 고생을 하게 됩니다. 1년 동안 진행하여 작성된 개별 및 집단슈퍼비전 기록지들은 슈퍼바이저 및 조직에 의해 모니터링 되고, 연말에 슈퍼비전 평가를 할 때 목표성취 여부를 판단할 수 있는 근거자료로 활용됩니다. 그럼으로써 본인의 슈퍼비전 성취도도 알게 되고, 어떤 슈퍼비전이 본인에게 어떻게 도움이 되었는지, 어떤 슈퍼비전 유형이 유익했는지 또는 도움이 안 되었는지 등등을 파악할 수 있습니다.

질문주신 선생님은 기록에 대한 어려움이 있으니 '기록'에 대해 슈퍼비전을 요청해보는 것이 좋겠습니다. 개별슈퍼비전 계획서에 "기록하는 게 어려워요. 기록하는 방법을 모르겠어요. 기록하는 시간이 너무 많이 걸려 제대로 하지 못하고 있는 것 같아요"라고 써보는 겁니다. 개별슈퍼비전 계획서는 슈퍼비전 교육적 사정과 슈퍼바이지의 욕구수렴 및 합의 질문지 등을 토대로 연간목표를 세우고 목표를 달성할 수 있는 수행방법, 목표달성 여부를 평가할 수 있는 평가지표를 선택하여 작성하게 되잖아요. 이때 수행방법은 토론, 과제활용, 프로포잘 작성, 교재활용[13] 등 슈퍼바이저와 슈퍼바이지가 함께 합의한 구체적인 내용(슈퍼비전 목표를 달성하기 위한 활동)들을 정리하면 더욱 도움이 될 것입니다.

마음같이 잘 안 되어 기록해야 할 때마다 두려운 마음이 생기고 스트레스가 쌓이면 안 되겠죠? 슈퍼바이저는 슈퍼바이지 직무에 필요한 기록기술의 확보 및 전수를 위해 슈퍼바이지를 교육 훈련하며 교육적 슈퍼비전을 제공할 것입니다. 슈퍼비전을 통해 슈퍼바이저와 함께 기록하는 방법에 대해 배울 수 있는 기회를 가지시기 바랍니다. 하루아침에 기록 및 레코딩하는 실력이 늘지는 않겠지만 슈퍼바이저로부터 기록기술에 대한 교육 및 연습을 한다면 기록에 대한 두려움을 없애고 차차 잘 쓰게 될 것이라고 믿습니다.

13) 교재활용은 최연선 외(2016) 참조.

## 이슈 2-15 연말 슈퍼비전 평가 안 하고 싶은 슈퍼바이저

8년차 슈퍼바이저입니다. 1년 동안 정신없이 일하다보면 12월이 가까워올수록 평가라는 단어 때문에 머릿속이 복잡해집니다. 저희 조직은 슈퍼비전계획하에 모든 직원이 개별 슈퍼비전과 집단 슈퍼비전 등에 모두 잘 참여하고 있고 많은 도움들도 받고 있는데, 굳이 연말에 평가를 또 해야 할까요? 연간 평가서를 작성하라고 하면 아직도 평가서 쓰는 것은 어렵고 힘든 상황이라 질문 드립니다.

A

'평가 안 해도 되고 평가서 그런 거 쓰지 마세요!'라는 답을 기대하신 것 같지는 않고, 너무 힘든 상황이라 푸념이라도 하신 것으로 이해하렵니다. 그나마 다행인 점은 1년간 슈퍼비전을 진행하셨다는 것인데요. 몇몇 기관들은 1년간 진행된 슈퍼비전 내용 없이, 연간 평가도 없이 그냥 슈퍼비전 평가서만 남기려고 고생고생하며 평가서 쓰는 곳이 있기도 하다니 답답합니다.

슈퍼비전 평가는 사실 슈퍼바이저와 슈퍼바이지에게 모두 부담을 줍니다. 평가라는 말을 '비판'이라는 말로 왜곡해석하기 때문이라고 생각합니다. 실제로 많은 슈퍼바이지들이 평가에 대한 준비가 되어있지 않은 상태에서 평가(=비판)받는 것에 대한 두려움을 가지고 있고, 슈퍼바이저는 자신의 평가가 슈퍼바이지를 더욱 힘들게 할까봐 비판적 평가를 주저주저하기도 합니다. 그러므로 슈퍼바이저는 평가가 가지는 유익한 점을 수용하여 공정하고 객관적으로 평가를 할 수 있도록 해야 하고, 슈퍼바이지는 슈퍼바이저가 평가자로서의 자격이 있다는 것을 인정하는 것이 필요합니다. 슈퍼비전을 열심히 해준 슈퍼바이저와 최선을 다한 슈퍼바이지가 서로 자축하는 의미 있는 시간을 가져보시기 바랍니다. 슈퍼비전 평가는 1년간 슈퍼비전 목표에 대한 달성정도와 그 내용을 평가하는 것으로써, 슈퍼바이저는 슈퍼바이지가 작성한 개별 슈퍼비전 평가서를 종합적으로 분석하여 1년 동안 진행된 슈퍼바이지별 개별 목표

성취도를 확인하고, 슈퍼비전을 제공한 슈퍼바이저 자신의 태도와 상호작용 등에 대한 평가를 하는 것입니다. 이러한 내용은 평가서에 기록되어야 한답니다.

여기서 잠깐!! 슈퍼비전 평가서 작성은 누가 해야 할까요? 바로 슈퍼바이저가 하셔야 합니다.

평가하는 시간을 통해 한 해 동안 슈퍼비전을 어떻게 진행했는지, 잘한 점과 부족한 점들은 무엇인지에 대한 검토를 하게 되고, 다음해의 목표를 세우는 기회가 되기 때문에 연말에 슈퍼비전 평가는 꼭 하셔야 합니다. 슈퍼비전 평가를 통해 성장하는 슈퍼바이저와 슈퍼바이지의 모습을 발견할 수 있으니까요. 평가서에는 슈퍼비전 목표달성 결과, 슈퍼비전 실시 횟수 및 내용의 적절성 평가, 슈퍼비전 과정 및 실행구조에 대한 평가, 슈퍼비전 유형(개별, 집단, 동료, 외부, 자기슈퍼비전) 및 슈퍼비전 기능(교육적, 행정적, 지지적, 중재적 슈퍼비전)에 대한 평가 등의 내용을 작성하시면 됩니다.[14]

14) 최연선 외(2016). pp. 80-116 참조.

## 이슈 2-16 직원들의 이직 및 신규직원교체로 슈퍼비전 평가에 어려움

7년차 팀장(슈퍼바이저)입니다. 지난해 3명의 슈퍼바이지중 2명이 퇴사하여 새로운 슈퍼바이지가 입사하였습니다. 기존 슈퍼바이지 A는 경력4년차, 신입직원 B는 타 기관경력 2년을 가지고 우리 기관 입사한지 7개월 차, 신입직원 C는 입사 5개월 차입니다. 직원들의 교체로 정신이 없지만 계획된 기관 사업에 공백이 없게 하려고 슈퍼비전을 활용하며 많은 노력을 하였습니다. 그런데 슈퍼비전에 대한 평가와 슈퍼바이저 만족도 평가를 보니 '슈퍼비전이 별로 도움이 안 되었다, 슈퍼비전시간에 적응하기 힘들었다' 등의 의견이 나와 너무 황당했습니다. 계획대로 슈퍼비전 잘 진행한 거 같은데 왜 이런 피드백이 나왔는지 모르겠고 앞으로도 어떻게 해야 하는지 모르겠습니다.

A 이건 뭔가요? 슈퍼바이지의 피드백 말이에요. 평소 아무 언급이 없던 얘기가 갑자기 평가서에 언급되었다는 것이 황당하다는 생각이 듭니다.

여기서 잠깐! 슈퍼바이저에 대한 평가를 개인 인신공격으로 받아들이지 마세요. 조직의 슈퍼비전 종결단계에서 하나의 평가과정으로 받아들인다면 슈퍼바이저도 슈퍼바이지로부터의 피드백을 수용할 준비를 해야 하지 않을까요? 무엇 때문에 슈퍼비전에 대한 평가나 슈퍼비전 만족도가 떨어졌는지, 그리고 이러한 내용이 개별 및 집단슈퍼비전 시간에 왜 서로 논의되지 못했는지 등에 대한 이유를 알게 된다면 앞으로 슈퍼비전을 어떻게 해야 하는지에 대한 대안이 마련될 것 같아요.

우선은 슈퍼바이지의 발달단계에 따른 배려와 슈퍼바이지의 욕구에 대한 파악이 부족하지 않았나 싶습니다. 3명의 슈퍼바이지에는 기존직원과 신입직원이 포함되어 있고, 신입직원 2명 중에는 타 기관 경력자도 포함되어 있었던 상황에서 슈퍼바이저는 슈퍼바이지들의 서로 다른 욕구를 제대로 파악하고 슈퍼비전을 진행하였는지 확인해 볼 필요가 있을 것 같아요. 신입직원이라 해도 사회생활이 처음인 직원과 타 조직경력자는 서로 슈퍼비전욕구가 다를 수 있습니다. 타 조직경험이 도움이 될 수도 있지만 너무 다른 조직분위기로 인해 오히려 타 조직 경력자가 적응에 어려움을 겪을 수 있다는 사실을 고려했는지 한 번 생각해 보아야겠습니다. 그리고 기존 4년차 직원 A를 어떨 때는 신입직원처럼 대하고, 또 어떨 때는 기존 4년차 직원 A에게 2명의 신입직원 B, C를 좀 가르치고 알려주라는 말을 한 적은 없는지 한 번 생각해 봐야겠습니다.

일반적으로 신입직원의 슈퍼비전은 조직과 직무를 안내하고 안정시키는 것에 초점을 두어야 하고, 숙련된 직원의 슈퍼비전은 훈련이자 개발차원에 초점을 두어야 합니다. 신입직원은 업무를 배워가고 기본 전문적 실천기술을 습득하면서 불안감이 커질 수 있어요. 그러니 처음 시기에는 슈퍼바이지가 편안해질 수 있도록 지지적인 슈퍼비전을 제공해 주시면 좋겠어요. 또한, 신입직원(슈퍼바이지)에게 제공하는 슈퍼비전은 기존의 직원에게 제공하는 슈퍼비전보다 일정기간 동안 개별슈퍼비전을 더 자주(예: 월 2회 이상) 실시하는 방법을 활용해 보면 도움이 될 것 같습니다.

그리고 개별 및 집단슈퍼비전시간에 슈퍼바이지가 어떤 질문이라도 하도록 격려해 주시고, 필요한 정보를 구체적으로 제공하면서 논의하는 시간을 통해 피드백을 주고받는 것도 잊지 마시기 바랍니다. 그래야 평가서나 문서에 갑자기 불만사항이 등장하지 않을 테니까요.

## 이슈 2-17

## 평가울렁증, 슈퍼비전 평가와 근무고과 평가의 이중고

기관 입사 11년 된 슈퍼바이저입니다. 제가 입사할 당시에 저희는 슈퍼비전이라는 것을 할 수 없을 정도로 많은 일들이 있었고 직원교체도 많았습니다. 그동안 평가라는 것은 근무고과 평가 정도만 해왔습니다. 이제 기관이 여러 가지 안정기에 접어들었고, 직원들도 슈퍼비전에 대한 욕구를 표출하여 2년 전부터 슈퍼비전 체계에 대한 논의를 하였고 사실 올해부터 슈퍼비전이 체계적으로 시작되었다고 할 수 있습니다. 직원들 모두 시행착오를 거치며 슈퍼비전이 진행되었고, 슈퍼바이저와 슈퍼바이지 모두 슈퍼비전 시간을 통해 많은 도움을 받은 것 같습니다. 그런데 슈퍼비전을 진행할 때마다 직원들이 저희들(슈퍼바이저)에 대해 평가를 한다고 생각하니 사실 긴장되고 신경이 쓰여 슈퍼비전 시간이 괜히 부담스럽기도 합니다. 슈퍼바이지들도 고민이 없는 건 아닙니다. 연말에 실시되는 근무고과 평가를 염두에 두니 자신의 부족한 부분에 대해 슈퍼바이저에게 오픈하고 싶어 하지 않는다는 것도 알게 되었습니다. 이러다보니 슈퍼비전 평가는 어떻게 해야 할지, 근무고과 평가는 또 어떻게 해야 할지 고민입니다.

A 직원들의 욕구를 받아들여 슈퍼비전 체계를 마련하고 시행하셨다는 내용을 읽으면서 혼자 박수를 쳤습니다. 짝짝짝짝짝~ 잘하셨어요. 입사하고 9년간 슈퍼비전 없이 일하다가 2년 전부터 슈퍼비전 체계를 준비하고 올해에 슈퍼비전을 시작하셨으니 말씀대로 많은 시행착오가 있었던 한 해였다는 생각이 드는군요. 준비도, 실행도 어려웠겠지만 평가는 더더욱 어렵고 힘든 과정이라 생각됩니다. 질문내용은 슈퍼비전하기도 어려운데 슈퍼비전이 처음인 슈퍼바이저들이 슈퍼바이지가 슈퍼바이저를 평가한다는 게 의식되어 슈퍼비전 진행이 신경

쓰인다는 얘기 같아요. 슈퍼비전 평가, 슈퍼바이저 평가, 근무고과 평가에 대한 애로사항이 있으신 것으로 이해했습니다.

먼저, 슈퍼비전 평가와 슈퍼바이저평가에 대한 의견을 드릴게요. 선생님 기관처럼 슈퍼비전을 처음 시행한 조직의 슈퍼비전 평가는 계획서에 의거하여 1년간 진행했던 개별슈퍼비전 기록지 등을 토대로 그 내용을 분석하여 슈퍼비전 받기 전과 후의 슈퍼바이지들의 변화를 확인하는 등의 평가가 진행되었으면 좋겠습니다. 간혹 슈퍼비전 계획서를 기초로 하는 평가는 안 하고 슈퍼바이저 평가, 슈퍼바이지 평가를 하는 기관이 있다고 들었어요. 이런 식의 평가를 하면 평가 후에 서로 불편해지잖아요. 그래서 슈퍼비전 계획서에 의거한 공정하고 객관적인 평가가 이루어져야 합니다. 걱정하신대로 슈퍼바이저에 대한 평가는 일반적으로 슈퍼비전을 체계적으로 시작한지 얼마 되지 않은 조직의 경우 슈퍼바이저의 역량이 강화될 시간도 필요하기 때문에 슈퍼바이저에 대한 평가를 유보하기도 합니다. 슈퍼바이저 중에는 슈퍼비전에 대한 부담을 느껴 힘들어하기도 하는데 거기다 슈퍼바이저 평가까지 진행된다고 하면 슈퍼비전 진행자체가 더 어려워질 수도 있기 때문입니다. 슈퍼바이저들이 편안한 마음으로 슈퍼비전에 임할 수 있고 슈퍼바이저로서 자신의 역량을 점검해 보도록 1~2년 정도 유보시간을 가져보는 것은 어떨까요?

또 다른 방법으로는 슈퍼바이저 평가보다는 슈퍼비전 만족도 평가로 대체하여 슈퍼비전 경험에 대한 슈퍼바이지들의 만족도를 파악해 보고 슈퍼비전 관계를 통해 슈퍼바이저의 태도와 행동 등을 파악하여 슈퍼바이지와의 상호 협력적 과정과 슈퍼바이저로서 역할수행을 효과적으로 하였는지를 평가해 보는 것입니다.

근무고과 평가와 슈퍼비전 평가는 연말에 한꺼번에 하지 마시고, 한 달 이상의 간격을 두고 다른 시기에 진행하는 것을 권하고 싶습니다. 평가들이 어느 한 시기에 몰려있다 보면 직원들의 부담감이 커져서 객관적인 평가를 하기 힘들고, 평가라는 말만 들어도 울렁증이 생기는 분들이 많아지기 때문입니다. 일정조정을 통해서 근무고과 평가와 슈퍼비전 평가 모두 소기의 목적달성을 하시기 바랍니다. 또한 서두르지 마시고 슈퍼바이저들이 자신의 역량을 키우고 강화할 수 있는 시간을 가지게 한 후 슈퍼바이저에 대한 평가가 함께 이루어진다면 슈퍼비전 평가의 목적도 이룰 수 있을 것이라 생각됩니다.

# 서식 및 도구 활용하기

※ 이 장은 최연선 외(2016). 사회복지슈퍼비전 핵심 가이드북: 서식 중심 따라 하기를 참조

〈서식 2-1〉 개별슈퍼비전 기록지

<table>
<tr><th colspan="6">■ 개별슈퍼비전 기록지 ■</th></tr>
<tr><td rowspan="2">슈퍼바이저</td><td>성명</td><td>(인)</td><td rowspan="2">슈퍼바이지</td><td>성명</td><td>(인)</td></tr>
<tr><td>팀명</td><td></td><td>팀명</td><td></td></tr>
<tr><td colspan="2">날짜 및 회기</td><td></td><td colspan="2">진행시간</td><td>~</td></tr>
<tr><td colspan="2">전 회기 슈퍼비전<br>진행보고 및 점검</td><td colspan="4"></td></tr>
<tr><td colspan="2">주요<br>슈퍼비전 내용</td><td colspan="4"></td></tr>
<tr><td colspan="2">차기계획 및 건의사항</td><td colspan="4"></td></tr>
<tr><td colspan="2">슈퍼바이저 의견</td><td colspan="4"></td></tr>
</table>

개별(집단)슈퍼비전 기록지는 매 회 진행되는 슈퍼비전 내용에 대해 작성하는 것으로 슈퍼바이지가 작성한다. 지난 회기 슈퍼비전 받은 내용에 대한 점검 및 이번 회기의 슈퍼비전 내용과 차기 슈퍼비전 일정 및 계획을 작성하며, 슈퍼바이저는 제2선 슈퍼바이저에게 결재 받도록 한다. 개별슈퍼비전 기록지를 토대로 제2선 슈퍼바이저는 중간관리자(슈퍼바이저)에게 슈퍼비전 내용, 기법 등에 대해 슈퍼비전을 제공한다.

〈서식 2-2〉 슈퍼비전 중간 평가서

## ■ 슈퍼비전 중간 평가서 ■

1. 일반적 사항

| 슈퍼바이저 | | 팀명 | | 슈퍼비전 경력 | |
|---|---|---|---|---|---|
| 슈퍼바이지 | | 팀명 | | 현직무담당일 | |

2. 슈퍼비전 목표별 달성 평가

| 목 표 | 평가지표 | 수행방법 | 평가내용<br>(지난 6개월간 평가) |
|---|---|---|---|
| 1. | | | |
| 2. | | | |
| 3. | | | |

3. 슈퍼비전 유형별 달성 평가

| 유형 | 달성 정도 | | | 평가내용<br>(지난 6개월간 평가) |
|---|---|---|---|---|
| | 계획 | 실행 | 대비(%) | |
| | | | | |
| | | | | |
| | | | | |

4. 슈퍼비전을 위한 전체 중간평가 및 개선사항

슈퍼비전 중간평가서는 일반적으로 슈퍼비전 기간 중 6개월이 지난 시점에 작성되며, 슈퍼비전 계획서를 기준으로 현재까지 수행된 슈퍼비전 정도(계획 대비 달성 정도를 %로 작성)를 평가하고 추후 실행계획을 구체화하기 위하여 작성한다. 목표달성 정도가 미흡한 부분에 대해서는 향후 슈퍼바이저, 슈퍼바이지, 조직이 노력해야 하는 부분에 대해서 구체적으로 작성하고 논의하는 시간을 가지도록 한다.

〈서식 2-3〉 개별(집단)슈퍼비전 평가서

## ■ 개별(집단)슈퍼비전 평가서 ■

작성일:
작성자:

1. 일반적 사항

| 슈퍼바이저 | | 소속부서 | | 슈퍼비전 경력 | |
|---|---|---|---|---|---|
| 슈퍼바이지 | | 소속부서 | | 현직무담당일 | |

2. 슈퍼비전 목표별 달성 평가

| 목표 | 평가지표 | 수행방법 | 평가내용 |
|---|---|---|---|
| 1. | | | |
| 2. | | | |
| 3. | | | |

3. 슈퍼비전 유형별 달성 평가

| 유형 | 달성 정도 | | | 평가내용 |
|---|---|---|---|---|
| | 계획 | 실행 | 대비(%) | |
| | | | | |
| | | | | |
| | | | | |

4. 슈퍼비전에 대한 전체 평가 및 추후 개선사항

개별슈퍼비전 평가서는 슈퍼바이지의 개별슈퍼비전 계획서와 매월 진행된 슈퍼비전 기록지를 검토하면서 슈퍼바이지가 작성하게 된다. 집단평가서는 부서 및 팀별로 진행 후 슈퍼비전의 운영과 효과성에 대해 작성한다. 슈퍼바이지는 슈퍼비전 목표에 대한 점검을 통해 슈퍼비전 받기 전과 받은 후를 비교하고, 목표달성에 대한 성취도를 비교분석해 볼 수 있다.

〈서식 2-4〉 슈퍼비전 만족도 설문지 요약형

## ■ 슈퍼비전 만족도 설문지 요약형 ■

(Munson, 2002 재구성)

슈퍼바이지의 이름:

슈퍼바이저의 이름:

| 1: 전적으로 동의하지 않음 | 2: 동의하지 않음 |
|---|---|
| 3: 조금 동의하지 않음 | 4: 조금 동의함 |
| 5: 동의함 | 6: 전적으로 동의함 |

1) 나의 슈퍼바이저는 나를 전문가로서 존경한다.
2) 나의 슈퍼바이저는 나에게 나의 일을 수행하는 데에 적절한 자율성을 준다.
3) 나는 나의 슈퍼바이저가 나의 전문적인 성장에 공헌해 왔다고 느낀다.
4) 나의 슈퍼바이저는 조직적인 일에 익숙하다.
5) 나의 슈퍼바이저는 가르치는 방법을 안다.
6) 나의 슈퍼바이저는 내가 보다 더 많이 자기인식을 할 수 있도록 발전을 도왔다.
7) 나는 나의 일에 대한 슈퍼바이저의 사정평가가 공정하다고 생각한다.
8) 나의 일에 대한 슈퍼바이저의 사정은 정확하다.
9) 전반적으로 나는 나의 슈퍼비전 경험에 만족한다.

(중 략)

24) 당신의 슈퍼바이저를 1점에서 10점까지로 놓고 점수를 매겨 보시오. (당신이 생각하기에 당신의 슈퍼바이저는 얼마나 좋은지에 따라)

1 ________________________ 5 ________________________ 10

25) 당신은 실천가로서 당신의 효과성과 효율성을 향상시키는 데 슈퍼바이저가 도움을 주어왔다고 생각하십니까?
26) 당신은 슈퍼비전이 실천가로서 당신의 효과성과 효율성을 향상시키는 데에 도움을 주어왔다고 생각하십니까?
27) 슈퍼바이저에 대해 당신이 좋아하는 것이 무엇인지 목록을 적어보시오.
28) 슈퍼바이저에 대해 당신이 싫어하는 것이 무엇인지 목록을 적어보시오.

슈퍼비전만족도 설문지는 슈퍼바이지를 통한 슈퍼바이저에 대한 평가를 통해 슈퍼바이지가 슈퍼비전 경험에 대해 어느 정도 만족했는지, 슈퍼비전 관계는 어떠했는지 등을 파악해 볼 수 있고, 슈퍼바이저의 태도와 행동 등을 확인할 수 있다.

〈서식 2-5〉 슈퍼비전 보고서

## ■ 슈퍼비전 보고서 ■

작성일:

작성자:

1. 각 도구에 의거한 사후검사결과(슈퍼바이지 전체)

| 구분 | 사후 결과 평가 |
|---|---|
| 조직의 인재상과 역량 | |
| 일반주의 실천기반 핵심지식과 기술 영역 | |
| 사회복지사의 표준직무 | |
| 기초역량 영역 | |
| 직무역량 영역 | |
| 기타 표준화 척도 평가 영역 | |
| 특성 및 강점 발견 | |
| 기타 욕구해결 및 자기개발 영역 | |

2. 목표성취도 평가(슈퍼바이지별 개별 목표성취도 확인 및 전체 평가)
3. 운영평가
   1) 월별 추진결과에 대한 평가
   2) 슈퍼비전 관계에 대한 평가
   3) 슈퍼비전 실행구조에 대한 평가
   4) 조직에 대한 평가
4. 슈퍼바이저 성찰 평가
   1) 슈퍼비전에 대한 사전준비도 평가
   2) 슈퍼비전 태도, 내용, 방법, 상호작용 등 슈퍼바이저 자신에 대한 만족도 평가
   3) 슈퍼비전을 제공하면서 슈퍼바이저로서 어려웠던 점
   4) 슈퍼비전 일정이나 구조, 슈퍼비전유형이 중간에 변경된 경우, 변경한 후의 효과
5. 20＊＊년 슈퍼바이저 역할수행 및 역량개발에 관한 소감 및 총평

6. 차기년도 슈퍼비전을 위한 제언

슈퍼비전 보고서는 연간 슈퍼비전 목표에 대한 달성 정도와 그 내용을 작성하는 것으로 슈퍼바이저가 작성한다. 슈퍼바이지가 작성한 개별슈퍼비전 평가서를 분석하여 1년간 슈퍼바이지들의 목표성취도를 확인하고, 슈퍼바이저의 태도와 상호작용 등에 대한 평가를 통해 자기성찰을 가지는 기회가 된다.

〈서식 2-6〉 연간 슈퍼비전 운영평가보고서

## ■ 연간 슈퍼비전 운영평가 보고서 ■

작성일:

작성자:

1. 목적
2. 목표
3. 슈퍼비전 운영 개요
   1) 추진일정
   2) 슈퍼비전 대상 직원 수
   3) 슈퍼바이저 수
   4) 슈퍼바이지 수
4. 슈퍼비전 기본 구조
   1) 슈퍼비전 관계도
   2) 슈퍼비전 유형별 횟수

| 슈퍼바이저 | | | 슈퍼바이지 | | | | 유형 | 연간 횟수 | 비고 |
|---|---|---|---|---|---|---|---|---|---|
| 성명 | 소속 | 직책 | 번호 | 성명 | 소속 | 직책 | | | |
| | | | 1 | | | | 개별 | | |
| | | | | | | | 집단 | | |
| | | | 2 | | | | 개별 | | |
| | | | | | | | 집단 | | |
| | | | 3 | | | | 개별 | | |
| | | | | | | | 집단 | | |

5. 슈퍼비전 교육 훈련 평가
6. 연간 슈퍼비전 만족도 평가(설문분석 결과)
   1) 슈퍼비전 만족도, 횟수, 사전준비도 등
   2) 슈퍼비전을 통해 좋았던 점
7. 슈퍼비전 운영체계 문제점 및 개선방안

연간슈퍼비전 운영평가 보고서는 슈퍼비전을 기획한 팀의 총괄슈퍼바이저가 작성한다. 조직의 연간슈퍼비전 계획서에 대한 결과보고서 형태이며, 슈퍼비전 운영과 관련된 세부 진행 내용과 슈퍼비전 만족도에 대한 설문분석 결과를 활용하여 평가한다.

# PART 03

# 슈퍼비전 관계 성찰

# 슈퍼비전 관계 이해하기

**생각해보기**

1. 슈퍼비전 관계를 시작할 때 무엇을 준비해야 하나요?
2. 슈퍼비전 관계를 더 발전시키려면 어떻게 해야 할까요?
3. 효과적인 슈퍼비전 관계를 지속하기 위한 방법이 있을까요?

슈퍼비전 관계로부터 슈퍼비전의 성패가 좌우된다고 해도 과언이 아니다. 슈퍼비전 관계를 맺는 것이 어쩌면 슈퍼비전을 시작할 때 가장 우선되고 중요하게 다루어져야 할 부분일지도 모른다. 체계적인 슈퍼비전이 준비된 상태이고 슈퍼바이저의 실무적 능력이 충분하다 할지라도 슈퍼비전 관계에서 문제가 생긴다면 슈퍼비전의 효과를 기대하기란 어렵기 때문이다. 슈퍼비전 관계도 다른 인간관계와 마찬가지로 처음 만남을 시작하고 관계를 발전시키는 과정을 통해 신뢰를 쌓아가는 것이 중요하다. 이러한 슈퍼비전 관계는 슈퍼비전 과정의 특정단계에서 수행되어야 할 과업이 아니라, 슈퍼비전의 전 과정, 즉 모든 단계에서 반드시 점검하고 고려되어야 한다.

## 1. 슈퍼비전 관계 설정

슈퍼비전의 관계가 제대로 설정되지 못한다면 슈퍼비전 과정에서 다양한 형태의 갈등 상황들이 발생하게 되며 이로 인해 슈퍼비전을 더 이상 진전하기 어렵게 된다. 따라서 슈퍼비전 관계 설정이 매우 중요한데 이를 위해서는 슈퍼비전 관계가 왜 중요한지, 슈퍼비전 관계가 어떠한 과정을 거치고 그 과정마다 수행되어야 하는 과업이 무엇인지, 그리고 슈퍼바이저와 슈퍼바이지가 함께 노력해야 할 것이 무엇인지를 알아야 한다. 또한 슈퍼비전이 지향하는 가치와 윤리를 기반으로 슈퍼비전 관계를 설정해야 한다.

## 슈퍼비전 관계가 왜 중요한지 인식하자

슈퍼바이저와 슈퍼바이지의 관계는 효과적인 슈퍼비전에 영향을 준다. 이는 단순히 슈퍼비전의 형식을 갖추고 절차를 따르는 것만으로 슈퍼비전의 성과를 기대할 수 없으며 슈퍼비전 관계의 질이 결국 효과적인 슈퍼비전을 가져온다는 의미이다. 인간관계에서 누군가와 사이가 나빠지면 그 사람과 협동하여 일을 수행하기란 매우 어렵다. 뿐만 아니라 얼굴을 대하는 것조차 피하고 싶어진다는 것에 모두 공감할 것이다. 슈퍼비전 관계는 조직 내에서 공식적으로 맺어진 관계로 그 조직이나 팀을 떠나지 않는 한 지속적으로 유지할 수밖에 없는 관계이다. 따라서 관계가 좋지 않다면 슈퍼바이저도 슈퍼바이지도 슈퍼비전을 피하려고 할 것이고 이는 슈퍼비전을 통한 성과를 기대할 수 없게 만들기 때문에 좋은 슈퍼비전 관계를 위해 노력해야 한다.

특별히 슈퍼비전 관계는 직원과 클라이언트 관계에도 지대한 영향을 미치는 것으로 알려져 있다(Wannacott, 2014). 만약 슈퍼비전 내에서 슈퍼바이저가 슈퍼바이지를 처벌적이고 지시적으로 대한다면 슈퍼바이지가 클라이언트를 대할 때 그대로 재연하게 되며, 이러한 부정적 슈퍼비전 관계는 결국 슈퍼바이지가 클라이언트와 성공적인 관계를 맺지 못하는 결과를 초래한다는 것이다. 이처럼 슈퍼바이저와 슈퍼바이지의 관계가 슈퍼바이지와 클라이언트의 관계, 즉 실천 과정에 투영(mirroring)된다는 점에서도 슈퍼비전 관계가 얼마나 중요한지를 인식해야 한다.

## 슈퍼비전 관계의 과정에 따른 과업을 확인하자

슈퍼비전의 관계는 슈퍼바이저와 슈퍼바이지 개개인으로만 이루어지는 관계뿐 아니라 맥락 관계를 파악하는 것이 중요하다. 이는 조직적 상황이나 실천 환경, 그리고 슈퍼바이지의 욕구나 슈퍼바이지의 발달 수준에 따라 슈퍼비전 관계가 변화함을 의미한다. 특별히 Holloway(1995)는 이러한 슈퍼비전의 관계를 초기, 성숙, 종결 과정으로 구분하고 각 과정별로 수행되어야 하는 과업들을 제시하였다(Haynes et al., 2003).

슈퍼비전 관계의 초기단계에는 관계의 본질을 명확히 하고, 슈퍼비전 관계를 협력적이고 효과적으로 할 수 있는 방법을 개발해야 하며, 슈퍼비전 계약수립과 슈퍼바이지를 위한 지지적 교육을 계획해야 한다. 슈퍼비전 관계가 성숙단계에 이르면, 슈퍼바이지의 직무 기술을 발전시키고, 슈퍼바이지의 자기-확신의 수준을 높여주며, 자기인식을 위해 탐색할 수 있도록 기회를 제공해야 한다. 마지막으로 종결단계에서는 슈퍼바이지가 이론적 기반을 실천에 더 잘 적용할 수 있게 된다는 전제하에 슈퍼바이저의 관여를 다소 줄이고, 종결에 대한 감정을 공유하면서 의미 있는 평가과정을 가질 것을 제안하고 있다.

## 슈퍼비전 관계를 설정하기 위해 함께 노력하자

슈퍼바이저와 슈퍼바이지는 슈퍼비전 관계를 구축하기 위해서 친밀감, 상호신뢰, 명확한 의사소통과 피드백, 상호이해와 존중, 동료의식, 인정과 격려, 그리고 전문적 관계유지(최원희, 2009)를 위해 노력해야 한다. 보다 구체적인 내용은 다음과 같다.

- 슈퍼비전 관계에서 슈퍼바이저와 슈퍼바이지의 친밀감은 슈퍼비전에 대한 만족과 직무만족을 가져온다.
- 슈퍼비전 관계에서 슈퍼바이저와 슈퍼바이지의 상호신뢰는 슈퍼비전에 대한 긍정적인 수용을 위해서 중요하다.
- 슈퍼비전 관계에서 명확한 의사소통과 피드백은 활발한 상호작용과 슈퍼비전에 대한 공유된 의미를 설정하는 데 도움이 된다.
- 슈퍼비전 관계에서 슈퍼바이저와 슈퍼바이지의 상호이해와 존중을 위해서는 자유로운 관점과 생각을 표현하는 개방적 태도로 서로의 차이를 수용하는 것이 필요하다.

- 슈퍼비전 관계에서 슈퍼바이저와 슈퍼바이지는 슈퍼비전에 대한 공동책임을 가지며 협력하는 동료의식을 가져야 한다.
- 슈퍼비전 관계에서 슈퍼바이저와 슈퍼바이지는 서로의 역량과 역할을 인정하고 격려함으로써 바람직한 관계를 형성해야 한다.
- 슈퍼비전 관계에서 슈퍼바이저와 슈퍼바이지는 실천을 위해 맺어진 목적적 관계라는 것을 명심하고, 사적 관계와의 경계 및 균형을 조율하면서 서로 성장하는 전문적 관계를 유지하도록 노력해야 한다.

## 슈퍼비전의 가치와 윤리를 검토하자

슈퍼비전 관계 설정에서 기본 중 하나는 슈퍼비전이 지향하는 가치와 윤리원칙을 이해하는 것이다. 슈퍼바이저가 슈퍼비전의 기본 가치를 기반으로 슈퍼바이저로서의 윤리원칙[1]을 잘 이행한다면 슈퍼비전 관계의 갈등을 방지할 수 있고 보다 효과적인 슈퍼비전 관계로 시작할 수 있다.

슈퍼비전은 다음과 같은 가치에 기반(Brown & Bourne, 1996)을 두고 실행되어야 한다.

- 슈퍼비전 욕구는 조직과 사회의 구조적 맥락 내에서 고려해야 한다.
- 휴먼서비스실천은 기본적으로 팀 협력을 기본으로 하므로 슈퍼바이저와 슈퍼바이지의 상호의존적 관계가 중요하다.
- 슈퍼비전은 직무수행과 규정 준수 등의 통제기능뿐 아니라, 인적자원개발 측면과 슈퍼비전 관계 등 인간중심적 활동이어야 한다.
- 슈퍼비전의 내용과 과정은 클라이언트와 슈퍼바이지 둘 다 역량이 강화되는 것을 전제로 하며 반억압적이고 반차별적인 활동이어야 한다.
- 슈퍼바이지와 슈퍼바이저는 성인학습자임을 인식하여 자기지향적이고 자

1) 슈퍼비전의 가치와 윤리는 슈퍼비전을 실행함에 있어서 기준이 되는 것으로 사회복지의 가치와 윤리와는 구별된다.

기주도적으로 슈퍼비전이 이루어져야 한다.

- 정규적인 슈퍼비전은 모든 직원들에게 주어지는 자격조건이다.
- 슈퍼바이저는 슈퍼바이지가 윤리적으로 실천하도록 지도해야 한다.
- 슈퍼바이저는 조직과 슈퍼바이지 사이에서 조정자 역할을 하고, 슈퍼바이지와는 전문적 관계를 유지해야 한다.

슈퍼바이저가 슈퍼비전에 임하는 윤리적 자세를 Page와 Wosket(1994)은 6가지로 제시하고 있다(Hawkins & Shohet, 2000).

- 슈퍼바이저는 슈퍼바이지의 자율성을 존중하면서 직무에 대한 책임을 공유해야 한다.
- 슈퍼바이저는 슈퍼바이지가 자율적으로 실천에 임하는 것을 존중하지만 동시에 클라이언트의 보호와 안녕을 고려해야 한다.
- 슈퍼바이저는 자신의 능력 범위 내에서 행동해야 한다.
- 슈퍼바이저는 슈퍼바이지와의 약속을 지키고 신뢰를 주어야 한다.
- 슈퍼바이저는 반억압적 실천의 본보기를 보여야 한다.
- 슈퍼바이저는 슈퍼바이지의 도전과 피드백에 대하여 개방적인 자세로 임하고 지속적인 학습을 위해 노력해야 한다.

또한 슈퍼비전 윤리와 관련하여, 슈퍼바이저는 슈퍼바이지가 윤리적 실천을 하도록 지도해야 할 의무를 가진다. 슈퍼바이지의 실천적 경험은 주로 슈퍼바이저를 통해서 배우게 되며 윤리적 실천 역시 슈퍼바이저의 실천 행동으로부터 영향을 받게 된다. 그러므로 슈퍼바이저는 슈퍼바이지가 윤리적 갈등 상황을 해결할 수 있도록 윤리강령과 윤리적 의사결정과정에 대한 지식을 보유하고 있어야 하고, 다양한 슈퍼비전 기법을 통해서 전수해야 한다.

## 2. 슈퍼비전 관계 발전

좋은 슈퍼비전 관계를 위해서는 먼저 슈퍼바이저와 슈퍼바이지 각자의 개인적 성향과 스타일을 파악하는 것이 효과적이다. 슈퍼비전 관계를 실패하는 가장 큰 이유는 아마도 서로를 알아가는 과정을 간과했기 때문일 것이다. 그러므로 슈퍼비전 관계를 발전시키기 위해서는 서로를 탐색하기 위해 시간을 투자해야 한다. 먼저 자기 자신이 무엇을 선호하고 왜 그러한 성향과 스타일을 가지게 되었는지를 파악하고, 상대는 어떠한지 서로 어떻게 다른지 등을 탐색하는 활동이 도움이 된다.

### 슈퍼비전 관계에 영향을 미치는 슈퍼바이저의 경험을 성찰해 보자

모든 인간관계는 각자의 경험에 의해 이루어진다는 말이 있다. 슈퍼비전 관계 역시 슈퍼바이저와 슈퍼바이지의 과거경험들이 영향을 줄 것이라는 예측이 가능하다. 특히 슈퍼비전을 제공하는 슈퍼바이저의 경험들은 슈퍼비전 관계 형성에 많은 영향을 주므로 이에 대한 성찰이 필요하다. 슈퍼바이저의 경험을 가정에서의 경험, 교사로부터의 경험, 직원으로서의 경험, 슈퍼비전을 받았던 경험, 슈퍼바이저로서의 경험 등으로 구분(최원희 · 안정선, 2018)하여 살펴보자.

#### ① 슈퍼바이저가 성장한 가정에서의 경험

대부분의 사람들은 자신의 성장환경에 의해서 영향을 받게 되는데, 이는 주양육자의 권력과 권위로부터 시작되는 경향이 있다. 예를 들어 부모로부터 일관성 있는 양육을 받았는지 또는 이중메시지를 받았는지, 독재적 또는 허용적 양육 환경이었는지 등이다. 부모와의 관계가 슈퍼비전 관계와 완전히 동일하지는 않지만, 권력을 행사하거나 권위를 사용할 때 유사한 양상으로 나타나므로 이에 대한 파악이 도움이 될 것이다.

### ② 슈퍼바이저가 경험했던 교사와의 관계

교사는 가족이외에 가장 영향력 있는 외부권위자라 할 수 있다. 따라서 이들과의 관계형성 경험 및 적용되었던 학습모델은 슈퍼비전 관계에도 영향을 미칠 수 있다. 과거 슈퍼바이저의 교사가 일관성 있고 신뢰할만했는지, 권력에 복종해야 하는 환경이었는지, 이러한 관계에서 어떤 감정이었고 어떻게 대응했는지 등에 대한 탐색이 도움이 된다.

### ③ 슈퍼바이저의 직원으로서 경험

슈퍼바이저는 슈퍼바이지의 선배로서 자신이 직무수행에 적용했던 지식과 기술은 물론 실천의 지혜까지 슈퍼바이지에게 전달하게 된다. 반면, 관리자로서 행정적 역할을 수행하게 될 때 슈퍼비전 관계에서 갈등이 발생할 수 있다. 따라서 슈퍼바이저는 관계 기술 및 집단을 이끄는 기술과 피드백 제공 방법 등을 활용하는 것이 좋다.

### ④ 슈퍼바이저가 경험했던 슈퍼비전

처음 슈퍼바이저가 되었다고 생각해보자. 가장 먼저 무엇을 떠올리겠는가. 바로 자신이 그동안 만났던 모든 슈퍼바이저들의 슈퍼비전을 기억해내고 유익했던 경험을 토대로 자신만의 슈퍼비전 스타일을 만들어 가게 될 것이다. 주의해야 할 것은, 본인이 좋았던 슈퍼비전 경험이 슈퍼바이지에게도 그럴 것이라고 생각해서는 안 된다는 점이다. 따라서 자신이 경험했던 슈퍼비전을 분석하여 현재 자신의 슈퍼바이지 욕구와 특성을 반영하여 적용하는 것이 바람직하다.

### ⑤ 실습생을 지도했던 경험

실습생을 지도했던 경험을 분석해 보는 것도 도움이 된다. 학생 슈퍼비전과 직원 슈퍼비전은 학습욕구 파악 및 교육과 평가 등에 있어서 공통점이 많기 때문에 그대로 적용할 부분이 있기 때문이다. 그러나 실습생과 직원은 직무책임 소재의 수준과 권력 및 권위의 차원에서 분명한 차이를 가진다는 것을 인식해야 한다. 즉, 실습생은 조직의 외부인이라 직무에 대한 책임이 없지만 슈퍼바이지는 조직의 목표를 향해서 함께 나가는 동료로서 책임을 공유하는 관계임을 구분할 수 있어야 한다.

##  슈퍼바이지의 과거 슈퍼비전 이력을 파악하자

슈퍼비전에 대한 느낌과 생각은 대부분 본인이 경험해 왔던 것을 통해서이다. 슈퍼비전 관계에서 가장 큰 오해는 바로, 슈퍼바이지도 슈퍼바이저와 같은 것을 기대할 것이라는 추측이다. 이는 슈퍼비전 관계에 부정적인 영향을 줄 수 있다. 슈퍼바이저가 슈퍼바이지와의 관계를 발전시키기 위해서 사용하는 유용한 방법 중 하나는 바로 슈퍼바이지가 과거에 경험했던 슈퍼비전에 대하여 알아보는 것이다. 이전 슈퍼바이저와의 관계는 현재 슈퍼비전 관계에 영향을 주는 강력한 요인이므로 이에 대한 탐색이 중요하다.

슈퍼바이지의 슈퍼비전 경험을 파악하기 위해 영국 전역에서 활용되고 있는 슈퍼비전 이력 질문지(Wonnacott, 2012)를 활용해 보는 것도 좋다. 슈퍼비전 이력질문지는 슈퍼비전 관계의 초기에 사용하는 것이 효과적이며 슈퍼비전 시간에 작성할 수도 있고 슈퍼바이지가 작성해 온 것을 토대로 토의하는 것도 가능하다. 질문의 내용은 과거의 슈퍼바이저를 상기하고, 실천 활동에 도움이 되었던 슈퍼비전 스타일과 방해가 되었던 슈퍼비전 스타일을 작성한 후, 그때 슈퍼바이저에게 어떻게 대응했는가를 묻는 것으로 구성된다. 이때 슈퍼바이지가 편안하게 자신의 스타일을 드러낼 수 있도록 슈퍼바이저는 자신의 감정이 드러나지 않도록 조심해야 한다. 이 활동을 통해서 슈퍼바이저는 슈퍼바이지 개개인이 도움이 된다고 생각하는 방식을 적용함으로써 효과적인 슈퍼비전 관계를 이끌어낼 수 있게 된다. 질문지는 이 장의 마지막 서식 활용하기를 참고하기 바란다.

##  슈퍼비전 관계를 위한 합의를 도출하자

슈퍼비전 관계에서 문제가 발생하는 이유 중 하나는 바로 슈퍼비전에 대한 슈퍼바이저와 슈퍼바이지의 욕구차이 때문이다. 슈퍼비전의 목표, 슈퍼비전 소요시간, 시간대, 장소, 빈도, 스타일에서 슈퍼바이지와 슈퍼바이저가 원하는 것이 다를 수 있다. 조직의 슈퍼비전 규정에 따르는 것을 원칙으로 하고 있지만 그럼에도 불구하고 세부적인 사항은 규정에 포함되지 않기 때문에 슈퍼비전 관계의 불편함이 이러한 욕구 차이로부터 시작되는 경우가 많다. 슈퍼비전 시간은 어느 정도가 적당하다고 생각하는지 슈퍼바이저와 슈퍼바이지들에게 질문하면 30분, 40분, 60분, 또는 슈퍼바이지가 원하는 만큼 등 다양한 답을 듣게 된다. 한 예로 개별 슈퍼비전 시간은 회당 60분 이상으로 한다고 규정한 조직이 있는데, 어떤 슈퍼바이저가 늘 3시간씩을 진행했다고 한다. 슈퍼바이지들이 이구동성으로 슈퍼비전 시간이 너무 길어서 괴롭다고 호소했다. 이처럼 슈퍼비전 관계는 서로의 성향과 발달수준에 따라 달라야 하고 무엇보다도 슈퍼바이지의 욕구를 이해하고 서로 합의하는 과정을 거쳐야 한다.

슈퍼비전 합의가 필요한 이유를 Morrison(2005)은 슈퍼비전 활동의 진지함을 반영해 주고, 협력하는 행동에 대한 모델링을 보여주며, 각자의 역할과 책임 및 권위와 책무성을 명료하게 제공할 뿐 아니라 슈퍼비전 관계를 발전시키는 기초를 제공한다(김은혜 외, 2014)고 정리하였다. 특히 슈퍼비전 합의과정이 중요함을 강조하면서, 권한에 대한 합의, 슈퍼바이지에 대한 관여정도, 상충된 가치에 대한 이해, 합의서 작성, 합의서 검토 등 단계적으로 접근하도록 제안하고 있다. 다음은 슈퍼바이저가 합의과정에 이르기까지 점검해야 하는 내용을 각 단계별로 질문의 형태로 제시한 것이다.[2)]

### 1단계: 권한 규정하기

- 슈퍼비전의 목적과 본질이 슈퍼비전 정책 내에서 어떻게 정의되는가?

2) 합의서 서식은 본 서 3부의 서식 및 도구 활용하기 참고.

• 슈퍼비전 과정 내에서 협상 가능한 것과 불가한 것은 무엇인가?
• 슈퍼바이저가 슈퍼바이지에게 기대하는 것은 무엇인가?
• 슈퍼바이지가 슈퍼바이저에게 기대하는 것은 무엇인가?
• 슈퍼바이저와 슈퍼바이지는 각각 어떠한 책임을 가지는가?
• 비밀유지의 한계와 경계에는 어떤 것들이 있는가?
• 기록되어야 할 것은 무엇이고, 누가 보관하며, 그 목적은 무엇인가?

### 2단계: 슈퍼바이지에 대해 관여하기

• 슈퍼바이지의 과거 슈퍼비전의 경험은 어떠했는가?
• 슈퍼바이지가 어떠한 상황에서 동기부여가 잘되고 일을 잘했었는가?
• 슈퍼바이저와 슈퍼바이지의 가치는 어떠한가? (종교, 문화, 성, 장애 등)
• 실천의 목적이나 본질에 대해 슈퍼바이저와 슈퍼바이지는 어떠한 신념을 가지고 있나? (특히 서비스 이용자들과 관련한 권위의 사용 부분)
• 슈퍼바이지가 선호하는 학습스타일은 무엇이며, 슈퍼바이저가 선호하는 학습스타일과 얼마나 잘 조율되는가?
• 슈퍼바이지는 화가 났거나 스트레스를 받을 때 어떻게 대응하는가?
• 슈퍼바이지가 스트레스를 받았음을 슈퍼바이저는 어떻게 알아차리나?

### 3단계: 가치상충에 대한 이해

• 슈퍼바이지가 직무 결과에 관해 어떤 감정인지 어떻게 알게 되는가?
• 슈퍼바이지가 과업에 대한 불확실성, 불편한 감정, 불안을 탐색하고자 할 때 슈퍼비전의 역할은 무엇인가?
• 슈퍼비전에서 다뤄지지 않는 업무의 어려움은 어떻게 해결하는가?

### 4단계: 합의서 작성하기

• 합의서 작성은 누가 책임지고 어디에 보관할 것인가?
• 작성된 합의서는 언제 다시 검토될 것인가?

5단계: 합의서 검토하기

- 합의한 내용대로 슈퍼비전이 잘 이루어지고 있는가?
- 합의한 내용대로 이행되지 않은 부분이 있는가? 그 이유는 무엇인가?
- 슈퍼비전이 어떻게 향상될 수 있을까? 그러려면 슈퍼바이저와 슈퍼바이지는 무엇을 해야 하는가?

## 3. 슈퍼비전 관계 유지 

###  자기 자신에 대한 이해가 왜 필요한지 인식하자

누군가와 좋은 인간관계를 맺기 위해서 우리는 상대가 어떤 사람인지를 알고자 한다. 그러나 그보다 앞서 이루어져야 하는 것이 바로 자기 자신에 대한 파악이다. 사람들이 자신이 어떤 가치와 관점을 가지고 있는지 모르는 상태에서 다른 사람의 생각에 대하여 옳고 그름을 판단하기 때문에 관계의 어려움이 발생되기도 한다. 휴먼서비스 실천가라면 누구나 '틀린 게 아니라 다른 것이다'라는 말을 배웠고 이를 수용하고 있다. 하지만 대부분이 관념적으로 받아들일 뿐 정작 그 다름을 파악하는 과정과 방법에는 큰 관심을 두지 않는 것처럼 보인다.

그렇다면 슈퍼비전 관계에서는 어떨까? 슈퍼비전 관계를 방해하는 것 중 하나도 바로 서로 다른 생각과 가치 수용의 어려움이다. 슈퍼바이저들은 슈퍼바이지들이 무슨 생각을 하는지 이해할 수 없다고 하고, 슈퍼바이지들은 슈퍼바이저의 가치를 받아들이기 싫다고 토로하는 모습이 조직에서 흔하게 발견되곤 한다. 슈퍼바이저와 슈퍼바이지가 서로 다름을 이해하려면 가치에 대한 탐색이 필요한데, 먼저 슈퍼바이저부터 시작해야 할 것이다. 실천현장에서 일하는 직원들을 대상으로 한 조사에서, 슈퍼바이저의 가치는 슈퍼비전의 성공요인 32개 중 1위를 자치할 만큼 슈퍼비전에 영향을 주는 중요한 요인으로 선정(최원희, 2009)된 바 있다. 또한 슈퍼바이저들은 슈퍼바이저로서 중요한 역량임에도 불구하고 자기 자신에 대한 과학적 지식이 매우 부족하다고 인식하고 이에 대한 교육이 필요함(최원희, 2013)을 드러내기도 하였다.

##  자기 자신을 이해하는 방법을 배우고 연습해보자

앞서 살펴본 바와 같이 슈퍼비전 관계를 위해서는 슈퍼바이저와 슈퍼바이지 모두 서로에 대한 이해가 필요하다. 전문적인 교육을 통해서 이를 충족할 수 있다면 가장 바람직하겠지만 여건이 되지 않는다면 슈퍼바이저 스스로 연습해 보고 이를 슈퍼바이지에게 적용해 보는 것도 도움이 된다. 활용할 만한 몇 가지를 소개한다.

### ① 자기-지식(Self-knowledge) 개발 분석틀[3)]

Johnson(1995)이 제안한 이 분석틀은 생활방식 및 인생철학, 윤리지침 및 가치체계, 자신의 뿌리, 인생경험 이해, 개인적 욕구의 규명을 순서대로 탐색한 후, 이러한 것들이 현재의 일상생활에서 어떻게 기능하고 있는지는 알아보는 것이다.

### ② 전문가 자기인식 보고서[4)]

전문가 자기인식 보고서는 자신의 관점을 보고서 형식으로 작성하게 되며, 세 가지 영역으로 구성되어 있다. 첫 번째 영역은 자신의 세계관과 영성 탐색(나의 신념, 신념이 살아가는 방식에 미친 영향, 삶의 목적, 도덕적으로 좋은 사람의 이미지) 및 자신이 사랑하는 것을 적어보는 것이다. 두 번째 영역은 자신의 가치(인종, 계급, 나이, 종요, 성과 성적지향, 힘, 삶의 유형화)와 평소 자신의 도덕적 신념, 사회복지실천의 윤리적 원칙의 우선순위를 정해 보기 등으로 구성되어 있다. 마지막 영역은 일을 통해서 추구하는 가치, 내가 생각하는 전문가로서의 이미지, 나

---

3) 구체적인 내용과 과정은 최원희 · 안정선(2018). pp. 168–170 참조.

4) 한국사회복지사협회(2008). 사회복지윤리경영 교육실천매뉴얼. 서식은 김은혜 외(2014). 부록 1 참조.

의 가치와 윤리적 민감성을 형성시키고 발전시키는 요소를 생태도로 표시하도록 되어 있다.

### ③ 편견과 고정관념 탐색5)

자신이 가진 편견과 고정관념을 확인하는 연습게임을 해보는 것도 좋다. 다음의 질문을 통해 자신의 편견과 고정관념을 확인하고, 그것이 무엇으로부터 시작되었는지 근원을 파악하며, 얼마나 일반적인 생각인지를 성찰하는 과정을 따라가면서 탐색하는 것이다.

- 당신의 편견이나 고정관념은 무엇입니까?
- 당신의 편견이나 고정관념은 주로 무엇과 관련됩니까?
- 당신의 편견이나 고정관념이 시작된 시점은 언제부터입니까?
- 당신의 편견이나 고정관념은 다른 사람들에게도 일반적인 것입니까?
- 당신의 편견이나 고정관념을 공개할 수 있습니까?
- 당신의 편견이나 고정관념 중 버릴 수 있는 것은 무엇입니까?

## 의사소통 기술을 사용하자

슈퍼비전 관계에서 가장 자주 언급되는 문제는 바로 의사소통과 관련된 것이다. 슈퍼바이지들이 슈퍼바이저에게 원하는 것은 명확한 전달과 피드백이라고 한다. 반면, 슈퍼바이저는 명확하게 줬는데 슈퍼바이지가 자의로 해석하여 직무를 수행하는데 어떻게 지도해야 좋을지 모르겠다는 하소연도 흔하다. 즉, 슈퍼비전 상황에서의 갈등이 의사소통의 문제로부터 발생되는 경우가 많다는 것인데 그렇다면 왜 이런 현상이 일어나는 것일까. 듣는 기술과 말하는 기술을 제대로 사용하지 못해서는 아닌지 생각해 봐야 한다. 슈퍼바이저의 기본 과업 중 하

5) 공유복지플랫폼(http://wish.welfare.seoul.kr)/지식공유활동가/슈퍼비전by최쌤안쌤(2018.11.29) 참조.

나인 경청과 말하는 기술은 사실 휴먼서비스실천을 위한 기본적 의사소통기술과 다르지 않다. 대부분의 휴먼서비스 실천가들은 학교에서 클라이언트와의 기본적인 의사소통 기술을 배웠고 실천현장에서 이를 적용하려고 노력하고 있다. 슈퍼비전 관계에서도 이러한 의사소통기술의 적용에 예외를 두어서는 안 된다.

이렇듯 한번쯤은 배웠을법한 기본적인 의사소통기술(서울대사회복지실천연구회 역, 2010)을 다시 정리해 보고 슈퍼비전 상황에서도 이를 적용해 보자.

### ① 좋은 의사소통을 위한 태도

- 모든 인간은 자신의 경험을 자신만의 방식으로 인식하므로 어느 정도의 오해는 예상해야 하고, 이를 줄여나가려고 노력한다.
- 남들이 이해하기 쉬운 방법으로 의사소통하려는 노력한다.
- 타인의 말을 들을 수 있도록 방어하는 자세를 줄이려고 노력한다.
- 말하고 있는 사람에게 주의를 기울여서 듣고자 하는 의지를 가진다.
- 자신의 사고와 감정 및 행동에 책임을 지도록 한다.
- 잘 이해하고 잘 이해되려면 충분한 의사소통 시간을 가져야 한다.

### ② 듣는 기술: 메시지 수신의 규칙

- 말하는 것을 멈추고 듣는다.
- 말하는 사람이 불안하지 않도록 편안한 분위기를 만든다.
- 듣고 싶다는 의지를 말이나 행동으로 보여주면서 주의를 집중한다.
- 참을성을 가지고 말하는 사람을 대하고 말을 끊지 않는다.
- 명확하게 메시지를 전달받기 위해서라면 질문을 해도 좋다.
- 의사소통의 문제가 될 만한 비판이나 논쟁을 피한다.

### ③ 말하는 기술: 메시지 발신의 규칙

- 명확하고 단순한 말을 사용한다.
- 너무 빠르지 않게 그리고 분명하게 말한다.
- 전하는 메시지에 적절한 시선맞춤과 몸짓을 사용한다.

- 너무 많은 정보로 듣는 이를 압도하지 않는다.
- 복잡하고 긴 메시지는 몇 개로 나눠서 쉽게 이해하도록 한다.
- 듣는 이가 잘 이해했는지 확인질문이나 피드백을 요구한다.

④ 메시지 계획기술

- 어느 정도의 시간을 할애할 수 있는가?
- 전하려는 메시지의 핵심적인 내용은 무엇인가?
- 전하려는 메시지에서 오해의 소지나 혼란스러운 부분이 있는가?
- 듣는 이가 잘 이해하고 수용하려면 메시지를 어떻게 조직할 것인가?
- 메시지를 받는 이가 언제 어디에서 가장 주의를 잘 기울이는가?
- 내가 전달하는 것이 맞는가? 메시지를 전달할 신뢰와 지위를 가지고 있는가? 다른 사람이 전달해야 하지 않는가?

이 외에도 메시지 수신을 검토(잘 전달되었는지 말해 달라)하고, 받은 메시지를 확인(잘 이해했는지 들어봐라)하는 기술을 사용한다면 의사소통에서 발생될 수 있는 오류를 피할 수 있을 것이다.

##  슈퍼비전 관계를 위한 각자의 스타일을 이해하자

슈퍼바이저 또는 슈퍼바이지가 어떤 스타일의 사람인지를 이해하는 것은 효과적인 슈퍼비전 관계를 이끄는데 매우 유용하다. 직접적 의사소통을 선호하는지 간접적 의사소통을 선호하는지, 과업 지향적인지 과정 지향적인지, 슈퍼비전에 있어서 적극적 스타일인지 반응적 스타일인지, 새로운 것을 습득함에 있어서 선호하는 방식은 무엇인지 등 다양한 측면에서 서로 탐색할 필요가 있다. 서로의 스타일을 파악하기 위해서 활용할 만한 도구(김은혜 외, 2014)를 몇 가지 소개하고자 한다.

### ① 선호하는 학습스타일[6)]

학습스타일은 본인이 쉽게 배우는 유형을 알아보는 것으로, 이는 교육환경에서뿐만 아니라 직무를 배우고 수행하는 방법에서도 적용된다. 그러므로 배우는 사람이 좋아하는 방식으로 가르친다면 훨씬 더 쉽고 빠르게 습득하게 될 것이다. 그런데, 대부분의 사람들은 자신이 선호하는 학습스타일로 다른 사람을 가르치려는 경향이 있는데, 슈퍼바이저는 슈퍼바이지가 선호하는 학습스타일에 맞추도록 노력해야 한다. Honey와 Mumford(2000)가 분류한 4가지 학습스타일로 슈퍼바이저와 슈퍼바이지의 학습스타일을 파악해보자.

- 실무가형: 제시된 과제에 있어서 연관성이 보이고 문제해결의 방법과 일의 진행과정 대한 이해가 있을 때 가장 잘 배운다.
- 성찰가형: 행동을 실천으로 이행하기 전에 많은 생각을 깊게 하는 편이다. 가능한 모든 대안을 평가해보고 생각이 정리되었을 때 비로소 행동을 결정하게 된다.
- 이론가형: 논리적이고 왜 이런 일을 해야 하는지 알아가는 것을 선호한다. 개념과 모델에 친숙하며 지적인 도전을 즐기는 성향이 있다.
- 활동가형: 이들은 직접 일을 시도해보는 것을 통해서 가장 잘 배운다. 즉, 실천경험으로 얻은 것을 편하게 받아들이기 때문에 시행착오를 두려워하지 않는다.

주지할 것은 상대방의 선호하는 학습스타일을 파악할 때 상대적으로 평가하게 된다는 점이다. 즉, 활동가형 성향이 매우 강한 슈퍼바이저는 비교적 활동가적인 성향을 가진 슈퍼바이지도 성찰가형으로 생각할 수 있다. 그런데, 이 슈퍼바이지가 성찰가형의 슈퍼바이저를 만나게 되면 활동가형으로 인식되기도 한다는 뜻이다. 또한 업무적 환경이나 동일한 슈퍼바이저와 오래 일하다보면 자신의 선호스타일을 잘 모르고 슈퍼바이저가 원하는 것으로 착각하는 경우가 있다. 따

6) 공유복지플랫폼(http://wish.welfare.seoul.kr)/지식공유활동가/슈퍼비전by최쌤안쌤(2016.4.22) 참조.

라서 슈퍼바이저가 진정으로 슈퍼바이지의 학습스타일을 파악하고 싶다면 지금의 업무적 스타일이 아닌 본인이 더 좋아하고 편안한 유형이 무엇인지를 말하도록 이끄는 기술이 필요하다.

### ② 부모양육 스타일[7)]

슈퍼비전 스타일을 파악하는 또 하나의 방법은, 요구와 반응 사이에서 균형을 찾고 어떻게 그 균형을 유지 하는가를 파악하는 것이다. 이를 부모양육 경험을 통해 알아볼 수 있는데 즉, 부모로부터 받았던 양육경험이 슈퍼비전에 대응하는 방식에 영향을 미친다고 보는 접근방식이다. 예를 들어 독재적인 부모의 양육스타일에 익숙한 슈퍼바이지는 슈퍼바이저가 업무를 지시해 줄 것을 기대하며 함께 합의해 가는 과정을 불편해 할 수 있는 반면, 자유방임적인 부모의 양육스타일을 경험한 슈퍼바이지는 규정이나 요구사항이 전달될 때 일단 부정적인 반응을 보일 수 있다는 것이다. 이처럼 개개인의 경험이 모두 다르고 그 경험으로 인해 반응 역시 다르게 나타나므로 서로에 대한 탐색을 통해 이해하는 시간을 가지는 것이 바람직하다. 부모양육 스타일을 적용한 슈퍼비전 스타일은 요구수준과 반응정도에 따라 4가지 슈퍼비전 유형으로 구분된다.

- 독재적인 슈퍼비전: 슈퍼바이지에게 요구는 많으나 반응은 적은 슈퍼비전으로, 이러한 슈퍼비전을 받는 슈퍼바이지는 의존적이면서 불안도가 높거나 융통성이 없으며 문제해결에 방어적이 된다.
- 허용적인 슈퍼비전: 슈퍼바이지에게 요구하는 것은 거의 없고 반응은 잘해주는 슈퍼비전으로, 이러한 슈퍼비전을 받는 슈퍼바이지는 업무에 집중하지 못하고 문제해결을 효과적으로 해내지 못하는 경향을 보인다. 과도하게 자율적이거나 슈퍼바이저에게 지나치게 의존적일 수 있다.
- 방임적인 슈퍼비전: 슈퍼바이지에 대한 요구와 반응이 둘 다 부족한 슈퍼비전으로, 슈퍼바이지는 불안하고 격리된 느낌을 가지며 자신의 역할을 명확

---

7) 공유복지플랫폼(http://wish.welfare.seoul.kr)/지식공유활동가/슈퍼비전by최쌤안쌤(2016.6.30~7.16) 참조.

히 알지 못해서 성장도 어렵고 문제해결도 힘들다.

- 권위 있는 슈퍼비전: 슈퍼바이지에 대한 요구와 반응이 충분한 슈퍼비전으로, 슈퍼바이지는 업무명확성과 안정성을 갖추게 되어 문제해결 능력이 높아지며 자신감을 갖게 된다.

### ③ 슈퍼바이저의 개입 스타일[8)]

슈퍼바이저가 슈퍼비전을 주는 방식은 슈퍼바이지가 클라이언트를 대하는 방식에 영향을 주게 되므로 슈퍼바이저는 자신의 슈퍼비전 스타일을 파악해서 실천에 미칠 영향을 탐색할 필요가 있다. Wonnacott(2004)는 클라이언트와의 면담을 통해서 직원의 실천 성과와 슈퍼비전 관계를 연구하였으며, 다음과 같은 3가지의 슈퍼바이저 개입스타일을 찾아냈다. 슈퍼바이저는 자신이 어떤 스타일에 해당되는지 생각해 보고, 슈퍼바이지들은 슈퍼바이저를 어떻게 바라보는지 서로 대화해 보는 것도 도움이 될 것이다.

- 적극적 개입형 슈퍼바이저(active intrusive supervisor)

적극적 개입형 슈퍼바이저는 주로 과업 중심적으로 개입한다. 즉, 슈퍼바이지가 직무를 정확히 수행하고 보고서를 잘 작성하였는지를 확인하는데 주력하며 슈퍼바이지가 클라이언트를 만나거나 직무수행에 있어서 어떠한 감정을 가지는지에 대해서는 대화하거나 다루지 않는다.

이러한 유형의 슈퍼바이저는 슈퍼비전 관계가 공식적이고 직무적인 관계이기 때문에 사적인 감정을 다루는 것이 오히려 부적절하다고 생각하는 경우이다. 그러나 휴먼서비스를 실천하는 직원은 기계를 다루는 일이 아닌 사람과 일하고 있으며 많은 부분 한 사람의 인생과 어려움에 대하여 관여하는 일을 하게 되기 때문에 자신의 감정이 실천에 영향을 줄 수 있다. 따라서 슈퍼바이저는 이러한 인식을 가지고 슈퍼바이지의 감정도 다루는 것이 필요하다.

8) 공유복지플랫폼(http://wish.welfare.seoul.kr)/지식공유활동가/슈퍼비전by최쌤안쌤(2016.5.15) 참조.

• 적극적 반영형 슈퍼바이저(active reflexive supervisor)

슈퍼바이지의 업무수행을 중심으로 과업수행의 완수여부를 점검하는데 초점을 두지만 슈퍼바이지의 자기성찰을 독려하고 지지하며 감정적인 부분이 업무에 어떻게 영향을 주는지에 대해서도 슈퍼비전에서 다룬다. 특히, 슈퍼비전 관계의 중요성을 인식하고 슈퍼바이저가 이러한 관계에 어떤 영향을 주는지를 스스로 평가한다.

이러한 유형의 슈퍼바이저를 둔 슈퍼바이지는 클라이언트와 좋은 관계를 유지하고 직무수행에서도 높은 성과를 보인다고 알려져 있다. 즉, 적극적 반영형의 슈퍼바이저는 효과적인 슈퍼비전 관계를 이끌며 이를 통해서 슈퍼바이지의 직무성과를 높이는데 기여하게 된다.

• 수동형 슈퍼바이저(passive supervisor)

수동형 슈퍼바이저는 슈퍼바이지의 요구와 감정에 반응하는 것을 매우 중요시하기 때문에 슈퍼비전의 내용이나 아젠다도 슈퍼바이지가 결정하도록 하고 무조건적으로 슈퍼바이지를 지지하고 격려하는 등 슈퍼바이지의 요구에 따른다. 이러한 모습으로 간혹 슈퍼바이저는 자신을 좋은 슈퍼바이저로 착각하게 되고, 슈퍼바이지도 좋은 상사로 인식하는 경우가 있다.

그러나 수동형 슈퍼바이저는 슈퍼바이지의 직무수행과 과업달성에 대한 관심이 부족하고 슈퍼바이지에게 도전할만한 과제를 부여하지도 않기 때문에 슈퍼바이저의 성장을 돕지 못하게 된다. 즉, 슈퍼비전의 목적과 슈퍼바이저의 역할을 제대로 수행하고 있지 못하는 슈퍼바이저라고 할 수 있다.

Chapter 10

# 효과적으로 슈퍼비전 관계하기

**생각해보기**

1. 슈퍼비전 관계에서 슈퍼바이저와 슈퍼바이지의 위계적 관계는 어떻게 균형을 가져야 하나요?
2. 슈퍼비전 관계에서의 긴장과 불안감은 어떻게 해결해야 하나요?
3. 효과적인 슈퍼비전 관계를 위해서는 무엇을 해야 하나요?

슈퍼비전 관계에서의 이슈는 매우 다양하다. 팀에 새로운 슈퍼바이저가 부임하는 상황, 성별 및 연령이나 학문적 배경으로 인한 갈등, 슈퍼바이저와 슈퍼바이지의 가치 차이, 슈퍼비전 관계에서의 전이와 역전이 문제, 수용할 수 없는 행동을 하는 슈퍼바이지 또는 슈퍼바이저 역할을 하지 않는 슈퍼바이지 등 일일이 나열하기 어려울 정도이다. 이는 조직의 문화와 분위기, 최고관리자의 리더십, 개개인의 특성 등 다양한 맥락에서 복합적으로 얽히는 경우가 많기 때문에 하나의 해답을 찾기란 매우 어렵다. 그럼에도 불구하고 다양한 관계이슈의 해결을 위해서 효과적인 슈퍼비전 관계를 위한 권력과 권위를 알아보고, 슈퍼비전 관계에서 저항과 회피는 무엇을 의미하는지 살펴보며, 슈퍼비전 관계의 본질을 다시 생각해 보고자 한다.

## 1. 슈퍼비전 관계에서의 권력과 권위

### 슈퍼비전 관계에서의 권력과 권위를 이해하자

권위(authority)란 사회적으로 인정받고 영향력을 행사할 수 있는 위신 또는 통솔하여 따르게 하는 힘을 말하며, 권위적이라는 것은 이러한 권위를 내세우는 태도를 말하는 것으로 서로 다른 개념이다. 즉, 권위란 권위 있는 부모, 그 분야에 권위가 있는 전문가, 권위 있는 논문 등 어떤 직위나 직분 또는 해당 분야에서 영향력을 행사할 수 있는 힘을 말한다. 한편 권위적이라는 것은 그러한 것을 내세우는 태도를 일컫는 의미이므로 권위 있는 슈퍼바이저가 바람직하며 권위적인 슈퍼바이저가 되지 않도록 해야 한다.

권력(power)은 타인이나 조직의 행태를 좌우할 수 있는 능력을 말하는 것으로, 어떤 사람이나 집단이 다른 사람이나 집단에 영향력을 미치는 잠재적 능력을 말한다(행정학사전). 슈퍼비전 관계 역시 조직의 권력구조 안에서 형성된다. 따라서 슈퍼바이저와 슈퍼바이지의 권력의 차이는 반드시 존재하며, 이는 힘과 관여라는 구조로 나타난다. 즉, 슈퍼바이저는 조직 내에서 슈퍼바이지의 상사라는 우위직위를 가지고 있기 때문에 슈퍼바이지의 업무수행을 지도하고 점검하는 위치에 있다는 것이다. 이러한 권력의 차이를 적절히 유지하는 것이 관건이다. 권력의 차이가 너무 작으면 슈퍼바이저가 슈퍼바이지의 직무를 지도감독하기가 어려운 관계에 이르게 되고, 권력의 차이가 너무 크면 슈퍼바이지는 최선을 다하지 않고 눈치만 살피게 된다. 따라서 슈퍼바이저는 적절한 권력과 권위의 기술을 사용할 수 있어야 한다.

##  슈퍼바이저로서 권력과 권위의 원천을 기억하고 통합하자

슈퍼바이저는 자신의 권위가 무엇이며 어디로부터 나오는지를 알아야 한다. 슈퍼바이저의 권위는 조직으로부터 부여받은 역할에 따른 권위, 전문적인 능력에서 나오는 전문적인 권위, 그리고 그가 어떤 사람이며 자기관리를 어떻게 하는가에 따라 나타나는 개인적인 권위로 구분(Wonnacott, 2012)된다. 슈퍼바이저로서 어떤 권위를 가지고 있는가를 슈퍼바이저 스스로 생각해 봐야 하며, 조직에서 팀장으로서 슈퍼바이저의 역할을 부여받은 게 전부인지 따져봐야 한다. 전문적인 권위와 개인적인 권위가 조직에서 부여받은 권위와 통합될 때 비로소 슈퍼바이지로부터 존경받는 슈퍼바이저가 될 수 있다는 것을 기억하고 노력해야 한다.

슈퍼바이저가 적절하게 권력을 사용하려면 권력의 근원과 유형을 이해하는 것이 도움이 될 것이다. French와 Raven(1960)는 권력을 원천에 따라 5가지 유형으로 구분하고 있다(최원희 · 안정선, 2018). 합법적 권력(legitimate power)은 슈퍼바이저가 조직으로부터 위임받은 공적인 지위를 말하는 것으로, 조직에 순응하는 것을 기본으로 하므로 슈퍼비전 관계에서 이를 강조하게 된다면 직원의 직무동기를 저해할 수 있다. 보상적 권력(reward power)은 슈퍼바이지에게 적절한 보상을 주는 것에 해당되는 것으로, 승진이나 성과급, 급여인상, 직무할당, 휴가, 직원연수 등과 관련된다. 특히 보상적 권력의 사용에 있어서는 슈퍼바이지들이 공정하다고 인식하는 것이 중요하며, 슈퍼바이저는 다양한 보상을 개발하고 이를 개별화하기 위해 노력해야 한다. 강압적 권력(coercive power)은 슈퍼바이지들의 행동을 변화시키려는 일종의 벌의 형태를 띠는 것으로, 면직이나 해직, 직위강등, 훈화 등으로 나타난다. 슈퍼바이지로부터 좋은 상사이고 싶거나 슈퍼바이지의 전문적 자율성을 존중하고자 하는 슈퍼바이저는 강압적 권력의 사용을 꺼리게 된다. 관계적 권력(referent power)은 슈퍼바이저와 슈퍼바이지의 관계로부터 출발하는 것이다. 슈퍼바이저와 슈퍼바이지 간의 좋은 관계를 맺거나 슈퍼바이지가 슈퍼바이저를 존경하는 것으로 설명된다. 즉, 슈퍼바이지가 슈퍼바이저를 믿고 따르며 슈퍼바이저와 같은 직원이 되기 위해 동일시하는 모습으로 나타난다. 그러나 관계적 권력은 슈퍼바이저가 원한다고 사용할 수 있는 유형이 아니고 슈퍼바이저의 개인적 자질이 전제되어야 한다. 전문적 권력(professional power)은 슈퍼바이저가 직무와 관련하여 전문적 지식 및 기술 역량을 충분히 보유하고 있고 이를 적절히 적용하여 슈퍼바이지에게 직무 방향성과 비전을 제시할 때 드러나게 된다. 따라서 슈퍼바이지로 하여금 슈퍼바이저의 조언과 슈퍼비전을 자발적으로 수용하게 한다.

합법적 권력, 보상적 권력, 강압적 권력은 슈퍼바이저의 행정가 역할에서, 관계적 권력과 전문적 권력은 슈퍼바이저 개인이자 전문가로서의 역할에서 주로 사용된다. 따라서 슈퍼바이저는 바람직한 슈퍼비전 관계를 위해 다양한 권력들을 어떻게 적절하게 사용할지 고려하면서 슈퍼바이저로서의 역량을 향상시키고자 최선을 다해야 한다.

## 권위적인 슈퍼바이저가 아닌 권위 있는 슈퍼바이저가 되자

앞서 권위란 사회적으로 인정받고 영향력을 행사할 수 있는 위신을 말하며 권위적이란 이러한 권위를 내세우는 태도를 말하는 것으로 엄연히 다르다는 것을 확인하였다. 슈퍼바이저는 다음의 8가지 사항(김은혜 외, 2014)을 숙지하여 권위 있는 슈퍼바이저가 되기 위해 노력해야 한다.

- 권위 있는 슈퍼바이저는, 슈퍼바이지에게 조직의 정책과 규정을 명확히 전달하고 슈퍼바이지가 이를 잘 준수하는지 확인한다.
- 권위 있는 슈퍼바이저는, 슈퍼바이지의 직무수행을 위해 필요한 모든 절차가 이루어졌는지 확인하고 필요한 문서와 기록을 점검한다.
- 권위 있는 슈퍼바이저는, 슈퍼비전을 위한 안전한 환경을 제공한다. 즉, 상호간 협의가 이루어져야 하고 협상이 가능한 부분과 그렇지 않은 부분을 명확히 정리해 준다.
- 권위 있는 슈퍼바이저는, 슈퍼바이지의 직무관련 경험에 관심을 갖고 함께 논의하도록 노력한다.
- 권위 있는 슈퍼바이저는, 슈퍼바이지가 직무수행에 필요한 지식과 기술을 습득할 수 있도록 지원한다.
- 권위 있는 슈퍼바이저는, 슈퍼바이지가 선호하는 학습스타일을 이해하고 자신의 학습스타일과 어느 정도 조율할지를 고려한다.
- 권위 있는 슈퍼바이저는, 슈퍼바이지가 직무수행과 관련하여 어떤 감정을 가지는지 정서적인 측면은 다룬다.
- 권위 있는 슈퍼바이저는, 슈퍼비전 관계의 역동에 대한 성찰을 위해 노력한다.

## 2. 슈퍼비전 관계에서 저항과 회피

### 슈퍼비전에 대한 긴장과 불안을 수용하자

슈퍼비전은 슈퍼바이지뿐 아니라 슈퍼바이저도 함께 성장하는 과정이다. 모든 성장하는 과정은 어느 정도의 고통을 수반하지만 성장하겠다는 의지와 목표가 있기에 이를 극복하려는 동기가 부여되는 것이다. 우리는 학창시절부터 배우고 공부하고 시험을 보면서 지식을 습득해 왔고 그 과정을 통해 직원으로서의 역량을 갖추게 되었다는 것을 잘 알고 있다. 슈퍼비전의 과정도 이와 비슷하다고 볼 수 있다. 좋은 직원이 되고 좋은 슈퍼바이저가 되기 위해서 끊임없이 배우고 노력하고 있다. 간혹 좌절하기도 하지만 성취를 맛보기도 한다. 도전이 없다면 성취가 없듯이 슈퍼비전도 피하려고만 한다면 슈퍼비전을 통한 성과를 맛보지 못할 것이다.

슈퍼비전이 지지와 격려만으로 이루어질 수도 없으며 항상 성공적인 결과만을 도출할 수도 없다. 그래서 대부분의 슈퍼바이저와 슈퍼바이지는 슈퍼비전 과정에서 어느 정도의 긴장감과 불안감을 경험하곤 한다. 슈퍼바이지는 슈퍼비전을 통해 직무수행에 대한 점검을 받으며 자신의 역량을 평가받게 되고 부족한 수행 부분을 인정하는 과정에서 좌절하기도 한다. 한편, 모든 슈퍼바이저는 슈퍼바이지에게 좋은 상사로 인식되고 싶어 하지만, 실제로는 슈퍼바이지를 객관적으로 평가하고 이를 인식시켜야 하며 보완할 과제를 부여하는 역할을 수행하면서 심리적으로 힘들어하게 된다. 특히나 초보 슈퍼바이저는 슈퍼바이저로서의 능력부족과 자신이 하고 있는 슈퍼비전이 옳은 것인지에 대한 확신부족으로 긴장과 불안을 겪는 경우가 많다. 이처럼 슈퍼바이지와 슈퍼바이저 모두 슈퍼비전은 어느 정도의 긴장과 불안을 야기하게 된다. 그러나 이러한 긴장과 불안이 전문가로서의 성장과정에서 자연스러운 현상임을 인식하고 수용하는 자세가 필요하다.

## 슈퍼비전의 게임을 이해하자

슈퍼비전 게임은 효과적인 슈퍼비전을 방해하는 요소로 작용한다. 슈퍼바이지는 자신의 직무수행과 관련한 평가와 조언에 대한 부담감 때문에, 슈퍼바이저는 자신의 무능 또는 좋은 상사이고 싶은 심리 때문에 슈퍼비전에 대한 불안과 스트레스를 받을 수 있다. 이러한 불안과 스트레스를 회피하는 수단으로 사용되는 것이 바로 슈퍼비전 게임인 것이다. 따라서 슈퍼바이저가 주로 하는 게임과 슈퍼바이지가 주로 거는 다양한 게임들을 이해하고 자신이 취약한 게임이 무엇인지를 생각해 볼 필요가 있다. 슈퍼비전 시간에 슈퍼바이저와 슈퍼바이지가 함께 게임의 종류를 하나씩 탐색하면서 토의하는 것만으로도 슈퍼비전 게임에 빠지는 것을 방지하는 데 도움이 될 것이다.

슈퍼비전 게임 중 슈퍼바이지가 주로 거는 게임은 슈퍼비전의 요구수준을 조정하는 게임들, 슈퍼비전 관계를 재정의 하는 게임들, 슈퍼바이저와 슈퍼바이지의 권력의 불균형을 감소시키는 게임들, 슈퍼비전 상황을 통제하려는 게임들로 구분된다. 슈퍼바이저가 하는 게임은 슈퍼바이지의 게임에 비하면 종류가 적지만 슈퍼바이지 입장에서 거절하는 것이 어렵기 때문에 벗어나기가 더 힘들다고 할 수 있다. 슈퍼바이저의 게임으로는 슈퍼비전 시간 대부분을 자신의 힘듦을 전하거나 슈퍼바이지에게 질문과 과제만 부여하여 책임을 회피하는 등 슈퍼바이저로서의 권력을 포기하는 게임들이 있다. 반면 권력을 주장하는 게임도 있는데, 예를 들면 슈퍼바이지의 실수를 보고하겠다고 위협하거나 어떠한 협의도 불가능한 억압적인 상황 또는 슈퍼바이저인 자신이 모든 걸 잘 알고 있다면서 슈퍼바이지의 도전과 성장을 저해하는 게임 등이 포함된다.[1)]

1) 공유복지플랫폼(http://wish.welfare.seoul.kr)/지식공유활동가/슈퍼비전by최쌤안쌤(2018.7.31부터 총 6회)에 걸쳐 기고한 내용 참조.

## 슈퍼비전의 게임에 대처하자

슈퍼비전 게임은 슈퍼비전 관계를 불편하게 만들거나 슈퍼비전의 본래 목적 달성을 방해하기 때문에 애초에 게임을 시작하지 않는 것이 바람직하지만 그렇지 못할 경우 대처하는 방안을 생각해 봐야 한다. 그러나 슈퍼비전 게임 중 슈퍼바이저가 시작하는 게임은 예방이든 대처든 슈퍼바이지 입장에서는 어찌해 볼 도리가 없다. 그러므로 슈퍼바이저가 게임을 걸지 않도록 주의해야 하는데 이는 슈퍼바이저의 자기 성찰만이 답이다. 슈퍼바이저는 동료 슈퍼비전 등을 통해서 슈퍼바이저의 슈퍼비전 게임과 자신의 슈퍼비전 태도를 점검할 필요가 있다.

슈퍼바이지가 거는 슈퍼비전 게임에 대처하는 방법(김융일 · 양옥경, 2004)으로는 슈퍼비전 게임 자체가 초래하는 불리함을 다루는 것이다. 즉, 슈퍼비전에 대한 부담과 스트레스 상황을 해소하기 위해서 슈퍼비전 게임을 사용하게 된다면 결국 자신의 전문적 성장에 방해가 된다는 것을 슈퍼바이저가 슈퍼바이지에게 분명하게 알려주는 것이다. 무엇보다 가장 직접적이고 효과적인 슈퍼비전 대처 방법은 바로 게임을 거절하는 것이다. 이렇게 간단한 방법이 쉽지 않는 이유는 슈퍼바이저도 슈퍼바이지가 거는 슈퍼비전 게임을 통해서 스트레스 감소 등의 이익을 얻을 수 있기 때문이다. 또 다른 방법으로는 직면을 사용하는 것이다. 슈퍼바이지가 하는 저항이나 회피 행동에 대하여 직접적으로 말해주고 슈퍼바이지가 이를 인식하도록 하는 것인데, 직면은 심리적 손상을 유발할 수 있으므로 슈퍼바이저의 신중함이 요구된다. 즉, 직면 사용의 시기와 방법 그리고 슈퍼바이지가 이를 수용할 수 있는 역량이 되는지를 고려해야 한다.

## 3. 슈퍼비전 관계의 본질 이해

###  슈퍼바이저의 책임과 슈퍼바이지의 권리를 확인하자

① 슈퍼바이저의 역할과 책임

슈퍼바이저로서의 역할은 선택이 아닌 의무이다. 슈퍼비전을 주지 않고 슈퍼바이지에게 모든 직무 책임을 떠넘기거나 슈퍼비전을 요구할 때만 마지못해서 주는 슈퍼바이저가 있다면 이들은 슈퍼바이저로서 직무유기에 해당된다고 할 수 있다. 왜냐하면 슈퍼바이저의 지위는 조직으로부터 부여 받은 것이고 그러한 지위를 받았다는 것은 그에 따른 책임과 의무가 수행되어야 함을 전제하기 때문이다. 슈퍼바이저는 다음과 같은 역할과 책임(김경희, 2006)을 수행해야 한다.

- 슈퍼바이저는 슈퍼바이지가 휴먼서비스 실천 가치와 철학을 기반으로 직무를 수행하도록 지도해야 한다.
- 슈퍼바이저는 서비스 효과성과 효율성을 창출하기 위해 직원으로서의 실천 효과성 검증능력을 보유해야 한다.
- 슈퍼바이저는 전문적 지식 및 기술, 그리고 가치 내재화를 통해 전문적 태도를 갖춘 모델로서 실천가의 역할을 보여줘야 한다.
- 슈퍼바이저는 조직의 위계적 체계 내에서 윗사람과 슈퍼바이지가 조직의 목적과 목표를 달성하도록 그들을 효과적으로 조력해야 한다.
- 슈퍼바이저는 슈퍼비전을 통해 슈퍼바이지가 서비스 성과 및 직무에 대한 책임을 지도록 지원해야 한다.
- 슈퍼바이저는 사업 및 프로그램 성과에 있어서 슈퍼바이지와 공동책임을 가져야 한다.

또한 슈퍼바이저는 슈퍼바이저의 기본 과업에 충실해야 한다(Munson, 2002; 태화기독교사회복지관, 2005에서 재인용). 즉, 직무관련 서적을 탐독하여 슈퍼바이지를 지도하고, 조직의 서식에 따라 실천 활동과 슈퍼비전 기록을 충실히 수행함으로써 슈퍼바이지의 본보기가 되도록 하며, 슈퍼바이지가 표현한 것 이상으로 파악하기 위해 늘 슈퍼바이지를 관찰하고 슈퍼바이지의 말에 경청하면서 말하는 기술을 활용하여 슈퍼비전을 진행하도록 해야 한다.

#### ② 슈퍼바이지의 권리와 책임

슈퍼바이저는 슈퍼비전을 줘야 할 의무가 있고 슈퍼바이지는 슈퍼비전을 받아야 할 권리가 있다. 이는 슈퍼바이저가 선택적으로 슈퍼비전을 주어서는 안 된다는 의미이며, 슈퍼바이저가 주는 슈퍼비전의 질의 보장을 포함하는 것이다. Munson(2002)은 특별히 클라이언트를 직접 만나는 슈퍼바이지를 위해 다음과 같은 권리장전(Bill of Rights)을 제시하였다.

- 슈퍼바이지는 일정한 빈도로 지속적인 슈퍼비전을 받을 권리가 있다.
- 슈퍼바이지는 개인의 사생활을 존중받는 성장 중심의 슈퍼비전을 받을 권리가 있다.
- 슈퍼바이지는 실천이론과 기술에 정통한 현실에 기반을 둔 슈퍼비전을 받을 권리가 있다.
- 슈퍼바이지는 직무수행에 대한 관찰을 기반으로 하고 미리 분명하게 제시된 기준에 따라 평가 받을 권리가 있다.
- 슈퍼바이지는 실천에 대한 적절한 지식과 기술을 가지고 있으며 슈퍼비전에 대한 충분한 훈련을 받은 슈퍼바이저로부터 슈퍼비전을 받을 권리가 있다.

슈퍼바이지의 권리를 획득하기 위해서는 슈퍼바이지의 노력도 필요하다. 슈퍼비전 관계에서 대부분의 책임은 슈퍼바이저에 의해서 수행되지만 슈퍼바이저와 슈퍼바이지가 함께 통합하여 관리해야 효과적인 성과를 이룰 수 있음을 깨달아야 한다. 이와 관련하여 Inskipp과 Proctor(1993)가 슈퍼바이지의 책임이라고 명명하고 목록을 제시한 다음의 내용(Hawkins & Shohet, 2000)을 점검해 보는 것이 유용할 것이다.

- 슈퍼바이지는 자신에게 필요한 도움이 무엇이고 이와 관련된 실천이슈가 무엇인지를 확인하고 슈퍼비전을 요청해야 한다.
- 슈퍼바이지는 슈퍼비전에서 공유하는 것에 점차 자유로워져야 한다.
- 슈퍼바이지는 자신이 원하는 반응이 무엇인지를 규명해야 한다.
- 슈퍼바이지는 슈퍼바이저와 클라이언트 그리고 자신에게 영향을 미치는 조직의 계약내용에 대하여 잘 인식해야 한다.
- 슈퍼바이지는 슈퍼바이저의 피드백에 대하여 개방적이어야 한다.
- 슈퍼바이지는 정당화시키거나 방어하는 자신의 경향을 점검해야 한다.
- 슈퍼바이지는 자신에게 유용한 피드백이 무엇인지를 구별하는 능력을 개발해야 한다.

##  여러 명의 슈퍼바이저로 슈퍼바이지를 혼란에 빠뜨리지 말자

원칙적으로 한명의 슈퍼바이지에게 필요한 슈퍼바이저는 단 한명이다. 실천현장에서는 단 한명의 슈퍼바이저를 누가 하는 것이 바람직한가와 여러 명일 수밖에 없는 예외 상황에서의 대안은 무엇인지가 이슈가 되기도 한다. 예를 들어 슈퍼바이지가 원하는 상사를 슈퍼바이저로 맺어주면 안되는지, 슈퍼바이지 인원이 너무 많아서 한명의 팀장이 감당할 수 없는데 제2선 슈퍼바이저와 나누면 안 되는지, 한 명의 직원이 두 개 이상의 부서와 관련하여 직무를 수행할 때는 누가 슈퍼바이저가 되어야 하는지 등이다. 조직의 특성을 고려해야겠지만, 모든 상황에서의 판단 기준은 슈퍼바이지의 혼란을 최소화하는 것을 최우선으로 삼는 것이 바람직하다.

한 직원에게 당신의 상사는 몇 명인가라는 질문과 당신의 슈퍼바이저는 몇 명인가라는 질문을 던져보면 의외의 답이 나온다. 슈퍼바이저가 상사에 포함되는 것은 맞지만 상사가 모두 슈퍼바이저라고 생각하는 조직에서는 이로 인한 혼란이 자주 발생한다. 예를 들어 복지관에 입사한 신입 직원이 직무와 관련된 일을 누구와 의논해야 할지 생각해 보자. 슈퍼바이저라고 답한다면, 팀장에게 갈 것이다. 상사라고 답한다면, 팀장이든 부장이든 국장이든 혹은 관장이든 상관없겠지만 업무의 종류와 경중에 따라 누구에게 가야할지 갈등할 수 있다. 실제로 실천현장에서는 직무 자체에 대한 고민보다 이러한 갈등으로 인한 에너지 소모로 힘들어하는 경우가 빈번하다. 슈퍼바이지가 이러한 혼란에서 벗어나 자신의 직무에 더 많은 에너지를 집중할 수 있을 때 직무만족도 높아지고, 조직의 업무효율성도 높아지게 된다는 것을 기억해야 한다.

제2선 슈퍼바이저와 최고관리자는 자신의 슈퍼바이지가 누구인지 그리고 자신이 해야 할 슈퍼바이저로서의 역할이 무엇인지 규명해봐야 한다. 하나의 직무에 대하여 제1선(중간관리자), 제2선(상급관리자), 제3선(최고관리자) 슈퍼바이저의 슈퍼비전이 각각 다르거나 상충될 때 슈퍼바이지들은 혼란스러워하며, 동일한 슈퍼비전을 줄 때는 시간낭비라는 생각을 갖게 된다. 따라서 제2선 또는 제3선 슈퍼바이저는 제1선 슈퍼바이저가 슈퍼바이저 역할을 잘 할 수 있도록 지도하고 지원해야 하며 일선 슈퍼바이지들에게 직무와 관련된 슈퍼비전을 직접 주는 일은 지양해야 한다. 만약 직접 슈퍼비전을 주고 싶다면 제1선 슈퍼바이저와 중복되지 않는 범위를 설정하도록 한다. 이를테면 조직의 비전 공유나 전체 직원의 공통역량을 강화시키는 주제 등을 별로 선정하는 것이다.

그렇다면 단 한명의 슈퍼바이저는 누가 되어야 하는 것일까. 원하는 사람끼리 슈퍼비전 관계를 매칭하면 더 좋을 것이라고 생각한다면 슈퍼비전 본래의 기능을 상기해봐야 한다. 슈퍼비전의 가장 중요한 기능은 바로 슈퍼바이지의 직무수행을 점검하고 더 잘할 수 있도록 역량을 강화시키기 위함이다. 또한 실천에 대한 슈퍼바이저와 슈퍼바이지의 공동책임이 부여되기 때문에 슈퍼바이지의 소속 팀장이 슈퍼바이저로 배정되는 것이 가장 타당하다. 혹시 소속 팀장이 아닌 누군가가 가능하다고 해도 슈퍼바이저와 슈퍼바이지 서로가 원하는 매칭이 가능할 수가 없다. 왜냐하면 슈퍼비전은 멘토링이나 코칭과 같이 특정기간이나 특정대상으로 진행되는 것이 아닌 조직적 차원에서 전사적으로 실행되기 때문이다.

## 슈퍼바이저의 능력 내에서만 슈퍼비전을 제공하자

슈퍼바이저의 능력 내에서만 슈퍼비전을 제공하는 것은 자신의 능력범위를 벗어나는 슈퍼비전을 주어서는 안 된다는 슈퍼바이저의 윤리적 자세와, 슈퍼비전을 줄만한 충분한 역량을 갖추어야 한다는 슈퍼바이저의 책임을 강조하는 것이다.

슈퍼바이저가 명확하지 않거나 잘못된 지식 또는 정보를 기반으로 슈퍼비전을 제공하였을 때 슈퍼바이지가 그대로 실천에 적용하게 되면 의도치 않게 실천오류로 이어질 수 있다. 간혹 슈퍼바이저의 슈퍼비전 내용이 잘못되었다는 것을 인지하는 슈퍼바이지들도 있는데 이 경우에는 실천오류를 막을 수 있다하더라도 슈퍼비전 관계의 불편함이라는 또 다른 이슈가 발생된다. 즉 슈퍼바이저의 슈퍼비전이 잘못되었다는 것을 꼬집어서 말하는 것도 어렵고 그대로 진행할 수도 없는 딜레마로 슈퍼바이지를 곤경에 빠지게 만든다. 그러므로 슈퍼바이저는 자신이 알고 있는 지식과 기술 및 정보가 근거를 기반으로 할 때에만 슈퍼비전을 제공해야 하는 것이다.

슈퍼비전의 질은 슈퍼바이저의 능력에 따라 좌우되고, 이는 곧 슈퍼바이지의 실천의 질에 영향을 주게 된다. 그러므로 슈퍼바이저는 이를 인식하고 사회 및 조직 환경의 변화에 따른 최신의 지식과 기술에 관심을 가지고 전문성과 능력을 향상시키기 위해 부단히 노력해야 한다(최원희 · 안정선, 2018). 이제 막 슈퍼바이저가 되었거나 부서를 이동한 경우 자신이 슈퍼바이저로서 능력이 부족함을 느끼는 경우가 종종 있다. 이럴 경우에는 슈퍼바이지에게 솔직하게 인정하고 역량을 채우는 기간 동안 기다려줄 것을 요청하는 것도 하나의 방법이다. 이때 슈퍼비전의 공백이 발생하지 않도록 제2선 슈퍼바이저가 제1선 슈퍼바이저의 역할 즉, 슈퍼비전을 대신하면서 진행하는 것도 고려해 볼 수 있다. 주의할 점은, 역량이 충족될 때까지로 기한을 두는 것이 아닌 일정기간, 즉 3개월 또는 6개월이라는 시간을 정해야 한다. 정해진 기간에 슈퍼바이저의 역량이 원하는 수준에 도달하지 못하였다 하더라도 자신의 슈퍼바이저로부터 지도받으면서 슈퍼바이저 역할을 수행하면서 성장해 나가야 한다. 또한, 제1선 슈퍼바이저가 역량을 키우는 동안 슈퍼비전으로부터 완전히 벗어나 있는 것이 아니라 제2선 슈퍼바이저가 슈퍼비전을 하는 것을 관찰하고 이에 대한 슈퍼비전을 받으면서 배워나가는 과정으로 삼아야 한다. 제2선 슈퍼바이저의 역할이 바로 제1선 슈퍼바이저가 역량 있는 슈퍼바이저로 성장할 수 있도록 지원하는 것임을 명심해야 한다.

## 슈퍼바이지의 욕구와 발달수준에 따라 슈퍼비전 관계를 시작하자

슈퍼비전 관계는 슈퍼바이지가 무엇을 원하는지를 파악하는 것으로부터 시작해야 한다. 슈퍼바이지가 원하는 슈퍼비전의 내용과 방법을 포함하여 슈퍼바이지가 기대하는 슈퍼바이저와의 관계 또한 매우 중요하다.

### ① 슈퍼바이지의 슈퍼비전 욕구 파악

슈퍼바이지의 욕구파악에서 무엇보다 우선되어야 하는 것은 슈퍼바이저가 원하는 것과 슈퍼바이지가 기대하는 것이 다를 수 있다는 슈퍼바이저의 인식이다. 일반적으로 슈퍼바이지는 구체적이고 실제적인 슈퍼비전을 원하고 슈퍼바이저는 개념적이고 이론적인 슈퍼비전을 선호한다고 알려져 있다.

슈퍼비전의 내용과 방법은 슈퍼비전 계획을 수립하기 전에 작성하는 슈퍼바이지의 교육적 사정질문지나 슈퍼비전 욕구수렴지 등을 통해서 파악할 수 있다.[2] 이를 토대로 슈퍼바이저와 슈퍼바이지의 논의를 거쳐 슈퍼비전 계획서와 합의서가 완성되는 것을 슈퍼바이지의 욕구파악 과정의 하나로 볼 수 있다. 이때 슈퍼바이지가 원하는 그것만으로 구성되어서는 안 된다. 슈퍼바이저가 생각할 때 슈퍼바이지에게 요구되는 직무역량을 포함시키는 것이 중요한데, 이는 슈퍼바이지의 직무수행 과정을 지속적인 관찰하고 그것을 근거로 한 판단이어야 한다. 즉 슈퍼바이지의 욕구는 슈퍼바이지가 원하는 것(want)뿐 아니라 슈퍼바이지에게 필요한 것(need)을 고려해야 한다. 다만 슈퍼비전에 대한 동기부여와 슈퍼비전의 성과 측

2) 본 서의 시작단계 참조.

면에서 본다면 슈퍼바이지가 원하는 것으로부터 시작하는 것이 바람직하다.

### ② 슈퍼바이지가 원하는 슈퍼비전 관계

슈퍼비전 관계에서 슈퍼바이지의 욕구는 슈퍼바이지가 슈퍼바이저와 어떠한 관계를 선호하는지를 파악하는 것이다. 매우 친밀한 관계를 원하는지, 공적이고 전문적인 관계를 원하는지, 어려움 없이 수시로 만날 수 있는 관계를 선호하는지, 배우고 존경할 수 있는 관계를 기대하는지를 파악하고 가급적 슈퍼바이지에게 슈퍼바이저가 맞춰주는 것이 좋다. 왜냐하면 좋은 슈퍼비전 관계는 슈퍼바이지의 심리적 안정감에서 오는데, 이를 위해서는 슈퍼바이지가 편하게 느끼는 관계 맺기를 적용하는 것이 효과적이기 때문이다. 다만, 슈퍼비전 관계가 공식적이고 전문적 관계임을 기억하고 사적인 친밀감으로 인해 슈퍼비전 게임에 빠지게 된다든가 너무 공적인 관계만 유지되어 유연성이 사라지지 않도록 조심해야 한다.

그렇다면 슈퍼비전 관계에서의 슈퍼바이지 욕구파악은 어떻게 해야 할까. 슈퍼바이저와 슈퍼바이지의 개인적 성향, 슈퍼바이지 또는 슈퍼바이저가 경험했던 권력관계 등이 영향을 받을 수 있음을 이해해야 한다. 슈퍼바이저와 슈퍼바이지가 마주 앉아서 과거의 경험들을 나누고 서로가 원하는 관계가 무엇인지 터놓고 대화하는 것으로 가능할까. 서로가 완전히 솔직하기도 어렵지만 그보다 자신이 진정으로 원하는 관계가 무엇인지를 스스로 인식하고 규명하기가 쉽지 않을 것이다. 그래서 과학적인 방법으로 접근해야 한다. 앞서 살펴본 자신에 대한 인식, 슈퍼비전 이력, 선호학습 스타일, 부모양육 스타일, 권력과 권위의 이해, 슈퍼비전 게임 등을 적절히 활용하면 유용할 것이다.

### ③ 슈퍼바이지의 발달수준

슈퍼바이저는 모든 슈퍼바이지와 동일한 형태의 슈퍼비전 관계를 맺는 것이 아니라 슈퍼바이지의 현재의 능력과 성장 수준에 따라 다르게 개입해야 한다. 초보 슈퍼바이지들은 보다 지시적이고 구체적인 슈퍼비전이 필요하지만 성장해 가면서 덜 지시적이어야 하고 슈퍼바이지가 도전해 볼 수 있는 기회를 제공해야 한다. 즉,

세부적인 정보와 조언 및 기술적인 교육 중심에서 자율적이고 성취감을 가질 수 있도록 슈퍼비전 관계를 변화시켜야 한다(Brown, 1996; Lewis et al., 2001).

슈퍼바이지의 발달수준을 4단계(Hawkins et al., 2000; 안정선 · 최원희, 2016)로 알아보면 다음과 같다. 슈퍼바이저가 각 단계별로 슈퍼바이지의 특징을 파악하여 슈퍼비전 관계를 시작하고 변화시켜 나간다면 슈퍼바이지의 성장은 보다 효과적으로 향상될 것이다.

• 1단계: 자기 중심적 수준

초보 슈퍼바이지들은 자신의 능력부족에 대한 두려움으로 불안하여 슈퍼바이저에게 의존하는 특징을 보이지만 슈퍼비전에 대한 높은 동기를 가지고 있다. 이 단계의 슈퍼바이지는 실제로 발생한 일에만 주의를 기울이게 되므로 조급하게 판단하지 않도록 슈퍼바이저는 긍정적인 피드백과 지지를 해야 한다.

• 2단계: 클라이언트 중심적 수준

슈퍼바이지는 초보 때의 불안은 어느 정도 극복하지만 방어와 자율성, 과도한 자신감이나 전문가처럼 보이기 또는 어려운 실천 사이에서 갈등하게 된다. 간혹 슈퍼바이지가 무능하거나 부적절하게 대응하는 것처럼 보이기 때문에 슈퍼바이저는 마치 청소년을 지도하는 것과 같은 느낌을 가질 수 있다. 1단계의 슈퍼바이지보다는 덜 구조적이고 덜 지시적인 슈퍼비전이 적절하다. 슈퍼바이지가 실수하면서 배울 수 있도록 어느 정도의 시간과 거리를 유지하는 것도 고려해보는 것이 좋다.

• 3단계: 과정 중심적 수준

이 단계의 슈퍼바이지는 상황에 따라 슈퍼바이저에게 의존하기도 하지만 전문적인 면에서는 자신감이 증가된다. 통찰력이 좋아지고 안정적으로 보이며 습득한 기술을 적절히 사용하게 된다. 슈퍼바이저는 이제 지식과 기술을 전체적으로 통합할 수 있도록 슈퍼비전을 줌으로써 슈퍼바이지가 성장할 수 있도록 지원하도록 한다.

• 4단계: 맥락 중심적 수준

슈퍼바이지가 개인적 자율성과 통찰적 인식이 높아지고 많은 지식의 획득과 통합으로 깊이를 더해하는 단계이다. 이 단계의 슈퍼바이지는 슈퍼바이저가 되어가는 과정에 있으므로 슈퍼비전에서 이를 다루어주는 것이 바람직하다.

## 슈퍼비전 관계에서 필패증후군을 이해하고 강점탐구를 활용하자

실천현장의 슈퍼바이지들에게 슈퍼비전이라는 용어를 듣고 떠오르는 단어를 연상해보라고 하면, 그들이 강점관점의 슈퍼비전을 받았는지 아닌지가 바로 드러나는 것을 볼 수 있다. 강점관점의 슈퍼비전을 받고 있는 슈퍼바이지들은 지지, 격려, 방향제시, 성장, 성찰, 자신감, 비전, 기다려지는 시간, 배움 등 긍정적인 용어가 등장하지만 슈퍼바이지의 단점을 중심으로 슈퍼비전을 받고 있는 슈퍼바이지들은 비난, 꾸중, 피하고 싶은 시간, 비참함, 채찍, 두려움, 업무추가, 과제, 화남 등 부정적인 단어가 나타난다. 그렇다면 어떠한 슈퍼비전이 바람직한지 슈퍼바이저들은 이미 답을 알고 있을 것이다. 여기서는 강점관점 슈퍼비전을 위해서 필패증후군을 소개하고 이를 탈피하기 위한 방법 및 강점탐구 방법을 소개한다.

### ① 필패증후군 점검과 근절

슈퍼바이지에게 강점관점으로 다가가기 위해 슈퍼바이저는 필패(必敗)증후군(set-up-to-fail syndrome)을 이해하고 자신을 점검할 필요가 있다.[3] 필패증후군이란 일을 잘하던 직원도 상사가 무능하다고 인식하게 되면 직무수행능력이 저하되는 현상을 말하는 것으로, 한마디로 슈퍼바이지가 실패할 것이라고 슈퍼

3) 공유복지플랫폼(http://wish.welfare.seoul.kr)/지식공유활동가/슈퍼비전by최쌤안쌤(2017.11.29) 참조.

바이저가 단정하게 되면 결국 그렇게 된다는 것이다. 상황을 예상해보자. 슈퍼바이지가 일을 못하고 실수를 계속하는 무능한 직원이라고 판단하는 순간 슈퍼바이저는 더 많은 시간을 투자하여 주의를 주고 지침을 따르게 하며 세세한 내용까지 모두 확인하는 태도로 개입하게 되는데, 이로 인해 슈퍼바이지는 자신감이 낮아지고 결국 슈퍼바이저의 눈치를 보게 되면서 능력발휘를 못하게 될 것이다. 이처럼 슈퍼바이저의 필패증후군은 슈퍼바이지가 실제 능력보다 훨씬 더 부족한 능력으로 업무를 수행 하게끔 만드는 원인이 될 수 있다. 따라서 슈퍼바이저는 슈퍼바이지에 대한 판단과 평가가 정확한 근거에 의한 것인지 필패증후군이 원인인지를 점검할 필요가 있다.

필패증후군을 점검하고 극복하기 위해서 Mansoni와 Barsoux(1999)의 자가점검 질문과 필패증후군 고리 끊기 5단계(Wonnacott, 2012)가 도움이 될 것이다.

### ■ 필패증후군 확인을 위한 자가점검 질문들

- 슈퍼바이지와 상호작용이 항상 이렇게 어려웠던가?
- 이 슈퍼바이지와의 관계에서 달라진 것은 무엇인가?
- 이 슈퍼바이지가 늘 이렇게 부족한 직원이었나?
- 이 슈퍼바이지가 내가 생각하는 만큼 실제로 부족한가?
- 내가 이 슈퍼바이지를 판단하는 확실한 증거가 있는가?
- 이 슈퍼바이지는 특별히 어떤 영역에서 부족한가?
- 업무 외에도 다른 이유로 이 슈퍼바이지를 능력이 부족한 직원으로 인식한 적이 있는가? 어떤 이유 때문인가?
- 왜 이런 상황에 이르게 되었으며, 내 행동이 영향을 미쳤는가?

### ■ 필패증후군의 고리 끊기 5단계

- 1단계: 슈퍼비전의 논의를 위한 상황 마련

진실성과 신뢰, 명확한 합의에 의한 슈퍼비전이 마련되지 않는다면 민감한 내용에 대한 논의는 어렵게 된다. 즉, 심리적 · 물리적으로 안전감을 가질 수 있는 적절한 슈퍼비전 환경이 준비되어야 한다.

• 2단계: 문제에 대한 동의

더 발전하고 향상되어야 할 부분에 있어서 슈퍼바이저와 슈퍼바이지 양자의 동의가 필요하다. 이를 위해 서로의 이해를 검토할 만한 충분한 시간이 주어져야한다.

• 3단계: 미흡한 실천 원인 이해

슈퍼바이지의 미흡한 실천의 원인이 어디에 있는가를 슈퍼바이저와 슈퍼바이지가 함께 탐색한다. 즉, 미흡한 실천의 원인이 조직이나 다른 체계로부터 온 것인지, 슈퍼비전 관계에서 비롯된 것인지를 파악하는 것이 중요한데 이때 유용한 도구 등[4]을 활용하는 것이 효과적이다.

• 4단계: 공동목표 달성

슈퍼바이저와 슈퍼바이지는 달성해야 할 공동목표를 함께 설정하고 어떻게 도달할 것인지에 대해서도 합의해야 한다. 슈퍼바이저는 필요하다면 조직과 슈퍼바이지 사이에서 중재자 역할을 수행하거나 슈퍼바이지의 업무량 조정을 검토할 수 있다.

• 5단계: 향후 의사소통방법 동의

슈퍼바이저는 앞의 단계들을 반영하여 미래를 위한 예방책을 합의하게 된다. 슈퍼바이지가 슈퍼비전을 요청하는 것이 여전히 어렵더라도 과거보다는 빨라질 것이며, 슈퍼바이저는 문제가 악화되기 전에 슈퍼바이지에게 무엇이 필요한지 질문할 수 있을 것이다.

---

4) Wannacott, J.(2014). p. 188 참조.

### ② 강점관점 슈퍼비전: 강점탐구(AI)

강점관점 슈퍼비전이 어렵다고 말하는 슈퍼바이저 대부분은 슈퍼바이지의 능력부족을 원인으로 꼽고 있는데, 그렇다면 강점 없는 개인이 존재한다고 생각하는지 스스로에게 한번 반문해볼 일이다. 휴먼서비스 실천 개입의 주요 관점이 강점관점이라는 것은 누구도 부인하지 못한다. 그렇다면 슈퍼비전에서 강점관점을 적용하지 못하는 슈퍼바이저가 과연 슈퍼바이지에게 강점관점의 실천과 관련하여 슈퍼비전을 주는 것이 가능할까. 앞서 살펴본 슈퍼비전 관계의 중요성에서 언급되었던 슈퍼비전 관계가 클라이언트와 직원의 관계에 투영(Mirroring)된다는 것을 상기한다면, 슈퍼비전이 강점관점으로 진행되어야 함은 너무도 자명한 일이다.

강점관점을 실현하기 위해 구체적이고 실제적인 방법 중 하나인 강점탐구를 슈퍼비전에 적용해 볼 수 있다. 강점탐구(Appreciative Inquiry: AI)[5]는 조직변화를 위한 것으로, 직원의 강점을 강조하면 스스로 탐구하는 방향으로 성장할 것이라는 가정을 전제로 한다. 강점탐구 활용법은 질문을 통해 긍정적인 가능성을 탐색하고 기대를 증진시킴으로써 조직구성원이 성장하고 이는 조직의 역량을 강화할 수 있는 기술과 실천을 포함한다(이찬 외, 2017). 강점탐구의 관점은, 문제에 초점을 두고 이를 해결하고자 한다면 더 많은 문제가 발견될 것이고 실패에만 주목하게 된다고 보고, 성공적인 경험에 집중하는 것으로 조직 또는 개인의 성장을 도모해야 한다는 입장이다. 따라서 슈퍼바이저가 슈퍼바이지의 직무수행을 관리하고 슈퍼비전을 제공함에 있어서 단점과 결핍 등 문제 초점에서 탈피하여 슈퍼바이지의 강점을 강화시켜 성장시킬 수 있다는 점에서 강점탐구 적용이 유용할 것이다.

강점탐구는 기본적으로 4D의 순환을 강조한다. 즉, 발견(Discovery), 꿈(Dream), 설계(Design), 운명(Destiny)의 순환을 통해 꿈과 이상을 설계하는데 초점을 두

5) 주로 조직변화를 위해 활용되었으나 개인 삶의 변화를 위해서도 적용된다. AI의 기본원리와 철학적 배경 및 활용방법에 대하여 더 자세히 알고 싶다면 Kelm, J. (2013). 「삶을 바꾸는 기적의 질문」을 참고하기 바란다.

며, 예외적인 성공에 대해 질문하기, 이러한 성공이 예외가 아닌 예상 가능하게 된다면 어떨지 탐색하기, 예외적인 성공을 목표로 추구하고 실천에 적용하기 등의 과정을 거친다(Wonnacott, 2012). 이를 슈퍼비전 과정에 접목해볼 수 있다. 최근 슈퍼바이지의 성공적인 업무수행을 생각해 보게 하고, 그것이 일상이 된다면 어떤 변화가 일어나게 될 것인지, 이러한 변화를 일상적으로 만들려면 누구의 도움이 필요한지 등의 질문을 활용해 보는 것으로, 특히 집단 슈퍼비전에서 2인 1조 형태로 연습해 볼 수 있다.[6] 이 활동은 슈퍼바이지가 자신의 업무 성공 경험에 대하여 말할 수 있는 기회를 갖게 되고 슈퍼바이저로부터 인정받는 경험을 하면서 자신감과 성취감을 향상시켜 더 발전적이 모습으로 성장할 동기를 부여하게 된다.

6) 본 서의 〈서식 3-3〉 참조.

# 사례로 이해하기

## 이것이 궁금해요

이슈 3-1

슈퍼바이지가 제안하거나 도전하는 것을 슈퍼바이저가 매번 반대하는데 어떻게 해야 하나요?

이슈 3-2

슈퍼바이지의 약점에 중점을 둔 슈퍼비전을 동의하지 않는 슈퍼바이지와 어떻게 협의해야 하나요?

이슈 3-3

친밀감 표현과 지지적 슈퍼비전을 거부하고 행정적이고 교육적인 내용만을 원하는 슈퍼바이지는 어떻게 해야 하나요? 원하는 것만 주어도 되나요?

이슈 3-4

슈퍼비전 시간에 나눈 내용이 슈퍼바이지의 동의 없이 조직에 도움이 된다는 이유로 공개적으로 다루어져도 문제가 없는 건가요?

이슈 3-5

명확하지 않은 슈퍼비전을 받았을 때 슈퍼바이지의 눈높이에서 다시 설명해 달라고 요청해도 될까요? 명확한 슈퍼비전을 주었는데 다르게 해석하는 슈퍼바이지는 어떻게 해야 하나요?

이슈 3-6

슈퍼바이저 역할로 인한 소진은 어디서 에너지를 받을 수 있을까요?

이슈 3-7

오래된 슈퍼비전 관계에서 새로운 아젠다를 찾는 것이 가능할까요?

**이슈 3-8**

슈퍼바이저보다 재직기간도 길고 경력도 많은 슈퍼바이지가 변화를 거부하는데 어떻게 설득하고 이해시켜야 하나요?

**이슈 3-9**

여러 조직에서의 근무경력은 많은데 잦은 이직으로 실천경험이 부족한 상태로 입사한 슈퍼바이지는 신입직원처럼 대하는 게 옳은 걸까요?

**이슈 3-10**

슈퍼바이지가 자기성장계획서를 가정생활에 대한 목표로 작성했는데, 슈퍼바이저가 경험도 없고 사생활 영역이라 수정시킨다면 문제가 될까요?

## 이슈 3-1 슈퍼바이지의 도전을 묵살하는 슈퍼바이저

저는 현재 조직에서 근무한 지 6년차에 접어드는 사회복지사입니다. 사업 진행과 관련하여 아이디어를 제안하면 슈퍼바이저로부터 늘 "그거 예전에 다 해본 거야, 해봤는데 안 돼. 효과도 없고 실적도 안 나와. 그런 거 말고 좀 더 참신한 거 없나"라는 식의 피드백을 받는 경우가 대부분입니다. 슈퍼바이저는 그 분야에서 경험도 풍부하고 능력도 인정받고 있는 분이라 딱히 반박하기가 어렵습니다. 하지만 저는 시도해 봤지만 효과가 없었다는 말이 납득이 가질 않습니다. 제가 직접 해보지도 않았는데 예전에 실패했다고 지금도 안 될 것이라는 생각으로 해보지도 않고 포기하기는 싫습니다. 슈퍼바이저가 명확히 반대의사를 밝힌 의견을 제 맘대로 실행할 수는 없고 좋은 방법이 없을까요?

A 직원으로서 일하면서 가장 맥 빠지는 경우가 바로 이런 상황이죠. 슈퍼바이지가 무엇인가를 새롭게 시작하고 시도해 보고자 하는데, 슈퍼바이저가 과거의 실천경험을 근거로 효과성을 언급할 때 사실상 슈퍼바이지가 반박하기란 쉽지 않은 일입니다. 더군다나 슈퍼바이저가 그 분야에서 자타공인 실력자라면 더 어려운 일이고요. 슈퍼바이저의 이러한 피드백이 반복된다면 슈퍼바이지는 더 이상 도전하지 않고, 조직에서 그동안 실적 좋았던 사업만 답습하는 소극적인 직원으로 남게 될 것입니다. 이 사례의 슈퍼바이저는 전문적 역량이 높은 실력 있는 직원일지는 몰라도 슈퍼바이저로서의 역량은 매우 부족한 사람이군요!

슈퍼바이저와 슈퍼바이지가 슈퍼비전 관계로 만난 지 얼마 안 되었다면 단순히 주도권 잡기나 스타일의 문제일 수도 있습니다. 이런 경우라면, 유형화되기 전에 서로를 이해하는 시간을 가지는 것만으로 의외로 쉽게 해결될 수도 있습니다. 명확한 사실은, 슈퍼바이지는 본인이 제안한 사업을 시작해보고 싶고 슈퍼바이저는 번번이 반대한다는 것입니다. 슈퍼바이지의 고민은 슈퍼바이저를 불쾌하게 만들지 않으면서 본인의 제안을 시도해 보고자 하는 것이겠죠? 그렇다면 먼저 슈퍼바이저가 왜 매번 그렇게 반응하는지 원인을 파악하여 대응방안을 생각해 보는 게 도움이 될 것입니다. 좀 더 쉽게 접근하기 위해서 슈퍼바이저로부터 원인을 찾고, 슈퍼바이지로부터 원인도 찾아보는 게 좋겠어요.

여기서 잠깐! 원인을 생각해본다는 것이 누가 잘못했는가를 따진다는 의미가 아닙니다. 슈퍼비전 관계에서 가장 우선적으로 고려해야 할 점은 슈퍼바이저와 슈퍼바이지 각자의 입장과 관점을 이해하려는 노력입니다. 바로 이러한 노력의 일환으로 시작해 봅시다! 상대가 왜 저런 반응을 보일까? 나의 행동이 상대에게는 어떻게 비춰지는 것일까? 혹시 나의 특정 행동이 상대의 반응을 만들어내는 것은 아닌가? 과거 나의 업무태도에서 신뢰를 얻지 못한 것은 아닐까? 스스로 질문해보고 답을 찾게 된다면 슈퍼바이저에게 그 부분을 인정하고 변화노력을 하겠으니 한 번 기회를 달라고 요청해 보는 게 좋겠어요.

만약 내가 아닌 다른 동료 슈퍼바이지들에게도 똑 같은 반응을 보인다면 원인이 슈퍼바이에게 있는 것은 아닐 거예요. 그 분야에서 인정받는 슈퍼바이저라니까 과거에 시도했다가 실패한 것이 자신의 문제가 아니라 아이디어 자체의 문제라고 믿고 싶을 수 있어요. 내가 실패한 것을 슈퍼바이지가 잘해 낼 때의 불편함이 있을 수 있겠죠. 슈퍼바이지로서 슈퍼바이저의 이러한 감정이 이해가 되나요? 완전히 슈퍼바이저를 이해할 수도 없고 그럴 필요도 없지만 그럴 수 있다는 가능성을 염두에 두는 것만으로도 관점이 달라질 수 있어요.

자, 이제는 슈퍼바이지가 어떻게 해야 할지 생각해 볼까요? 이 사례에서는 '해보지 않고 포기하기는 싫다'는 슈퍼바이지의 강한 의지가 가장 큰 강점이라고 생각합니다. 이러한 의지를 슈퍼바이저에게 잘 전달하는 것이 중요하지만 앞서 고려했던 혹시 모를 슈퍼바이저의 실패를 들춰내지 않도록 주의해야 합니다. 당시에 실패할 수밖에 없었던 환경이 지금은 변화되었음을 근거를 가지고 접근해야 하며, 혼자서는 힘들지만 슈퍼바이저와 함께라면 할 수 있다는 것을 표현해 보세요. 슈퍼바이저의 능력과 역할을 인정하는 모습을 보이면 슈퍼바이저의 마음이 열릴 수도 있으니까요.

## 이슈 3-2 약점에 중점을 둔 슈퍼비전에 동의하지 않는 슈퍼바이지

저는 8년의 실천경력을 가진 2년차 슈퍼바이저입니다. 슈퍼바이지 중에서 2년 경력을 가진 사회복지사와 슈퍼비전 계획 수립에 이견이 있어서 고민입니다. 저는 평소에 슈퍼바이지를 관찰하면서 나름대로 분석한 결과 직무 수행하는 과정에서 드러나는 슈퍼바이지의 약점을 보완하는 것에 중점을 둔 슈퍼비전을 계획하고 있었습니다. 그리고는 슈퍼비전 계획수립을 위해 슈퍼바이지와의 협의과정에 임하였는데 여기서 난관에 부딪히게 된 것입니다. 슈퍼바이지는 자신의 약점을 거론하는 것 자체에 부담을 가지고 슈퍼비전 진행에 대해 상당히 부정적인 모습을 나타냈고, 이로 인해 슈퍼비전 진행 자체가 어렵게 되었습니다. 이처럼 슈퍼바이저와 슈퍼바이지가 추구하는 슈퍼비전 목표에 차이가 있을 경우 슈퍼바이지의 욕구에만 기반 하여 슈퍼비전의 방향을 설정해야 하는지 의문입니다. 슈퍼바이지가 끝까지 제 의견에 동의하지 않는다면 어떻게 해야 할까요? 이럴 경우 실제로 슈퍼비전 계획에 대한 협의가 가능하기는 한 걸까요?

A 이 사례에서 우리는 마지막 두 문장을 생각해 봤으면 합니다. '슈퍼바이지가 동의하지 않는다면 어떻게 해야 하는가'와 '협의가 가능한 것인가'에 대한 부분입니다. 먼저 슈퍼바이지가 동의하지 않는 이유가 혹시 약점 중심의 슈퍼비전이기 때문은 아닌지 생각해 봐야 합니다. 약점을 거론하는 것 자체에 슈퍼바이지가 부담을 가지고 있음을 슈퍼바이저가 이미 인식하고 있다면 '강점 기반의 슈퍼비전'을 제안합니다. 실천현장에서 슈퍼비전 교육을 진행할 때 슈퍼바이지들의 의견을 묻곤 하는데, 슈퍼바이저에게 원하는 슈퍼비전을 물었을 때 강점 중심의 슈퍼비전이 매우 빈번하게 등장합니다. 우리가 클라이언트와 일할 때는 문

제 중심에서 탈피하여 강점중심의 개입관점을 강조하고 있음에도 불구하고 슈퍼비전 관계에서는 그렇지 않다는 것을 단적으로 보여주는 것이지요.

중요 포인트! 슈퍼바이저와 슈퍼바이지의 관계는 슈퍼바이지와 클라이언트의 관계에 그대로 투영(mirroring)된다고 합니다. 그러니까 슈퍼바이지가 클라이언트를 강점중심으로 바라보게 하려면, 슈퍼비전 관계부터 그렇게 되어야 한다는 것이지요. 약점중심의 슈퍼비전, 즉 슈퍼바이지의 부족한 부분을 집중적으로 다룬다면 슈퍼비전을 질책과 추궁의 시간으로 인식하게 되어 자존감이 낮아지고 슈퍼비전 실행 자체를 위험하게 하는 등의 부정적 결과를 초래하게 될 것입니다. 따라서 작은 성공과 성취의 누적 경험이 더 큰 도전과 성공을 가져오게 된다는 확신으로 슈퍼바이지의 강점에 집중해 보시기 바랍니다. 본 서의 강점탐구 연습도 활용해 보시고요.

다음으로 협의과정에 대한 부분입니다. 논의에 앞서, 이 사례에 등장하는 슈퍼바이저를 먼저 칭찬하고 넘어가야겠어요. 슈퍼바이저가 평소에 슈퍼바이지의 업무수행과정을 관찰해왔다는 것은 매우 바람직한 자세입니다. 슈퍼바이저의 기본과업 다섯 가지[1] 중 하나가 바로 '슈퍼바이지 관찰하기'이고 이를 통해 슈퍼바이지에게 필요한 역량을 확인하여 슈퍼비전 계획을 세울 수 있기 때문입니다. 즉, 슈퍼바이저의 노력이 돋보이는 부분입니다. 그러나 이 사례에서 아쉬운 점은, 슈퍼바이저가 이미 슈퍼바이지의 약점에 집중하는 슈퍼비전을 주겠다고 결정을 하고 협의과정에 임했다는 것입니다. 이는 슈퍼바이지가 어떤 슈퍼비전을 기대하는지에 대하여 관심을 두지 않고 자신이 주고자 하는 것을 우선했다는 것이지요. 사례를 다시 읽어보세요. 슈퍼바이저가 원하는 대로 하고 싶은데 방법이 없느냐고 묻는 것 같지 않나요? 여기서 관련 문헌에 나왔던 문장이 떠오르네요. '슈퍼비전 관계에서 협의란 슈퍼바이저가 원하는 것을 관철시키기 위한 정치적 제스처에 불과하다고 슈퍼바이지들은 생각한다.' 슈퍼바이지들이 이렇게 생각하지 않도록 진정한 협의과정을 이루어보도록 함께 노력해 봅시다! 마지막으로, 슈퍼바이지의 슈퍼비전 계획과 목표를 협의하는 과정에서 슈퍼바이저는 다음의 문장을 상기하시기 바랍니다.

'슈퍼바이저가 원하는 것을 슈퍼바이지도 원할 것이라고 기대하지 말라.'

---

1) Munson(2002)은 슈퍼바이저의 기본 과업으로 관련서적 탐독, 기록 활동, 슈퍼바이지 관찰, 슈퍼바이지 말에 경청, 말하는 기술 활용 등 다섯 가지를 제시하였다.

## 이슈 3-3 지지적 슈퍼비전이 불편하다는 슈퍼바이지

저는 복지관 근무 17년차인 사회복지사(슈퍼바이저)입니다. 슈퍼바이지는 제가 직원으로서 배울 점이 많다면서 저의 업무적 역량을 인정하는 표현을 종종 하는 등 잘 따르고 있어서 슈퍼비전 관계에 어려움이 없다고 생각해왔습니다. 하지만 제가 친밀감을 표현하는 말이나 행동을 하는 것이 슈퍼바이지는 불편하다고 합니다. 저와 슈퍼바이지가 성격적으로 매우 다른 특성이 있어서인 것 같아 이러한 부분을 슈퍼비전 중에 직접적으로 다루면서 해결하고자 노력도 하지만 쉽지 않습니다. 슈퍼바이저는 업무와 관련된 행정적, 교육적 슈퍼비전만 받고자 하며 그 외에는 다루기를 싫어하는데, 저는 슈퍼비전이 균형적으로 이루어져야 한다고 생각합니다. 그래서 지지적 슈퍼비전도 주려고 하는데 이 갈등을 해결할 수 있을까요?

A 이 사례는 슈퍼바이지가 슈퍼바이저의 업무능력을 인정하고 배울게 많다고 표현했으며, 슈퍼바이저는 서로가 다른 성향을 가지고 있다고 인식하고 있기 때문에 앞으로 더 효과적인 슈퍼비전 관계로 발전할 가능성이 높네요. 슈퍼바이저로서 좋은 자세입니다. 이 사례에서는 슈퍼바이저가 생각하는 친밀감 표현과 지지적 슈퍼비전을 별개로 생각해 봐야 할 것 같습니다.

먼저, 친밀감이라는 것은 표현 방법과 정도에 따라 그리고 상대에 따라 다르게 봐야 해요. 슈퍼바이저는 직접적인 표현을 선호하지만 슈퍼바이지는 간접적 표현을 좋아할 수도 있겠죠. 상대방과의 거리감, 즉 물리적 공간 확보에서 개인이 편안하게 느끼는 정도는 친밀감을 측정하는 방법 중 하나입니다. 예를 들어 서구의 경우에는 사람과 사람 사이에 테이블이 친밀감에 장해물로 인식되지만 우리의 경우에는 가림막 역할을 해줘서 오히려 안정감을 느낀다는 사람들이 많아요. 이처럼 문화의 차이가 있듯이 개인의 차이도 분명 있을 겁니다. 따라서 슈퍼바이저가 친밀감이라고 표현하는 행동이나 언어가 상대에게 불쾌감을 줄 수도 있고 자신의 개인 영역을 침범당한다는 느낌을 받을 수도 있다는 거죠. 다시 말해 친밀감이란 완전히 개인의 주관적인 느낌이라 할 수 있어요.

그렇다면 이 사례에서 슈퍼바이저는 어떤 노력을 해야 할까요? 슈퍼바이지가 슈퍼바이저의 행동에 대하여 어떤 느낌을 가지는지 이해하는 과정이 필요합니다. 그럼 여러분이 슈퍼바이저라고 생각하고 연습해볼까요? 먼저, 주변의 친한 친구나 동료 또는 가족들에게 본인이 친밀감이라고 생각하는 행동이나 표현을 해보고 상대방은 어떻게 느끼는지 물어보세요. 어떻든가요? 여러분의 느낌과 상대가 받는 느낌이 거의 비슷한가요, 차이가 있나요? 다음으로 슈퍼바이지들에게 어떠한 행동이나 표현(슈퍼바이저가 친밀감이라고 생각하는)을 받는다면 어떤 느낌일지를 공유하는 토의 시간을 가져보세요. 여기서 잠깐! 특정 슈퍼바이지에게만 물어보는 것은 피하세요. 식사시간이든 회의시간이든 자연스럽게 대화하는 식으로 해보는 게 좋습니다.

지지적 슈퍼비전, 어떻게 줘야 하나요? 슈퍼바이저는 지지를 해줬다는데 슈퍼바이지는 받은 적이 없다는 경우가 흔하죠. 왜 그럴까요? 슈퍼바이지가 원하는 지지를 슈퍼바이저가 제공하지 못했기 때문이겠죠. 만약 슈퍼바이지가 업무와 관련된 지지만 원하고 개인적인 질문이나 관심은 원하지 않는다면 그렇게 하는 것이 좋습니다. 실천현장에서 슈퍼비전 교육을 할 때, 슈퍼바이지들에게 지지를 받았다고 느낀 슈퍼바이저의 행동이나 언어를 묻고 슈퍼바이저들에게 어떻게 지지를 주었는가를 물어보면 상당한 차이가 있음이 바로 드러나더군요. 슈퍼바이지가 원하는 지지가 무엇인지를 알고 싶다면 앞서 친밀감 연습과정처럼 진행해보세요. 그 전에 슈퍼바이저는 지지를 하는 다양한 방법들[2])을 알고 있어야겠죠? 슈퍼바이지마다 다른 걸 원할 수 있으니까요. 정서적 지지를 포함하여 도구적지지, 평가적지지, 정보적지지 중 슈퍼바이지가 원하는 것을 선택하면 좋아요. 꼭 기억하세요. '지지적 슈퍼비전은 받는 이를 위한 것입니다. 그들이 지지를 느끼도록 줍시다!'

---

2) 공유복지플랫폼(http://wish.welfare.seoul.kr)/지식공유활동가/슈퍼비전by최쌤안쌤(2017.4.30) 참조.

## 이슈 3-4 슈퍼비전 관계에서 비밀보장의 범위는 어디까지인가

저는 복지관에서 4년차 근무 중인 비사회복지직 직원입니다. 슈퍼비전 시간에 제 개인적인 내용을 다뤘는데, 어느 날 보니 그 내용이 팀 회의와 책임자 회의에서 공공연히 다루어지더라고요. 매우 당황스러웠고 화가 났습니다. 더 이상 슈퍼비전 관계를 지속하고 싶지 않았고 신뢰관계를 갖기 어려웠습니다. 이와 관련하여 슈퍼바이저께 불편함을 호소하며 이야기를 나눠보니, 저는 개인적인 내용이라고 생각했는데 슈퍼바이저는 그 내용을 공개적으로 다루는 것이 조직 전체에 긍정적인 영향을 미칠 것이라고 판단했다고 합니다. 누가 이야기했는지는 알리지 않았기 때문에 괜찮다고 했지만 저는 더 이상 슈퍼비전 관계를 갖는 것이 매우 어렵게 느껴집니다.

A 너무도 당황스럽고 속상했겠어요. 조직에 도움이 된다면 조직구성원의 감정 따위는 중요하지 않게 취급된다고 느꼈을 것예요. 앞으로 슈퍼비전을 형식적으로만 참여하게 될 것 같아서 염려가 되네요. 이 사례에서 슈퍼바이지가 힘든 이유는 슈퍼비전에서 다룬 내용이 본인의 동의도 없이 공개된 것이었죠. 그런데 아마도 더 화가 나는 것은 불편함을 호소하기 위해 찾아갔을 때 했던 슈퍼바이저의 답변이었을 겁니다. 이때 신뢰관계를 다시 회복할 기회가 있었는데 슈퍼바이저가 놓친 것 같아 매우 안타까운 경우네요. 조직에 긍정적인 영향을 미칠 것이며 누군지 말하지 않아서 괜찮다고 말했다면 민감성이 매우 떨어지는 슈퍼바이저입니다.

이 사례는 슈퍼비전의 윤리원칙을 숙지하지 못해서 생긴 일이라고 생각합니다. 그리고 이는 곧 슈퍼비전의 신뢰관계를 무너뜨리는 결과를 낳은 거죠. 효과적인 슈퍼비전은 안전하고 안정적인 슈퍼비전 환경이 우선되어야 합니다. 그런데 비밀이

보장되지 못한다면 과연 슈퍼바이지가 슈퍼비전 시간을 기다리게 될까요? 사례와 같이, 슈퍼비전에서의 비밀보장 문제는 실천현장에서 종종 언급되고 있습니다. 슈퍼비전의 성과는 슈퍼비전 관계로부터 시작되고 관계를 구축함에 있어서 기본적인 요소[3]들이 있습니다. 그중 가장 우선되는 것이 바로 슈퍼바이저와 슈퍼바이지의'상호신뢰'입니다. 슈퍼비전에서 이루어졌던 내용이 슈퍼바이지의 동의 없이 공개된다면 슈퍼바이저에 대한 신뢰가 무너지겠죠. 이 사례에서 슈퍼비전 관계의 신뢰문제는 비밀보장의 영역과 관련됩니다. 슈퍼바이저는 슈퍼바이지의 신상만 비밀보장 대상이라고 판단한 반면 슈퍼바이지는 그 내용까지 포함하여 비밀보장이 필요하다고 생각하는 것이지요.

그렇다면 비밀보장의 범위를 어떻게 설정해야 할까요? 먼저, 직원들이 클라이언트와의 면담 내용에 대한 비밀보장과 비교해 볼까요? 클라이언트와의 면담 내용은 효과적인 서비스계획 수립을 위해 전문가들 간의 정보를 공유하는 것이 가능하죠. 사례회의 등을 통해서 공개적으로 다루어지거나 개인적 신상을 보호하는 선에서 학문적 자료로 활용되기도 하고요. 그러나 이때에도 클라이언트의 동의는 필수사항이죠. 여기서 잠깐! 현장에서 취합된 슈퍼바이저와 슈퍼바이지의 의견을 특강 자료로 활용하는 것에는 쉽게 동의하지만 조직 내에서의 공유는 절대 안 된다는 경우가 흔합니다. 개인 신상이 보호된다 하더라도 내용만으로 누구인지 유추가 가능하다고 생각하기 때문이죠. 따라서 슈퍼비전 관계는 클라이언트와의 관계에서의 비밀보장 이상으로 중요하게 다루어져야 합니다. 이 사례의 슈퍼바이저는 슈퍼바이지의 불안감을 인지하지 못하였고, 다시 만나 호소하였을 때조차 슈퍼바이지의 감정을 충분히 공감하지 못하여 결국 신뢰관계를 회복하지 못한 것이지요.

슈퍼비전 관계에서 비밀보장, 가장 우선되어야 하는 것은 바로 슈퍼바이지의 동의여부입니다! 그리고 비밀보장 문제는 해결이 어렵기 때문에 예방에 중점을 두어야 합니다. 예방을 위한 가장 확실한 방법은 슈퍼비전 계약서에 '슈퍼비전 내용에 대한 비밀보장 준수'라는 항목을 포함하는 것입니다. 만약 슈퍼비전 계약서 또는 슈퍼비전 동의서[4]에 내용이 없다면 슈퍼바이지가 강력히 요구하기 바랍니다. 슈퍼바이지의 권리입니다.

---

3) 상호신뢰, 명확한 의사소통과 피드백, 이해와 존중, 동료의식, 친밀감, 인정과 격려, 전문적 관계유지 등을 슈퍼비전 관계 구축을 위한 기본 요소로 본다(최원희, 2009).

4) 관련 내용은 본 서의 "준비 및 시작단계" 참조.

## 이슈 3-5 불명확한 슈퍼바이저 vs 정확히 이해 못하는 슈퍼바이지

Q

- 저의 슈퍼바이저는 근무경력 19년차 입니다. 슈퍼비전을 제공받을 때 좀 더 명확하게 제공받고 싶은 욕구가 있습니다. 뭔가 두리뭉실하게 이야기하거나 형태가 잡히지 않을 경우 제 나름대로 소화해야하기 때문에 계속 고민하게 되고 슈퍼바이저가 슈퍼바이지인 나를 정확하게 이해하고 있는 게 맞는 건지 의문이 듭니다. 이럴 때 솔직하게 슈퍼바이저에게 이야기하고 제가 이해할 수 있는 범위 내에서 슈퍼비전을 제공해주길 요청해도 되는 건가요?
- 슈퍼바이지가 슈퍼비전 받은 내용을 충분히 이해했는지, 혹시 잘못 알아듣고 힘들어하는 건 아닌지 그 입장은 어떠한지 알고 확인하고 싶은데 구체적인 방법이 있나요? 슈퍼바이지들에게 동일하게 전달하고 한 번 확인했음에도 불구하고 슈퍼바이지들이 다 자기 방식으로 받아들이고 해석하고 이해하고 판단해서 이야기할 경우 어떻게 해야 하는지요?

A 불명확한 슈퍼비전은 슈퍼바이저와 슈퍼바이지 모두에게 가장 자주 언급되는 이슈입니다. 슈퍼바이지는 명확한 슈퍼비전을 받고 싶다고 말하고, 슈퍼바이저는 명확히 주었는데 제대로 이해하지 못한다고 고민하거든요. 어떻게 하면 명확한 슈퍼비전이 이루어질까요? 답은 매우 간단합니다. 슈퍼바이저는 슈퍼바이지의 눈높이에서 그들이 이해할 수 있는 수준의 슈퍼비전을 제공한 후 확인하면 되는 것이고, 슈퍼바이지는 슈퍼바이저에게 명확하게 말해달라고 요청하면 되는 것입니다.

각기 다른 두 사례, 명확한 슈퍼비전을 받지 못해서 어떻게 해석해야 할지 모르겠다는 슈퍼바이지와 명확하게 슈퍼비전을 주었지만 자의로 해석하는 슈퍼바이지 때문에 고민이라는 슈퍼바이저. 그런데 이 두 사례의 슈퍼바이저와 슈퍼바이지가 동일 인물이라고 한번 상상해 보세요. 명확하지 않은 슈퍼비전의 원인은 어디서 찾을 수 있을까요? 여기서 잠깐! 문제의 원인을 사람에게서 찾는 것은 결코 해결책이 될 수 없어요. 슈퍼바이저가 문제네, 슈퍼바이지가 문제네 하는 식의 표현을 흔히 하는데 누군가를 희생자로 몰고 가지 않도록 주의해야 합니다. 대부분의 문제는 상대적이고 쌍방이라는 것을 염두에 두고 시작하는 게 좋아요! 자, 그럼 두 가지 측면에서 원인을 찾아볼까요? 슈퍼바이저나 슈퍼바이지의 명확한 의사소통 능력의 부족, 즉 '방법을 모르는 경우'와 슈퍼바이저와 슈퍼바이지의 관계가 경직되어 있어서 확인하거나 요청하기 어려운, 즉 '관계의 불편함의 경우'로 생각해보죠.

관계의 문제라면, 슈퍼바이저의 노력이 거의 절대적입니다. 슈퍼바이지가 자신의 의견을 편하게 말할 수 있는 슈퍼비전 환경이 선행되어야 하므로, 슈퍼바이저는 슈퍼바이지가 어떤 느낌이나 의견을 말해도 들을 준비가 되어 있어야 한다는 것이죠. 특히 실천과정에서의 좌절이나 실망감 등 부정적인 감정까지도 슈퍼바이지가 편하게 드러낼 수 있도록 격려해야 합니다. 여기서 더 나아가 슈퍼비전에서의 불편하고 불안한 감정에 있어서는 슈퍼바이저와 슈퍼바이지 모두 자유롭게 말할 수 있는 슈퍼비전 분위기가 조성되도록 힘써야 되고요.

방법의 문제라면, 슈퍼바이저의 말하는 스타일 또한 슈퍼바이지가 신입이거나 신규직무로 인한 이해력의 문제 등을 먼저 검토해 보세요. 그리고 슈퍼비전 준 내용을 그 자리에서 슈퍼바이지가 정리해서 말해 보도록(복창) 하는 방법과 슈퍼바이저와 슈퍼바이지가 슈퍼비전 내용을 각각 기록한 후 비교하면서 토론하는 방법도 한번 해보세요. 그 외에 효과적인 피드백 방법[5]들을 적용해 보거나 본 서의 의사소통기술을 활용하자는 부분을 읽어보는 것도 도움이 될 것입니다.

5) 더 구체적인 내용은 안정선·최원희(2016). pp. 175-178 참조.

## 이슈 3-6 슈퍼바이저로서 소진은 어디서 에너지를 얻어야 하는가

저는 다른 조직에서 9년 이상 근무하다가 현재 조직으로 이직한 지 1년 3개월째입니다. 슈퍼바이저는 자신의 슈퍼바이지의 특성을 다 파악해야한다고 생각합니다. 업무능력, 직원들 간의 관계, 누가 누구와 친하고 배척관계에 있는지 파악하고, 이야기 나누면서 지지해주고 격려해주고 왜 서로 화합을 해야 하며 조직에서 함께 살아가려면 궁극적으로 업무방향성을 합의하도록 이야기하고 설득하고… 이런 과정들을 챙기다보면 정작 슈퍼바이저는 소진되기 쉽습니다. 그럴 때 슈퍼바이저는 어디에서 누구에게 에너지를 얻어야 하며 어떤 방법으로 극복해야 하나요?

A 슈퍼비전의 성과는 많은 부분 슈퍼바이저의 역량과 관련되지요. 슈퍼바이저는 '전문가 부모'라는 애칭을 가지고 있답니다. 슈퍼바이지를 전문가로 성장시키는 부모와 같은 역할을 해야 한다는 것을 의미하겠죠, 그러니 얼마나 힘들겠어요? 슈퍼바이저의 역할로 인한 어려움을 부모의 입장에 대비해서 한번 생각해 보도록 해요. 부모가 된다는 게 미리 예측을 하지만 정작 닥치면 당황스러운 순간들이 참으로 많다고 하죠. '부모 되기' 훈련을 받은 사람들조차도 어렵다고 해요. 왜 그럴까요? 기본 원칙은 있지만 아이들마다 특성이 다르고 부모 역시 각기 개성을 가진 사람이기 때문이죠. 슈퍼바이저도 마찬가지인 것 같습니다. '슈퍼바이저 되기'를 미리 공부하고 준비했어도 상황과 맥락 그리고 슈퍼바이지에 따라 다른 역할을 수행해야만 하기 때문이죠. 하물며 슈퍼바이저가 되기 위한 준비 과정이나 훈련도 없이 어느 날 갑자기 그 많은 역할을 수행하려면 소진이 오는 것은 아마도 당연한 일일 것입니다. 대부분의 조직에서 예비 슈퍼바이저를 위한 훈련이 거의 없는 실정이더라고요.

슈퍼바이저는 어디서 누구에게 에너지를 얻고 어떤 방법으로 극복해야 하냐고 묻는다면, 당신의 슈퍼바이지와 당신의 슈퍼바이저, 그리고 당신의 동료와 당신 자신이라고 답하고 싶네요. 다시 부모 역할로 대비시켜 볼까요? 슈퍼바이저가 경험한 부모양육스타일을 슈퍼비전에 적용한 연구도 있을 만큼 부모 역할과 슈퍼바이저 역할의 관련성이 있다고 보고 있습니다.

여기서 잠깐! 그러나 부모역할과 슈퍼바이저 역할이 정확히 동일한 것은 아니에요! 슈퍼바이저 역할의 어려움을 이해하고 해결방안을 참고하려는 것입니다. 자, 부모들이 아이를 양육할 때 어려움이 닥치면 대부분 어떻게 해결하나요? 초보 부모들이 맨 처음에 조언을 요청하는 사람은 바로 자신들의 부모이거나 부모역할을 해주었던 자신의 주 양육자인 경우가 많습니다. 초보 딱지를 뗀 부모들은 관련 책을 활용하거나 아이 양육과 관련된 커뮤니티를 이용하기도 하죠. 또래 부모들과 정보를 공유하거나 자문을 받기도 하고 함께 어려움을 호소하기도 하고요. 그러는 과정을 통해서 제법 부모역할에 익숙해지고 아이가 성장하면서 부모도 함께 성장해나가죠. 그리고는 자신이 기꺼이 초보 부모들의 멘토 역할을 하게 됩니다.

슈퍼바이저도 부모가 하는 방법을 한번 적용해보세요. 자신의 슈퍼바이저에게 조언을 구하고 동료들과 함께 힘을 얻을 수 있는 동료슈퍼비전을 시행하며, 보수교육이든 전문가 교육이든 슈퍼비전 관련 교육에 참여하고 온라인 커뮤니티도 활용하면서 슈퍼바이저로서의 자신의 역량을 업그레이드시켜 보는 겁니다. 그러나 무엇보다도 슈퍼바이지가 성장하는 모습을 보게 된다면 보람을 느끼게 되고 소진도 점차 해소될 것입니다. 부모도 아이의 성장하는 모습을 보면서 그 힘든 과정도 버텨내게 되는 것이니까요. 물론 시간이 좀 걸리니까 인내가 필요하겠죠. 기억하세요! 슈퍼바이저인 당신, 당신에게도 슈퍼바이저가 있습니다. 그리고 동료들도 있고요. 그들에게 손을 뻗어보세요!

**➔ 본 서의 관련 사례 〈이슈 2-7〉을 참고하세요.**

# 오래된 슈퍼비전 관계에서 새로운 아젠다를 찾으려면

Q 이용시설 근무 13년차 사회복지사(슈퍼바이지)입니다. 지금의 슈퍼바이저와는 11년째 슈퍼비전 관계를 이어오다 보니 발전적인 관계가 되기보다는 반복적인 관계 속에 있다고 생각됩니다. 슈퍼바이지 입장에서는 업무와 관련하여 새로운 시각으로 슈퍼비전 받고자 하는 욕구가 있습니다. 그런데 서로에게 무뎌지게 되어서인지 슈퍼비전 관계로 만날 때 새롭게 다룰 아젠다를 찾기가 어렵습니다. 슈퍼비전 관계를 새롭게 만들어 갈 수 있는 방법이 없을까요?

A 13년차 사회복지사라고 밝혔으므로 슈퍼바이지가 중간관리자급이 아닌 평직원이라고 전제하고 생각해 보도록 하겠습니다. 이러한 이슈는 역사가 깊은 사회복지조직에서 종종 표출되는데, 장기근속 직원이 많아서 승진의 기회도 적다보니 10년 이상을 근무해도 슈퍼바이저로의 역할 전환이 쉽지 않은 조직적 상황에서 주로 발생하게 됩니다. 10년 이상을 슈퍼바이저와 슈퍼바이지가 서로 바뀌지 않고 슈퍼비전 관계를 유지해왔다면 다소 지루하고 매너리즘에 빠지기도 쉬울 것입니다. 그럼에도 불구하고, 이 사례에서처럼 현장의 많은 슈퍼바이저와 슈퍼바이지들이 더 성장하고 발전할 수 있는 새로운 슈퍼비전 관계를 꿈꾸고 있다는 것을 자주 목격해 왔습니다. 아무리 오래된 관계라 하더라도 계기와 기회를 만든다면 새로운 관계를 만들어갈 수 있다는 확신을 가지고 시작해 볼까요?

새로운 슈퍼비전 관계를 만들어가기 위해서 먼저 관점을 전환해 보는 시도를 해봐요. 지나온 시간들을 떠올려 보세요. 분명 10년이란 시간동안 성큼 성장했던 기간도 있을 것이고, 느리게 발전해온 시간도 있을 것이며, 정체되었던 시기도 있었을 거예요. 그리고 머물고 있는가 싶으면 어느새 달라져 있는 경우도 있었을 테고요. 이러한 과정은 반복될 수밖에 없다고 생각해요. 그런데 그 10년을 한 통으로 보면 그저 반복일 뿐이겠죠. 인생의 여정이 그런 것처럼 모든 과정은 반복을 통해서 미래로 진행한다고 봐요. 보이지 않게 또는 눈에 띄게 진행되면서 현재시점에 도달한 것이죠. 여기서 잠깐! 너무 인생철학적으로 흘러왔네요. 그렇다고 그냥 받아들이라는 의미는 아닙니다! 결코 짧지 않은 슈퍼비전 관계가 나름 성공적이었음을 확인하고 그걸 지속하기 위해 새로운 아젠다를 찾아야죠. 여기서는 성찰중심으로 접근해 보겠지만, 슈퍼바이저와 슈퍼바이지가 선호하는 더 쉬운 방법을 찾는다면 더 좋겠죠?

■ 아젠다 찾기! 슈퍼바이저와 슈퍼바이지가 함께 앉아서 시작합니다.

► 꼬리에 꼬리를 무는 질문으로 워밍업!

- 슈퍼바이지는 10년 이상 변화 없이 같은 직무를 수행해왔나?
- 새로운 직무나 새로운 동료가 등장한 적이 있었는가?
- 그때는 슈퍼비전의 아젠다가 풍부했는가?
- 그래서 다루었던 슈퍼비전 아젠다는 무엇이었는가?

► 이제 아젠다 찾기 출발!

- 그동안 다루어왔던 슈퍼비전의 아젠다는 어떤 것들이었나?
- 아젠다의 성과(슈퍼바이저와 슈퍼바이지의 성장)는 어땠는가?
- 직원으로서 부족한 역량 또는 앞으로 필요한 기대역량은?
- 기대역량을 향상시키기 위해 필요한 슈퍼비전 욕구는?
- 필요한 아젠다의 우선순위는?

어떤가요? 따라가다 보면 아젠다가 선정되겠죠? 그동안 슈퍼비전 계획서와 평가서가 작성되어 있다면 쉽게 할 수 있을 겁니다. 만약 기록된 자료들이 없다고 해도 실망하지 마세요. 슈퍼바이저와 슈퍼바이지의 기억에 의존하는 것도 가능해요. 어차피 중요한 내용이었다면 머릿속에 남아 있을 테니까요. 덧붙이는 말! 슈퍼비전 평가보고서와 만족도 평가가 슈퍼비전 평가의 전부가 아닙니다. 슈퍼비전은 성과와 성공을 축하해주고 서로의 노고를 치하하는 과정이 매우 중요해요. 클라이언트와의 관계에서 종결과정이 중요하듯이, 평가단계에서 슈퍼비전을 열심히 준 슈퍼바이저와 최선을 다한 슈퍼바이지가 자축하는 의미 있는 시간을 마련해보세요!

➔ **본 서의 관련 사례 〈이슈 2-11〉을 참고하세요.**

## 이슈 3-8 경력 많은 슈퍼바이지와 새로 부임한 슈퍼바이저의 갈등

저는 타 조직에서 11년을 일하다가 이 조직으로 온지 2년 된 슈퍼바이저입니다. 저의 슈퍼바이지는 현재 조직에서만 23년째 근무하고 있고요. 슈퍼바이지가 기존에 해왔던 방식이 옳다고 생각하는 부분에 대하여 저는 변화가 필요하다고 생각되어 무엇인가를 제안하면 슈퍼바이지가 저항하는 모습을 보입니다. 슈퍼바이지는 현재 조직에서 자신이 경험하면서 터득한 나름대로의 해결방안이 최선이라고 굳게 믿고 있고, 새로 입사한 제가 지식과 능력이 있다하더라도 현재 조직에서의 경험이 부족하기 때문에 아직 잘 몰라서 그러는 거라고 이야기하면서 자신의 신념이 옳다고 강력하게 주장합니다. 이 경우 어떻게 슈퍼바이지를 설득하고 이해시킬 수 있을까요?

A 이러한 상황에서 슈퍼바이지와 슈퍼바이저의 관계가 서로 지지적이고 수용적이기는 어렵죠. 어쩌면 아주 자연스러운 과정이며 많은 조직에서 고민하고 있는 문제이기도 합니다. 사실, 외부에서 새로 온 직원이 조직내부를 가장 객관적으로 바라볼 수도 있기 때문에 이 사례의 슈퍼바이저 의견이나 제안은 꽤나 유용할 확률이 높습니다. 그러나 먼저 슈퍼바이지가 왜 저항하는지 이유를 알아야 해결방안을 찾을 수 있겠어요. 슈퍼바이저가 경험이 적어서 능력이 없다고 생각하는 것인지, 슈퍼바이저의 제안 자체가 형편없다고 보는 것인지, 그동안 해온 방식들이 부정당하는 불쾌감인지, 어쩌면 단순히 슈퍼바이지의 성향 때문일 수도 있습니다. 가능한 원인을 모두 생각해봤으면 합니다. 그러나 그 이유가 무엇이든 슈퍼비전 관계를 우선적으로 점검할 필요가 있네요. 잠깐만요! 혹시, 단순히 슈퍼바이지의 성향 때문일 수도 있지 않을까요? 그렇다면 슈퍼바이저와 슈퍼바이지의 스타일과 성향파악 만으로도 해결될 수 있습니

다. 만약 슈퍼바이지는 변화를 싫어하고 시간이 많이 필요한 성찰가형인데 슈퍼바이저가 전형적인 활동가형이라면 슈퍼바이저 입장에서는 슈퍼바이지가 저항한다고 느낄 수 있거든요. 본 서의 슈퍼비전 관계 유지하기를 참고해보세요.

슈퍼바이저는 슈퍼바이지를 설득하고 이해시키고 싶다고 했는데, 그전에 슈퍼바이지를 이해하려는 슈퍼바이저의 노력이 우선되었으면 합니다. 과거의 시간과 경험들이 쌓여서 현재를 만들었다는 사실은 모두가 인정하죠. 현재가 문제가 있다면 그 원인은 과거로부터 오는 것이고 성공 역시 마찬가지로 봅니다. 이러한 측면에서 슈퍼바이지의 입장을 한번 생각해보면 좋겠어요. 20년 이상이란 기간은 대단한 것이지요. 일단 그 부분을 깊게 공감하고 인정해야 합니다. 그렇게 오랜 시간을 근무한 슈퍼바이지는 자신이 곧 조직의 역사라고 생각하지 않을까요? 그 조직에서 얼마나 중요한 일을 했는가와 상관없이 조직의 성장과정을 함께 지켜봐 온 당사자인 건 분명하니까요. 그런데 이제 2년 남짓 그 조직을 경험한 사람이 무엇인가를 제안을 할 때 슈퍼바이지는 어떤 기분이 들까요? 나름 열심히 일하면서 성취한 것들에 대하여 변화가 필요하다고 말하는 것은, 어쩌면 그동안의 과정과 업적들이 부정당하는 느낌을 받을 수도 있습니다. 슈퍼바이지 입장이 이해가 되었나요? 그럼 이제 어떻게 해야 할까요?

다음 단계는 바로 슈퍼비전 관계를 시작하는 것입니다. 2년 이라는 시간이 지났지만 관계 설정을 제대로 못했다면 지금이라도 시작해야 합니다. 본 서의 슈퍼비전 관계 설정하기를 읽어보면 답이 보이기 시작할 거예요. 슈퍼바이저가 새로 바뀌면 어떤 사람인지 알고 싶어서 시험해보기도 하고 탐색하기도 하며 때론 저항하기도 합니다. 이러한 현상은 아주 자연스러운 인간관계라는 것을 인식하고, 서로의 감정을 먼저 다루는 것이 중요합니다. 충분히 공유하고 시간을 가질 필요가 있으며, 조직에서는 직책에 따라 책임의 무게와 역할이 다름을 이해시키는 과정이 필요해요. 슈퍼바이지를 인격적으로 대하고 그동안 슈퍼바이지가 해온 수많은 성공들이 오늘의 조직을 만들었다는 것을 충분히 공감해준다면 슈퍼바이지도 마음의 문을 열게 되겠죠. 그 다음에 변화의 제안들을 시도해보시기 바랍니다.

잠깐! 나이가 어릴수록, 경험이 적을수록 변화에 유연하죠. 이 사례의 슈퍼바이저와 슈퍼바이지는 어리지도 않고 경험도 엄청 많다는 사실! 그러니 유연한 변화는 쉽지 않겠죠? 서로를 받아들이고 이해하는 데 더 많은 시간이 필요하니까 적당한 때가 오기를 기다려보시기 바랍니다.

## 이슈 3-9 경력은 많지만 빈번한 이직으로 실천경험이 적은 슈퍼바이지

슈퍼바이지가 현재 조직에 입사한지 6개월 되었지만 실천 경력은 10년입니다. 그런데, 이직 빈도가 워낙 잦아서 각 조직에서의 근무경력이 대체로 짧습니다. 그렇다보니 주체적으로 사업을 기획하고 진행해 본 경험이 거의 없어서 경력자로 생각하고 일을 주기는 어려운 상황입니다. 직원으로서 일을 지속하고자 하는 의지가 강한 모습은 보이고 있는데, 경력직으로 대해야 할지 신입직원처럼 대해야 할지 어려운 상황입니다.

A 정말 난감한 상황이군요! 조직생활 경험이 10년 이상이라면 숙련자처럼 일해야 하는데 실제 업무수행은 신입 수준이라는 것이죠? 그렇다면 답은 아주 간단합니다. 경력자 대하듯이 하되 신입직원에게 슈퍼비전 주듯이 하면 됩니다. 그런데, 이렇게 답은 간단이지만 이를 실제로 적용할 때는 쉽지 않을 거예요. 슈퍼바이저의 노련함이 요구되는 부분이죠. 슈퍼비전의 관계 측면(경력자로 대한다)과 슈퍼바이지의 발달수준 측면(신입직원처럼 대한다)으로 구분해서 잘 설계하는 것이 중요합니다. 먼저 슈퍼비전 관계 측면으로 개입하고 이후 슈퍼바이지의 발달수준을 고려한 슈퍼비전을 계획하여 이를 슈퍼바이지와 합의하는 과정으로 진행해 보세요.

슈퍼비전 관계부분에서는 슈퍼바이저가 슈퍼바이지를 경력자로 대한다고 느끼게 하는 게 중요해요. 특히 다른 팀원들이 함께 있을 때는 신입과는 완전히 다르게 대하는 거죠. 조직 생활이 10년이고 더욱이 여러 조직을 경험했다면 슈퍼바이저보다 더 풍부한 조직 경험을 가지고 있을 수도 있습니다. 이를 인정하고 잘 활용하여 팀 내 또는 조직 내에서 주요한 역할을 할 수 있도록 지지해주는 것도 좋습니다. 슈퍼바이저가 인정을 받는다고 느끼면 더 성장하고 조직에 기여하는 직원이 되기 위해서 전문적 실천과 관련하여 역량을 향상시킬 필요가 있다는 것을 인식하게 될 것입니다.

여기서 잠깐! 조직의 적응이나 직원 간 관계에 문제가 있어서 계속 이직을 했다면 슈퍼바이지를 좀 더 주의 깊게 관찰하면서 경력자로 대하는 부분을 고려해야 합니다. 조직 생활이 처음인 신입 직원들에게 부정적인 영향을 줄 수도 있거든요. 그리고 슈퍼비전을 신입직원처럼 주겠다는 것을 꼭 언급할 필요는 없어요. 슈퍼바이지의 경력이 많지만 실제로 업무적 성장을 위한 슈퍼비전을 받은 경험이 없으니 구체적인 슈퍼비전과 직원으로서의 성장을 위한 과제가 많이 부여될 수도 있는데 함께 노력해보자는 식으로 동의를 구하고 시작해야 효과를 볼 수 있습니다. 직원으로서 일하고자 하는 의지가 강하다고 했으니 열심히 따라가겠다고 합의할 것 같은데요? 오히려 매우 고맙게 생각할 수도 있고요.

슈퍼바이지의 발달수준에 맞는 슈퍼비전에서는 무엇을 고려해야 할까요? '슈퍼비전은 슈퍼바이지의 현재수준에서 시작해야 하며 욕구를 기반으로 해야 한다' 많이 들어보셨죠? 현재수준과 욕구는 어떻게 파악할까요? 그 방법은 슈퍼바이지의 교육적 사정과 슈퍼비전 계획을 위한 질문지 등 도구들을 사용하면 유용합니다. 본 서의 슈퍼비전 시작단계를 한번 살펴보고 서식도 활용해보세요!

슈퍼바이지의 현재수준에서 시작하라는 의미는 슈퍼바이저의 기대수준이 아닌 슈퍼바이지의 눈높이에서의 시작을 강조하는 것입니다. 물론 슈퍼바이지가 현재의 직무를 수행하거나 미래에 더 전문적이고 어려운 직무를 수행하려면 기대되는 역량 수준이 있겠지만, 지금의 수준에서 시작하여 점차 기대수준으로 진행되어야 한다는 것을 잊지 말아야 해요. 처음부터 슈퍼바이저의 기대수준으로 접근하면 슈퍼바이지는 슈퍼비전으로부터 도망가고 싶을 거예요. 잠깐만요! 여기서 슈퍼바이지의 욕구 기반이라는 의미는 want가 아니라 need라는 건 아시죠? 슈퍼바이지가 원하고 요청하는 것만 주는 것이 아닌 슈퍼바이저가 판단할 때 슈퍼바이지에게 필요한 내용[6]을 슈퍼비전에 포함시켜야 한다는 것입니다. 이 사례의 요약 포인트! 슈퍼바이지를 경력자로 대하는 슈퍼비전 관계를 유지하면서, 슈퍼바이지의 능력 수준에 맞는 슈퍼비전 계획을 슈퍼바이지와 함께 설계하라!

---

6) 공유복지플랫폼(http://wish.welfare.seoul.kr)/지식공유활동가/슈퍼비전by최쌤안쌤(2017.7.31) 참조.

## 이슈 3-10 슈퍼바이지의 자기성장계획을 수용할 수 없는 슈퍼바이저

저는 타 조직에서 8년간 근무한 후 현재 조직으로 이직한 지 2년차에 접어든 팀장입니다. 슈퍼바이지와 저는 같은 나이지만 저는 비혼이고 슈퍼바이지는 두 아이의 엄마입니다. 이번에 슈퍼비전 계획 수립을 위해 작성해 온 자기성장계획서는 정말 받아들이기 어렵고 불쾌하기까지 했습니다. 안정적인 직장생활을 위해 내 가정의 행복을 우선으로 하고자 한다면서 이를 위해서 반드시 정시에 퇴근하겠다는 목표를 설정해왔습니다. 슈퍼바이지는 어린 자녀를 돌보는 직원을 조직에서 배려하지 않는다는 불만을 종종 표현해왔고 이러한 일들로 야근이나 행사 동원에서 불편했던 상황들이 있었기에 이에 대한 선전포고라는 생각이 들었습니다.

이것이 슈퍼비전의 계획을 수립하는 데 관련이 없다고 보며, 앞으로 본인은 어떠한 상황에서도 정시에 퇴근할 것이라는 점을 슈퍼바이저에게 통보하는 수단으로 자기성장계획서를 도구로 사용했다고 생각됩니다. 그래서 저는 이러한 내용은 자기성장계획서에 적절하지 않다며 수정을 요구하였습니다. 제가 이렇게 한 것이 문제일까요? 더 원만하게 슈퍼바이지와 이러한 문제를 해결하는 방법이 있을까요? 또한 자기성장계획서에 매우 사적인 내용이 있을 때는 어떻게 해야 할까요? 슈퍼바이지들에게 자기성장계획을 수립하는 팁과 기준을 주고 싶은데 어떻게 정해야 할지 궁금합니다.

A

이 사례는 하나의 사례로 보이지만 많은 이슈들을 내포하고 있는 것으로 보입니다. 삶의 경험 차이에서 오는 슈퍼비전 관계, 조직 또는 팀에 대한 불만을 가진 슈퍼바이지, 자기성장계획의 기준범위, 계획서 수립의 합의에 관한 이슈 등이 얽혀있어요. 그러나 이를 좀 단순화시켜보면, 슈퍼바이저가 문제를 삼는 부분은 슈퍼바이지가 수립한 자기성장계획서 내용의 적절성 문제로 기준을 어떻게 정해야 할지의 이슈이며, 그 이면에는 슈퍼바이지와의 불편한 관계가 깔려 있는 것 같습니다.

여기서 잠깐! 슈퍼바이지의 자기성장계획서는 통상 슈퍼비전 계획을 수립하기 위해 슈퍼바이지가 미리 작성하게 됩니다. 간혹 조직에 따라 자기성장 부분을 슈퍼비전 계획서에 포함시키거나, 자기성장계획서 또는 슈퍼비전 계획서 중 하나만 작성하는 조직도 있습니다. 둘 다를 작성하는 경우에는 자기성장계획서는 수정 없이 수용하고 이를 토대로 슈퍼비전 계획을 슈퍼바이지와 슈퍼바이저가 함께 수립해 가도 괜찮아요. 그런데 둘 중 하나만 작성하는 경우에는 슈퍼비전 욕구질문지 등을 통해서 슈퍼바이지가 원하는 것을 대략 작성하고 그걸로 함께 논의하면서 슈퍼비전 계획을 합의하여 설정하는 것이 좋습니다.

중요한 것은, 자기성장계획서와 슈퍼비전 계획서는 사업계획서가 아닙니다. 슈퍼바이지 입장에서 생각해 볼까요? 자신의 성장을 위해 나름 성찰하여 작성하였는데 타인에 의해 평가되고 거절당한다면 어떤 감정이 들까요? 대부분의 슈퍼바이지는 나의 성장계획을 왜 슈퍼바이저가 이래라 저래라 하는 건가라는 생각으로 불쾌하게 느끼게 됩니다. 즉, 자기성장계획서를 수정하라고 하는 그 자체만으로도 슈퍼비전 관계가 나빠지고 이는 효과적인 슈퍼비전을 방해하게 된다는 것을 생각해봐야 합니다. 그렇다면 어떻게 해야 할까요? 슈퍼바이저가 원하는 자기성장계획서 내용의 기준을 제시하는 것이 좋겠습니다. 슈퍼바이지들에게 다음과 같이 설명하였을 때 훨씬 잘 이해할 수 있습니다. '개인의 일기장에 자기성장계획을 쓰는 아니라, 조직에서 나의 성장계획서 작성을 요구한 것이지요. 이 조직에서 내가 성장하기 위해서 계획을 수립하여 슈퍼바이저가 슈퍼비전을 통해서 그 계획이 달성되도록 지원하기 위해서 작성하는 것입니다. 무엇을 써야할지 이해가 되나요?'

이 사례에서 슈퍼비전 관계 측면[7]은 자기성장계획서 작성 전에 먼저 해결해야 할 과제인 것 같아요. 슈퍼바이저가 경험하지 못한 슈퍼바이지의 삶의 경험들을 이해하기란 쉽지 않습니다. 그러나 현재 처한 개인적 어려움조차도 이해받고 싶은 슈퍼바이지의 마음을 읽어주려고 노력하는 모습을 보여주면 관계회복이 가능해집니다. 어렵겠지만 나이나 삶의 경험과 관계없이 슈퍼바이저는 전문가 부모로서 역할을 해야 하니까요.

7) 공유복지플랫폼(http://wish.welfare.seoul.kr)/지식공유활동가/슈퍼비전by최쌤안쌤(2017.7.5) 참조.

# 슈퍼비전 관계에서 서식 및 도구 활용하기

〈서식 3-1〉 슈퍼비전 이력질문지(김은혜 외, 2014에서 재구성)

## ■ 슈퍼비전 이력 질문지 ■

▸ 현재의 슈퍼바이저를 제외하고, 그동안 만나왔던 슈퍼바이저들을 나열해보자.

▸ 실천 활동과 전문적 성장에 도움이 되었던 과거의 슈퍼비전 스타일은 무엇인가?

▸ 실천 활동과 전문적 성장에 방해가 되었던 과거의 슈퍼비전 스타일은 무엇인가?

▸ 도움이 되었을 때 또는 방해가 되었을 때 그 당시에 어떻게 대응(행동) 했는가?

▸ 과거의 대응 행동이 현재의 슈퍼비전에 어떻게 영향을 주는가?

슈퍼비전 이력질문지는 슈퍼바이지가 과거에 경험했던 슈퍼비전의 스타일을 확인하고, 방해가 된다고 생각될 때 슈퍼바이지는 어떻게 대응하는지를 파악함으로써 슈퍼비전 관계를 효과적으로 이끌기 위한 것이다. 슈퍼비전 시간에 작성하고 논의하면서 사용할 수 있고 슈퍼비전 관계의 초기에 사용하는 것이 효과적이다. 자세한 내용은 김은혜(2014)의 2장을 참고하자.

〈서식 3-2〉 슈퍼비전 합의서 서식(김은혜 외, 2014에서 수정 변형)

## ■ 슈퍼비전 합의서 ■

슈퍼바이저__________________ 슈퍼바이지________________
날짜________________

▲ 만약 슈퍼바이저가 바뀐다면 합의서는 다시 작성되어야 한다.
▲ 합의서의 주요 내용들은 조직의 슈퍼비전 정책이 반영되어 있기 때문에 협상이 불가능하지만, 세부적인 내용은 슈퍼바이저와 슈퍼바이지의 협상을 통해 동의되어 작성되어야 한다.

1. 슈퍼비전 실행

■ 슈퍼비전 빈도 ________________________________
■ 회기 당 소요시간 ________________________________
■ 장소 ________________________________

■ 만약 둘 중 한 사람이라도 공식 회기를 취소할 필요가 있다면 아래의 사항을 따른다.

■ 공식슈퍼비전 외에 편의적(임시) 슈퍼비전 회기가 가능한 경우는 다음과 같다.

2. 기록

■ 공식적 슈퍼비전 회기는 슈퍼비전 기록지에 작성하여 슈퍼바이지의 서류철에 보관한다.
기록 작성 책임자 ____________________

■ 슈퍼비전 회기 동안 서비스 이용자들과 관련된 모든 결정은 이용자 파일에 기록된다.
기록 작성 책임자 ____________________

■ 슈퍼비전 기록의 사용목적은 다음과 같다.
- 슈퍼비전 실천에 대한 감사
- 조사와 심각한 사례에 대한 재검토
- 고충처리 / 징계 절차에서의 증거
- 소송 시 법적 증거

5.기타 합의 사항

6. 합의 날짜(서명 포함)

〈서식 3-3〉 강점탐구 활동 질문지(Wonnacott, 2012)

■ 강점탐구 활동 질문지 ■

1. 최근에 성공적으로 업무를 수행했던 것에 대하여 생각해봅니다.
   - 성공적인 것은 무엇이었나요?
   - 무슨 일이 일어났나요?
   - 그때 어떤 느낌이었나요?
   - 당신은 그 업무와 관련하여 무엇을 했나요?
   - 성공적인 결과에 대해 당신 이외에 기여한 사람이 있나요?
   - 기여한 사람이 있다면, 그들이 한 일은 무엇이었나요?

2. 만약 이러한 성공이 일상적인 일이 된다면 무슨 일이 생길까요?
   - 아침에 출근할 때 어떤 기분이 들까요?
   - 이러한 변화에 영향을 받는 사람이 누구이고, 어떻게 느낄까요?

3. 당신이 이 변화를 일상적으로 만드는데 도움이 되는 것은 무엇일까요?
   - 당신에게 필요한 사람은 누구인가요?
   - 당신은 어떤 일을 해야 할까요?

4. 당신은 위와 같은 일을 어떻게 실천에서 수행할 수 있겠습니까?

슈퍼바이저는 슈퍼바이지를 강점관점으로 바라보고, 슈퍼바이지는 성공의 경험을 축적하면서 강점을 강화시킬 수 있는 활동이다. 슈퍼바이지의 직무수행 성공경험을 끌어내면서 이를 다른 직무의 성공으로 확대해 나갈 수 있다는 점에서 슈퍼바이지의 실패에 집중하지 않고 강점을 탐구하게 된다. 개별슈퍼비전 뿐만 아니라 집단슈퍼비전이나 동료슈퍼비전을 통해서도 유용하게 활용될 수 있다.

〈서식 3-4〉 스트레스 매핑 질문지(김은혜 외, 2014)

■ 스트레스 매핑(Stress mapping) 질문지 ■

| 스트레스의 원인 | 스트레스 | | | | • 나와 동료에 어떤 영향을 미치나?<br>• 무엇을 할 수 있는가?<br>• 누가 할 수 있는가? |
|---|---|---|---|---|---|
| | 높은 수준 | 중간 수준 | 낮은 수준 | 없음 | |
| 조직 외부 요인<br>(정부 / 미디어) | | | | | |
| 조직 내부 요인<br>(시스템, 과정, 문화, 자원, 업무량) | | | | | |
| 팀 내부 요인<br>(관계의 역동성, 병폐, 팀 업무량) | | | | | |
| 실천활동 이슈(1)<br>과업의 특성<br>(복잡성, 업무량, 자원결핍, 업무관련 훈련의 부족) | | | | | |
| 실천활동 이슈(2)<br>과업이 정서적 측면에 미치는 영향<br>(개인적 반응) | | | | | |
| 개인적인 이슈<br>(과업에 영향을 미치는 개인적인 삶에서의 스트레스) | | | | | |

직장에서 나 자신이 스트레스를 받고 있는 상황이라고 가정해 보자. 위의 활동은 스트레스의 근본적인 원인에 대해 생각해 보고, 그것을 해결하기 위해 무엇을 할 수 있을지 고민해 보기 위해 만들어졌다. 스트레스의 원인이 무엇인지 생각해 보고, 각 항목이 어느 정도의 스트레스를 주고 있는지 표시하면 된다. 작성된 내용으로 슈퍼비전 시간에 토의하면서 해소될 수 있는 스트레스를 찾아볼 수 있다.

# 참/고/문/헌


김경희 (2006). **사회복지조직행정론**. 서울: 서울여자대학교 출판부.

김융일, 양옥경 (2004). **사회복지수퍼비전론**. 파주: 양서원.

안정선 (2007). 사회복지슈퍼비전 표준 체계 개발. 서울여자대학교 대학원 박사학위 청구논문.

안정선 (2018). 슈퍼비전 시작하기-슈퍼비전 체계 구축을 위한 조직 사정. 한국사회복지슈퍼비전학회 춘계학술대회 자료집.

안정선, 최원희 (2016). **사회복지 슈퍼비전의 이론과 실제**. 서울: 도서출판 신정.

이찬, 리상섭, 신제구, 이성엽, 전기석 (2017). **인적자원개발론–HRD이론과실제**. 파주: 양서원.

최연선, 안정선, 최원희, 윤연주 (2016). **사회복지 슈퍼비전 핵심 가이드북**. 서울: 도서출판 신정.

최원희 (2009). 사회복지슈퍼비전의 중요성공요인에 대한 델파이 및 AHP분석. 서울여자대학교 대학원 박사학위 청구논문.

최원희 (2013). 슈퍼바이저의 지식·기술역량에 대한 중요도와 실행도 분석 (IPA)에 의한 슈퍼바이저 교육내용연구. **한국사회복지교육, 23**, 39-67.

최원희, 안정선 (2018). **휴먼서비스조직을 위한 인적자원개발과 슈퍼비전**. 고양: 공동체.

한국사회복지사협회 (2008). 사회복지윤리경영 교육실천매뉴얼.

홍순혜, 조성심, 안정선, 방진희, 엄경남 (2014). **사회복지 슈퍼비전의 이해와 활용**. 고양: 공동체.

Brown, A., & Bourne, I. (1996). *The Social Work Supervisor: supervision in community, day care, and residential settings*. Buckingham · Philadelphia: Open University Press.

Fox, R. (1983). Contracting in supervision: A goal oriented process. *The Clinical Supervisor, 1*, 37-49.

Hawkins, P., & Shohet, R. (2000). *Supervision in the helping professions; an individual, group and organizational approach*. Open University Press. Buckingham/Philadelphia.

Holloway, E. L. (1995). *Clinical Supervision: A system approach*. Thousand Oaksm CA: Sage.

Kadushin, A., & Harkness, D. (2002). *Supervision in Social Work*. NY: Colombia University Press.

Kelm, J. (2013). **삶을 바꾸는 기적의 질문**. 엄명용 옮김. 서울: 학지사.

Lewis, J. A., Lewis, M. D., Packard, T., & Souglee, Jr. F. (2001). *Managemenof Human Service Program*. CA: Wadsworth.

Morrison, T. (2005). *Staff supervision in Social Care (revised edition)*. Brighton: Pavilion.

Munson, C. E. (2002). *Handbook of Clinical Social Work Supervision*. New York: Haworth Press.

Sheafor, B. W. (2010). **사회복지실천 기법과 지침**. 서울대사회복지실천연구회 옮김. 파주: 나남출판사.

Wannacott, J. (2014). **슈퍼바이저를 위한 사회복지슈퍼비전의 적용**. 김은혜, 최원희, 윤정혜, 안정선, 김수영, 김예랑, 정윤경 옮김. 파주: 양서원.

Wonnacott, J. (2012). *Mastering Social Work Supervision*. Jessica Kingsley Publishers Ltd.

서울복지재단 공유복지플랫폼/지식공유활동가/슈퍼비전by최쌤안쌤. http://wish.welfare.seoul.kr/front/wsp/column/view/listColumn.do?user_id=kanna2150에서 추출.

## 저/자/약/력


**최원희**

서울여자대학교 사회복지학과 부교수

한국사회복지슈퍼비전센터 회장, 한국사회복지슈퍼비전학회 이사

하트-하트종합사회복지관 부관장, 하트-하트재단 사무국장 역임

대표저서: 사회복지슈퍼비전의 이론과 실제, 인적자원개발과 슈퍼비전 외

**최연선**

장안대학교 사회복지과 조교수

한국사회복지슈퍼비전센터 부회장

한국사회복지슈퍼비전학회 감사

하트-하트종합사회복지관 부장, 광명종합사회복지관 부장 역임

대표저서: 사회복지슈퍼비전 핵심가이드북 외

**안정선**

한국성서대학교 사회복지학과 부교수

한국사회복지슈퍼비전센터 부회장, 한국사회복지슈퍼비전학회 부회장

태화기독교사회복지관 팀장, 한국보건복지인력개발원 연구교수 역임

대표저서: 사회복지슈퍼비전의 적용, 사회복지슈퍼비전의 이해와 활용 외

# 사례 중심 슈퍼비전 가이드북

**초판발행** 2019년 7월 5일 **1판 1쇄 인쇄** | 2019년 7월 10일 **1판 1쇄 발행**
2021년 3월 10일 **1판 2쇄 발행**

**지은이** 최원희 최연선 안정선
**펴낸이** 최용구 | **펴낸곳** 도서출판 **신정**
**주소** (04316) 서울시 용산구 원효로 89길 19 (원효로1가)
**전화** 02)3211-4782, 0266(영업부), 3211-4783(편집부), 3211-4784(팩스)
**이메일** shinjeong72@naver.com | **홈페이지** www.sjbook.co.kr
**등록** 2001년 5월 11일 제13-702호
**기획마케팅** 최용구 장만동 최충구 진소희 | **책임편집** 석기은 황가연 | **표지** SDY

ISBN 978-89-5912-491-6 93330
정가 12,000원